交通行业高等教育规划教材
汽车工程专业系列

汽车发动机控制系统诊断与维修

主　编　行文凯　郑　鹏
副主编　苏宇锋　段玥晨　王伟锋

扫二维码可得到课件资源，
带有分享标识的资料分享到计算机进行查看。

北京交通大学出版社

·北京·

内容简介

本书详细介绍了包括电子系统在内的汽车发动机的控制原理、结构和故障诊断等内容。第1~6章讲述发动机控制系统的结构和原理；第7~10章讲述发动机控制系统故障的诊断维修，并增加了案例导入和案例分析；第11章结合实例介绍了综合故障诊断维修。在第1~10章中，每章都附有相当数量的思考题与练习题，有问答、填空、判断、选择等多种形式。书中还配有大量插图，使本来十分抽象的内容变得形象生动和容易理解。本书能够广泛满足汽车类专业本科、高职高专、中职学生及在职专业技术人员自学的需要。

图书在版编目（CIP）数据

汽车发动机控制系统诊断与维修/行文凯，郑鹏主编 .— 北京：北京交通大学出版社，2018.7

ISBN 978 - 7 - 5121 - 3610 - 6

Ⅰ.① 汽⋯　Ⅱ.① 行⋯ ②郑⋯　Ⅲ.① 汽车－发动机－控制系统－故障诊断 ②汽车－发动机－控制系统－车辆修理　Ⅳ.① U472.43

中国版本图书馆 CIP 数据核字（2018）第 158121 号

汽车发动机控制系统诊断与维修

QICHE FADONGJI KONGZHI XITONG ZHENDUAN YU WEIXIU

责任编辑：贾慧娟

出版发行：北京交通大学出版社　　　电话：010 - 51686414　　http：//www.bjtup.com.cn

地　　址：北京市海淀区高梁桥斜街 44 号　　邮编：100044

印 刷 者：艺堂印刷（天津）有限公司

经　　销：全国新华书店

开　　本：185 mm×260 mm　　印张：17.5　　字数：435 千字

版　　次：2018 年 7 月第 1 版　　2018 年 7 月第 1 次印刷

书　　号：ISBN 978 - 7 - 5121 - 3610 - 6/U · 309

印　　数：1~2 500 册　　定价：49.00 元

电子控制技术在为汽车带来了根本性变革的同时，也成为困扰汽车维修者的重要故障源。今天人们都看到了汽车维修业存有巨大的就业机会，争相学习汽车电子控制技术（电控技术），从而带动此类图书大量出版。但是，作为多年从事汽车技术教育的工作者，我们还是为找不到合适的教材而郁闷和无奈；还是会有写作的冲动。以下是我们竭力想要在本书中所体现的内容。

（1）以"汽车发动机电控系统"整合与其相关的各控制系统，重新梳理这门课的内容和体系。

（2）本书作为学习汽车技术的教材，坚持从维修角度讲述汽车发动机控制原理、结构，指导读者如何以科学思路和规范的程序对发动机控制系统的故障进行正确的诊断和维修。

（3）把汽车发动机控制系统分成一些子系统，每个子系统由原理结构和诊断维修两个模块组成。教师可以根据需要选择教授内容和顺序。诊断维修模块可以结合实验、实际操作和实习讲授。另外，每个原理结构模块的内容按难易程度，递进介绍，教师可以根据学生的基础和需要进行取舍。

（4）尽量采用图示方法表达或辅助表达要说明的对象。尽可能帮助所有对汽车控制技术感兴趣的读者多理解一些原理性问题。

汽车发动机控制系统是典型的机电一体化系统，单独强调电子控制，不利于对发动机实际控制原理和结构的理解与故障的诊断维修。

尽管汽车发动机的控制系统越来越复杂，但根据许多权威部门多年来统计的资料分析结果表明，在所有发动机故障中，真正属于电子控制系统的故障只占很小的比例。许多本属于真空、液压、机械方面的故障被误判了。在原理结构和诊断方面，如果不把电子部件放在发动机各个实际系统中，连同其他相关部件一起进行研究和阐述，结果很容易造成认识上的以偏概全，或无法正确说明诊断思路和方法，甚至导致错误的结果。

本书第1~6章讲述发动机控制系统的结构和原理，第7~10章讲述发动机控制系统故障的诊断维修，第11章介绍综合故障诊断维修。这样的内容安排完全是考虑目前大多数汽车发动机控制系统维修的培训（教学）由于硬件缺乏等原因，不得不把课堂教学和实际操作分开进行的现实情况。如果有条件，当然应该边学理论边实践。本书的安排更便于在实践过程中随时回过头来矫正或加深对理论的理解和认识。

和某些维修工作不同，对于发动机控制系统的维修，千万不要笼统地认为过多地学习理论没有什么用处。涉及系统工作原理、控制关系和零部件的外部特性等，学习掌握的内容越广泛、越透彻就越好。当进入本书第7章及以后的实践环节后，读者会更深刻地体会到这一点。

本书按发动机各个系统讲述原理结构和故障诊断，是因为能诊断出存在于这些系统中的具体故障源，是解决困扰发动机电控系统故障诊断的主要问题。基本的故障诊断方法是分系统按步骤进行的，但在深入了解控制部件在系统中所起作用的同时，也不要忘记它们的故障也可能影响到其他系统的正常工作。如曲轴（凸轮轴）位置传感器故障直接影响点火系统，同时也可能影响进气门前燃油喷射系统的喷油正时。

下面谈一谈本书的一项主要"卖点"：传授故障诊断的思路和方法。我们相信：当你面临客户时，你会重新翻看这些内容。

人们常常习惯于根据症状来试着检测或判断故障，靠猜想并通过零部件替代来进行所谓故障的快速推定，这是不正确的诊断方式，其结果常常导致较低的维修效率和较高的维修成本。

本书第7～10章虽然介绍的是发动机具体系统故障的诊断，但是仔细品味一下，我们不难找出一些对任何系统，任何故障都适合的诊断思路和方法。在诊断具体的故障前，应该遵循以下步骤或工作标准。

（1）与顾客沟通。要善于倾听顾客的描述，不要忽视细节。分辨哪些是事实，哪些是误解。应该预先设计顾客询问表，在提问中你可以获得一些顾客不能主动告知你的信息。同时，应当避免被顾客误导，或是根据片面的经验和发生的事实做出判断。要了解故障发生时的气候、时间、距离和车速等汽车工况。如症状是出现在冷起动时，还是在运行了一段时间或距离以后？间隔多长时间发生一次？症状发生在停车、加速、减速、怠速、转向、爬坡，还是满载等情况下。故障发生前后是否做过其他的维修、安装或更换。在对故障症状充分了解的基础上，就故障诊断检测程序与顾客沟通，以取得顾客的理解和帮助。

（2）验证故障。在不加重故障的前提下，尽可能通过故障重现来证实故障确实存在并且符合描述。除了常规检查，通常还需要与顾客一起试驾车来重现故障。不要试图简化这一过程，尽管重现故障有时需要花费很长时间。

（3）资源利用。任何时候，不要忘记利用你可以利用的资源。维修手册可能有你需要的检测程序；有关这个车型或制造厂的公告通知（包括电子版）可能已经有处理这个故障的办法；求助于你的同事、网友或网络论坛等都可能给你带来意外的启发和帮助。使用检测维修工具和设备是必须的，良好的人际关系和合理使用维修规范，有助于保证你得到和使用这些资源。

（4）判定故障出在哪个系统。为了隔离系统，锁定故障范围。需要对所有可能导致故障的系统进行最直接的检测。如不能起动发动机，你可以直接检测气缸火花或燃油喷射，判断故障是否出自点火系统或燃油系统，还可以直接检测气缸压力和进气真空，判断是机械还是泄漏方面的问题。切记不要片面，也许看起来似乎不相干的系统，正是导致故障的原因。如某些车型油箱盖松动或遗失可能造成发动机进气歧管绝对压力失常或引起故障。要进行最广泛的测试，最终的目的就是排除那些所有与故障无关的系统。

（5）将注意力集中在锁定的系统上，进一步缩小故障范围。尽量从导致故障的因果关系上，将系统分为若干组成部分或子系统，用隔离法和（或）替代法排除那些与故障无关的部分或子系统。如点火系统由初级电路和次级电路组成，初级电路故障一般导致所有的气缸点火都不正常，而次级电路故障在多数情况下只会使特定的气缸点火异常。进一步，如果初级电路没有问题，而所有的气缸点火都不正常，那一定是共用的点火线圈坏了。应特别注意在做出缩小范围的诊断时，应再次检查故障因果关系的唯一性。

（6）零部件测试，最后确定故障源。无论目的是缩小故障范围，还是自认为已经找到了故障源，都需要进行这种精确测试。根据条件，零部件测试可以随车测量，也可以把它们从汽车上拆下来，进行独立检测。随车测量又可以分为静态测量（不起动发动机）和动态测量（在发动机运转时测量）。即使经过验证证实某个零部件有故障，也应该尽可能找到导致这一故障的原因。

（7）再次和顾客沟通。在确定了故障之后，应尽早告知顾客维修所需的费用，解释需要更换什么及更换的原因，在取得顾客同意后进行维修。如果在维修中出现涉及顾客利益的情况，也需要提前和顾客沟通。

（8）检验并确认维修结果。这是为了证实故障确实被排除。维修后应该使汽车达到正常使用的性能水平，这包括恢复设置和必要的保养。总之不要埋下再次发生同样故障的隐患。也不要把专业工作或认为无关紧要的琐事（如清扫车内的地板）留给顾客去做。即使你没有直接与顾客接触，你仍需要同有关人员沟通，以便能将信息清楚地传递给顾客。

本书虽然讲的是汽车发动机电控系统，但是有句话必须说明：在诊断汽车发动机故障时，应该把该发动机当作没有电控系统去诊断。这话听起来虽然有些偏激，但读者确实不要以为熟悉了汽车发动机电控系统，就一定能够解决复杂的汽车发动机故障。要做到这一点，还必须具备以下发动机常规诊断检测技能。

（1）发动机泄漏，包括进排气、机油、冷却液、燃油、气缸内燃烧物等的泄漏。

（2）发动机噪声，包括主轴承、连杆轴承、活塞、活塞销、活塞环、配气机构、凸轮轴、燃烧、飞轮和减振器产生的噪声。

（3）消耗，包括机油、燃油、冷却液的消耗。

（4）机油压力。

（5）冷却液温度。

（6）发动机排气分析。

（7）冷却系统，包括阀、冷却风扇、电机电路等。

（8）气缸真空度。

（9）气缸压缩压力。

（10）气门间隙。

（11）配气正时。

（12）基本点火正时。

（13）气缸动力平衡。

（14）发电、蓄电、起动及其继电器等常规电器部件。

读者或许注意到了，作为本书的前言，这里没有通常前言中对知识体系所做的圈定和概括。编者认为：第一，对于像汽车发动机控制这样的应用技术在我国还是新领域，人们都还在讨论和探索中，不符合界定的条件；第二，汽车发动机控制技术本身发展得很快；第三，任何教育形式都应该为学习者留有足够的讨论和想象空间，而不要人为地加条条框框去束缚。

最后介绍我们的编写团队：行文凯（黄河科技学院）作序并统编全书，郑鹏编写第1、5、10章，苏宇锋编写第2、6章，段玥晨编写第3、4、7章，王伟锋编写第8、9、11章。在此对给予写作本书提供帮助的黄河科技学院表示衷心感谢。

热烈欢迎读者就本书的所有内容进行讨论。

本书得到河南省高等学校青年骨干教师培养计划的资助。

主编 E-mail：df@zzu.edu.cn

编者

2018.6

目录

第1章

点火系统

1.1　点火系统的发展及其类型

　　点火系统是发动机上较早采用计算机控制的系统之一。20 世纪 20—70 年代的发动机都装备触点断电分电器式点火系统，该系统在这 50 年间变化不大，如图 1-1 所示。20 世纪 70 年代，出现了由传感器触发点火模块（电子触点断电）的分电器式点火系统，如图 1-2 所示。但仍采用分电器调整和控制点火提前。20 世纪 70 年代末至 80 年代初，开始采用由计算机控制的点火系统。分电器在计算机点火系统中主要用于分火和安置传感器，所以该系统也称为分电器式计算机点火系统，如图 1-3 所示。20 世纪 80 年代中期，开始采用取消分电器的计算机点火系统（无分电器点火系统），如图 1-4 所示。在无分电

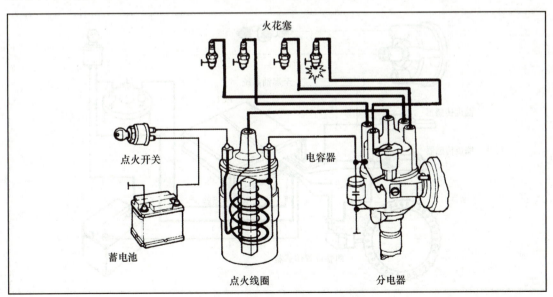

图 1-1　触点断电分电器式点火系统

1

器点火系统中，每一个或两个火花塞就有一个点火线圈，由计算机根据曲轴（凸轮轴）位置信号按既定的点火顺序控制这些点火初级线圈的通断，消除了分电器触点和传动件磨损对点火性能的影响，点火正时控制精度和点火能量都得到较大提高，是对点火系统的一次重大改进。随着人们对无分电器点火技术的深入研究，又开发出了适合某些发动机结构的点火方式，如将点火线圈和火花塞做成一体，如图1-5所示，取消了火花塞导线，减少了能量损失和电磁干扰，该系统被称为无分电器直接点火系统。又如将计算机微处理器嵌入点火模块以增大点火模块的控制作用，有利于改善起动性能，提高点火系统的可靠性。进入20世纪90年代后，越来越多的发动机开始采用无分电器点火系统。21世纪以来，随着计算机技术的深入发展，点火与燃油喷射集成系统越来越广泛地应用于发动机。本书主要讲述计算机控制点火系统。对于发动机控制用的计算机，有时也称之为电子控制单元或简称为ECU。

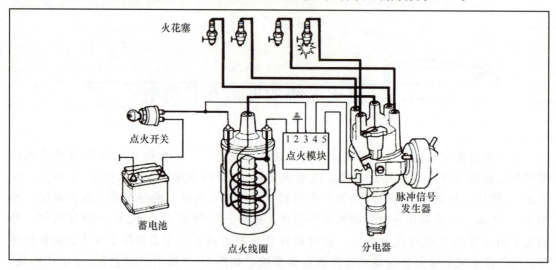

图1-2 由传感器触发点火模块（电子触点断电）的分电器式点火系统

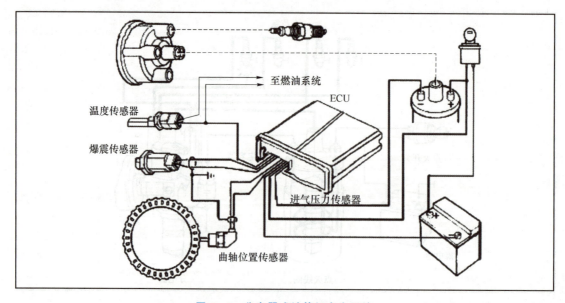

图1-3 分电器式计算机点火系统

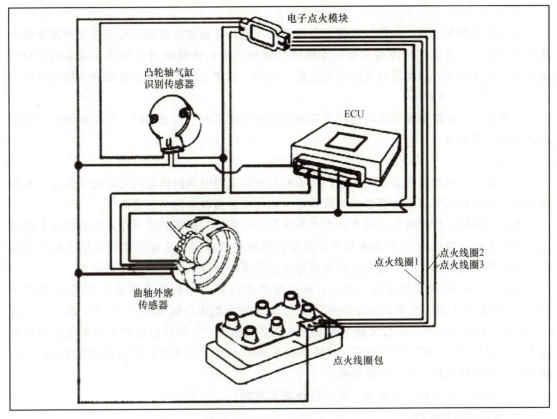

图 1-4　无分电器点火系统

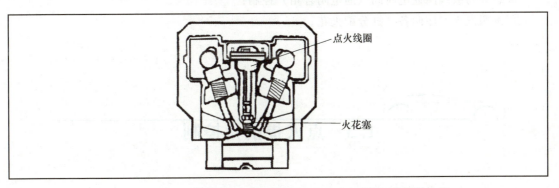

图 1-5　无分电器直接点火系统中点火线圈及火花塞总成及其布置

1.2　点火系统的功能

尽管现在使用的计算机点火系统在结构上看与其他点火系统不同，但是对它们的功能要求是相同的，计算机点火系统的功能更加完善，这些功能主要包括如下方面。

1）产生火花

点火系统必须能够产生足以点燃混合气的高压电，并能够维持满足完全燃烧所需要的火花持续时间。实现这一功能的关键在于提供足够的点火初级线圈通电时间（通电闭合角）。虽然在一定条件下，点燃混合气所需电压是一定的，但多余的能量可以延长火花持续时间。

2）控制点火提前角

点火系统必须能随发动机转速和负荷的变化及特殊工况（如起动时、发生爆燃时）的需求改变点火提前角。

3）分配火花

点火系统必须按设定的点火顺序，在压缩行程的适当时刻向确定的气缸输送火花。本功能与第2项功能都要求系统能够及时获得尽可能精确的曲轴位置与转速信号。

无论发动机工作在哪个工况下，点火系统都必须能够在适当的时刻在火花塞的两个电极之间产生火花（电流）。这听起来似乎很简单，但如果考虑到火花塞需要发火的次数及发动机工况的变化范围极大时，就更容易理解为什么要采用计算机去控制点火系统了。

假设一台六缸发动机正以 3 000 r/min 的速度运转，那么点火系统每分钟必须产生9 000 次以上的火花，或者说每分钟内需将 12 V 的蓄电池电压转换成 8～20 kV 的点火电压9 000 次以上而不缺火。而且火花塞的发火时刻必须精确，以保证燃烧产生的最大压力出现在上止点以后（ATDC）15°～20°。如果点火系统做不到上述功能，将对发动机的动力性、燃油经济性和排放性产生不利的影响。

综上所述，计算机点火系统一般应具备如下功能：

① 点火提前角控制；

② 点火初级线圈通电时间（通电闭合角）控制；

③ 按照发火顺序向各气缸分配火花。

1.3　点火提前角控制

1.3.1　影响点火提前角的主要因素

控制点火提前角的目的在于保证各种工况下都能使发动机产生最大的功率，获得最好的燃油经济性和最少的有害排放物。要想获得最佳的发动机性能，发动机的点火时刻必须随发动机工况的变化而变化。不同的工况会影响到发动机转速及作用在发动机上的负荷，当这两个基本因素变化时，点火时刻也要随之变化。

1）发动机转速

发动机转速提高后，在给定的时间内曲轴转过的角度会更大，而燃烧速度却不会跟随变化，如果想使燃烧在上止点后（ATDC）10°～25°完成，那么必须使点火时刻提前。如某发动机在 850 r/min 的怠速时，点火提前角为 6°～12°，而当转速增加到 4 000 r/min 时，点火提前角将增大到 28°。但当转速继续增加时，由于混合气压力与温度的提高及进气扰流的增强会使燃烧速度加快，为避免发生爆燃，最佳点火提前角的增加速度应有所减缓。

2）发动机负荷

作用在发动机上的负荷与发动机必须完成的功相关。爬坡或者牵引更大的重量会使发动机的负荷增加。在负荷的作用下，活塞运动速度减慢，发动机运行效率下降。表示发动机负荷的一个很好的指标是进气管内在进气行程中形成的真空度。

在轻载和节气门部分开度时，进气管内的真空度较高，吸进进气管和气缸内的空燃混合气的数量少。这些稀薄的混合气在压缩终了的压力较低，燃烧速度较慢，为了在上止点后（ATDC）10°～25°完成燃烧，点火时刻必须被提前。

在大负荷时，节气门全开，大量的空燃混合气被吸入气缸，并且进气管的真空度低，这就会导致燃烧压力增高，燃烧速度加快。在这样的情况下，必须推迟点火提前角，以防止气体在上止点后（ATDC）10°～25°以前全部燃烧完毕。

3）辛烷值

汽油的辛烷值越高，抗爆性越好，点火提前角可适当增大；辛烷值越低，抗爆性越差，点火提前角则应相应减小，否则容易产生爆燃。

4）影响点火提前角的其他因素

除以上因素外，最佳点火提前角还与发动机燃烧室结构、燃烧室内温度、空燃比、大气压力、冷却液温度等有关。

1.3.2　点火提前角的确定

点火提前角的确定是很复杂的，需要通过反复大量的实验才能确定。不同型号的发动机可能装备不同的计算机点火系统，因此确定点火提前角的方法可能也不同。以下是某些发动机计算机点火系统在不同工况下确定点火提前角的方法。

（1）在正常工况下，计算机（ECU）首先根据发动机的某些参数，如转速、负荷（由进气歧管绝对压力或进气流量表示）等，首先在其存储器中查出基本点火提前角（如图 1-6 所示），然后再根据节气门位置、发动机冷却液温度、大气压力等传感器信号查出其存储器内对应的数据，对基本点火提前角进行修正，得到最佳的点火提前角。

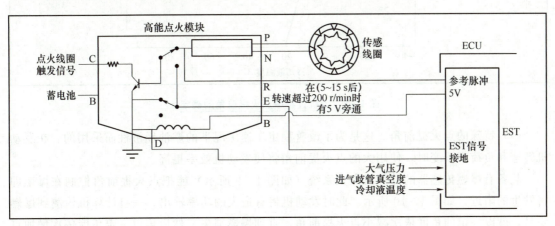

图 1-6　存储在计算机中的基本点火提前角

（2）起动时，由于进气歧管绝对压力或进气流量信号和发动机转速信号都不稳定，因此这时的点火提前角通常固定为初始点火提前角。即计算机对大多数传感器信号不响应，点火发生在某一固定的曲轴转角。如在一些 6 缸发动机中（如图 1 - 7 所示），设计者把对应 6 缸或 1 缸上止点的曲轴位置信号 G_1 或 G_2 后的第一个曲轴转速信号 Ne 过零点处，设置在压缩行程上止点前 10°，并令计算机将这一点作为参考点来计算点火正时，那么此发动机的初始点火提前角就是 10°。

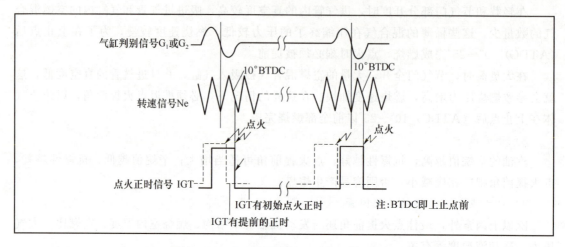

图 1 - 7   一些 6 缸发动机的初始点火提前角

有些发动机的初始点火提前角也可以通过程序进行设置，或通过分电器、曲轴位置传感器进行调整。

（3）暖机期间，特别是发动机冷车起动后，需要更大的点火提前角。暖机过程中，随着冷却液温度的升高，点火提前角应逐渐减小，如图 1 - 8 所示。

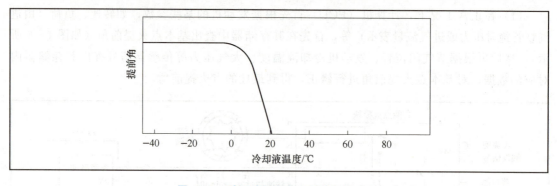

图 1 - 8   暖机过程中点火提前角的确定

（4）特殊的点火提前角。这是为了改善稳定车速工况下的燃油经济性而采用的。在发动机转速和负荷都不变时，使用大的点火提前角将使发动机效率更高。

装备有爆燃传感器的计算机点火系统（如图 1 - 9 所示）能把点火提前角控制在爆燃即将发生的附近，如图 1 - 10 所示。此时发动机将有最大的功率输出。一旦计算机检测到爆燃信号，就以一定的角度依次减小点火提前角，直到爆燃消失。然后再以一定角度依次增加点火提前角直到爆燃再次即将发生，如图 1 - 11 所示。

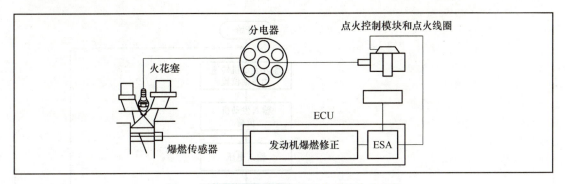

图 1-9　装备有爆燃传感器的发动机点火系统

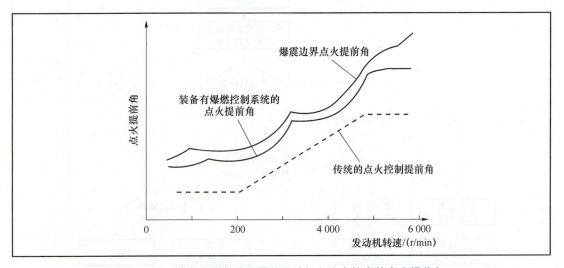

图 1-10　装备有爆燃传感器的发动机允许有较大的点火提前角

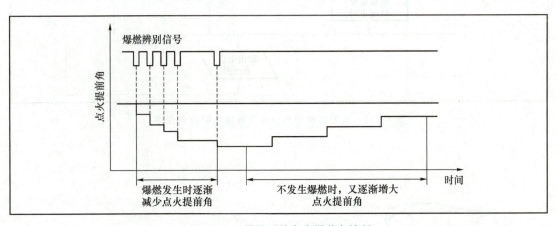

图 1-11　爆燃时的点火提前角控制

　　（5）为适应大气压力的变化，设置有大气压力传感器，以便计算机对点火提前角进行修正。

　　（6）为了适应不同辛烷值的燃油的燃烧需要，有的发动机在计算机中存储了两套点火提前角数据图，在实际使用中，驾驶员可根据所使用燃油的辛烷值，通过发动机控制单元（ECU）的燃油选择开关或插头进行选择。在出厂时，开关一般设定在优质无铅汽油的位置上。

　　图 1-12 是某发动机点火系统在发动机暖机工况下点火提前角的控制程序。

7

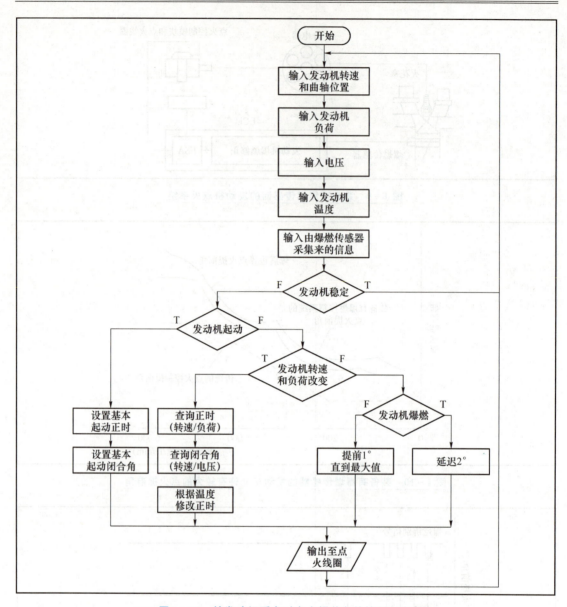

图 1－12　某发动机暖车时点火提前角的控制程序

1.4　爆燃传感器（KS）

1.3.2 节中第（4）部分中介绍的爆燃控制方法是一种基于改变点火提前角的闭环控制系统，这种控制系统中起反馈作用的元件是爆燃传感器。检测发动机是否发生爆燃有三种方法，一种是直接检测气缸内的压力，另一种是检测发动机的燃烧噪声，但这两种方法目前尚未达到实用程度。第三种方法是通过检测发动机机体的震动来判断是否发生爆燃，也是目前最常用的方法。

爆燃传感器（KS）用螺纹接口固定在发动机气缸体、进气歧管或气缸盖上。在气缸较多的情况下需要装两个爆燃传感器，以便更好地检测爆燃。爆燃传感器有磁致伸缩型和半导体压电型两种类型，其中应用较多的是半导体压电型爆燃传感器。

1.4.1　半导体压电型爆燃传感器

如图 1−13 所示，在半导体压电型爆燃传感器内部，半导体压电晶体与电阻并联，半导体压电晶体将作用于其上的发动机机体的机械振动转变为电压信号，并发送给 ECU。当发动机发生爆燃时，爆燃传感器产生的电压信号在 0.3～0.5 V 之间，具体大小取决于爆燃强度，如图 1−14 所示。ECU 接收到这个信号后，将推迟点火提前角以消除爆燃。

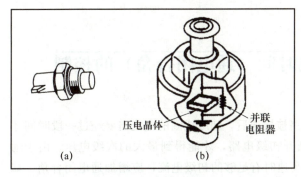

图 1−13　装有压电传感元件和并联电阻的爆燃传感器

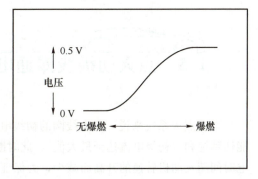

图 1−14　半导体压电型爆燃传感器的电压信号

1.4.2　磁致伸缩式爆燃传感器

如图 1−15 所示，在磁致伸缩式爆燃传感器内，允许有一定位移的磁芯外侧设有永久磁铁，周围缠绕着感应线圈，磁芯跟随发动机机体振动而上下振动，致使感应线圈内磁力线发生变化，从而产生感应电动势，此电动势即为传感器输出的电压信号。输出电压信号的大小与发动机振动的频率有关，当传感器固有振荡频率与设定爆燃强度时发动机的振动频率产生谐振时，传感器将输出最大电压信号，如图 1−16 所示。ECU 一旦检测到这个信号，即会起动点火提前角控制。

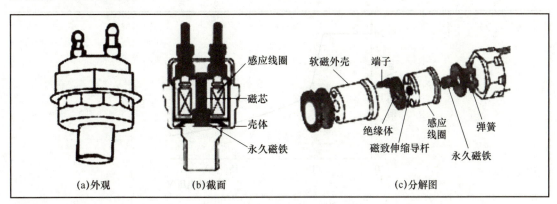

图 1−15　磁致伸缩式爆燃传感器

9

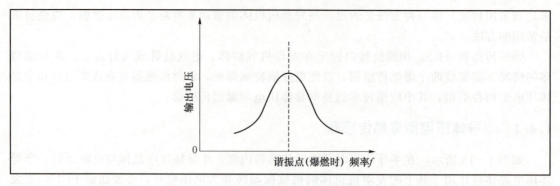

图 1 - 16　磁致伸缩式爆燃传感器的输出电压

1.5　点火初级线圈通电时间（通电闭合角）的控制

对于点火系统来说，点火线圈的初级电路被接通后，初级线圈的电流需要经过一段时间才能达到饱和（初级电流达到最大值），此时断开初级电路，才能得到最大的次级电压。由于通电时间随发动机转速的升高而减少，为保证高速时有足够的初级电流，应增加通电闭合角。如某 8 缸发动机怠速时，点火模块使初级电路通电闭合 15°的曲轴转角，而高速时则需增加到 32°的曲轴转角。在有些点火装置中，为了减小转速对次级电压的影响，提高点火能量，采用了初级线圈电阻很小的高能点火线圈，其饱和电流可以达到 30 A 以上。但如果通电时间过长，不但会过多地消耗电能，而且可能由于过热而损坏点火线圈。因此要控制一个最佳的通电时间或通电闭合角。为此，可以在点火控制电路中增加恒流控制电路，保证在任何转速下初级电流都能达到规定值 7 A，这样既改善了点火性能，又能防止初级电流过大而烧坏点火线圈。

当蓄电池的电压变化时，也将影响初级电流的大小。如蓄电池电压下降时，在相同的通电时间内，初级电流所达到的值将会减小，因此应该增大通电时间。如图 1 - 17 所示，蓄电池电压越低，通电时间则越长。

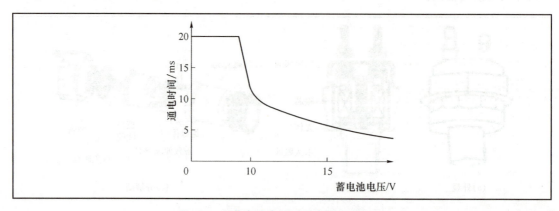

图 1 - 17　蓄电池电压对通电时间的影响

1.6 曲轴（凸轮轴）的位置与转速传感器

点火提前角和通电闭合角确定后，计算机通过曲轴（凸轮轴）位置与转速传感器的信号来识别气缸发火顺序，计算点火提前角和通电闭合角，从而保证对确定的气缸在其所对应的通电时刻和点火时刻向其点火模块发出初级电路通断信号。此外，另一些发动机在起动时，由曲轴（凸轮轴）位置传感器信号直接触发点火模块，起动后再切换至计算机控制。曲轴（凸轮轴）位置传感器的精度和采集信号的方式直接影响发动机的起动速度。

1. 曲轴（凸轮轴）传感器的用途

在电控燃油喷射系统中，曲轴（凸轮轴）转速信号被用来将空气流量传感器检测的单位时间内的空气流量转换成每个工作循环吸入的空气量；当采用顺序喷射和分组喷射时，曲轴（凸轮轴）位置与转速传感器信号还被用来判定气缸的喷油时刻和顺序；曲轴（凸轮轴）位置与转速传感器信号还用于喷油量的修正、怠速控制和电动燃油泵的运行控制等场合。

2. 曲轴（凸轮轴）传感器的分类

常用的曲轴（凸轮轴）位置与转速传感器有以下几种：

① 按照工作原理的不同，有电磁式、霍尔式和光电式 3 类测量转角的传感器；

② 按照采集信号方式和精度的不同，有些传感器可以用于发动机的快速起动点火系统，而有些则只能用于一般的起动点火系统；

③ 有些传感器自带信号处理电路，有些则不带，需要到 ECU 中去处理；

④ 某些传感器嵌入了计算机，因此可以代替 ECU 做一部分工作。

3. 曲轴（凸轮轴）传感器的安装位置

曲轴（凸轮轴）位置与转速传感器在发动机上常见的安装方式有以下几种。

（1）安装在分电器内，如图 1-18 和图 1-19 所示。

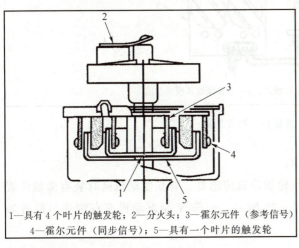

1—具有 4 个叶片的触发轮；2—分火头；3—霍尔元件（参考信号）
4—霍尔元件（同步信号）；5—具有一个叶片的触发轮

图 1-18 分电器内的两个霍尔式传感器

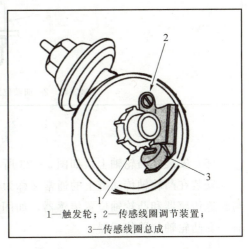

1—触发轮；2—传感线圈调节装置；
3—传感线圈总成

图 1-19 分电器内的电磁式传感器

（2）安装在飞轮上，如图 1-20 所示。

（3）安装在曲轴前端，如图 1-21 所示。

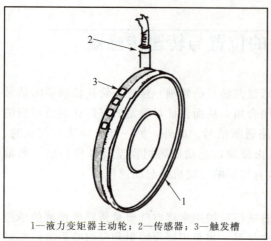

1—液力变矩器主动轮；2—传感器；3—触发槽

图 1-20　飞轮上的电磁式传感器　　　　图 1-21　曲轴前端的电磁式传感器

曲轴位置
传感器

（4）安装在曲轴箱上，如图 1-22 所示。

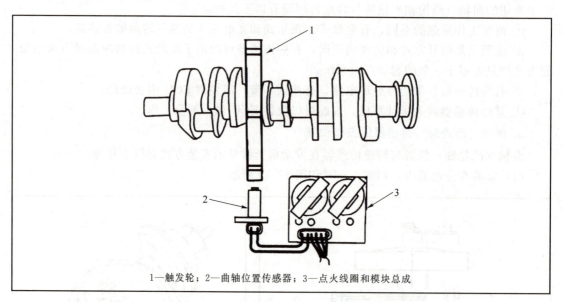

1—触发轮；2—曲轴位置传感器；3—点火线圈和模块总成

图 1-22　曲轴箱上的传感器

（5）安装在凸轮轴上，如图 1-23 所示。

安装在凸轮轴传动链上的通常又称为凸轮轴位置传感器。有些发动机同时装有曲轴位置与转速传感器和凸轮轴位置传感器，如图 1-24 所示。一些 V 型发动机左右两列气缸各装有一套凸轮轴位置传感器。

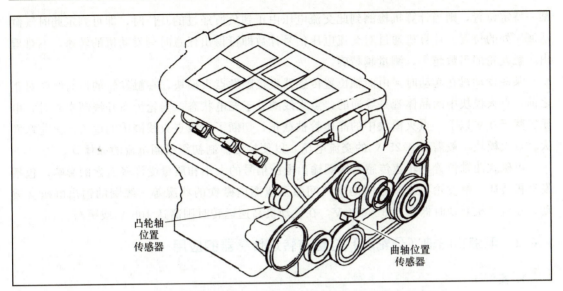

图 1 - 23　具有凸轮轴位置传感器和曲轴位置传感器的发动机

1.6.1　电磁式曲轴（凸轮轴）位置与转速传感器的工作原理

　　电磁式曲轴（凸轮轴）位置与转速传感器是根据电磁感应原理来工作的。图 1 - 24 所示为丰田汽车发动机中安装在分电器内的曲轴（凸轮轴）位置传感器，该传感器主要由永久磁铁及绕在磁铁上的线圈（又称为定子、传感器线圈）和压装在分电器轴上的触发轮（又称为转子、磁阻轮等）组成。触发轮上均布有 1～2 个齿（或有与气缸相同数量的齿），当分电器轴转动时，分电器轴上的触发轮齿经过永久磁铁端部，线圈内就会感应出交流电压信号。

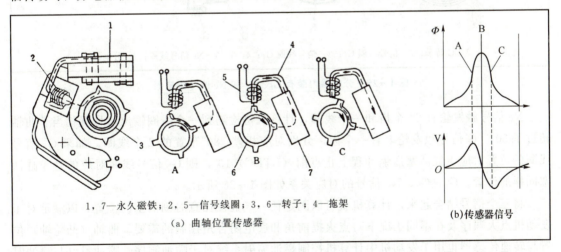

1，7—永久磁铁；2，5—信号线圈；3，6—转子；4—拖架
(a) 曲轴位置传感器

(b) 传感器信号

图 1 - 24　电磁式曲轴位置转速传感器及其信号

　　当轮齿接近磁铁端部时，磁场开始增强并且开始感应出电压［图 1 - 24（a）中 A 处］。电压会持续升高直到齿与线圈对正为止［图 1 - 24（a）中 B 处］，当轮齿离开线圈中心，电压会突然下降至 0 V 以下并转变为负极性［图 1 - 24（a）中 C 处］，随着轮齿离开线圈，磁场将减弱到某一程度或消失。如果把轮齿与线圈对正的位置设计为活塞相对于上止点运动的

某一特定位置，则当计算机检测到此交流电压由正到负所经过的 0 位时，即可判定此时气缸活塞所处的位置。计算机通过对交流电压信号计数即可得出任意时刻发动机的转速，不难看出，触发轮的齿数越多，测量越精确。

某些发动机在起动时，由曲轴位置传感器直接触发点火模块，在触发轮的齿与线圈对正之前，点火模块中的晶体管是导通的，点火线圈处于充电状态，当轮齿离开线圈中心时，电压突降至 0 V 以下，点火模块中的晶体管被截止，切断了初级点火线圈中的电流，火花塞发火。点火模块一般需要 0.25 V 的交流电压，以便接通控制初级线圈电流的晶体管。

电磁式曲轴位置与转速传感器线圈输出电压信号的大小和质量受许多因素的影响，包括发动机转速，触发轮与线圈之间的空气间隙及线圈内磁铁的状况等。线圈的输出电压会波动，在发动机起动时低至 $0.3 \sim 0.4$ V，在发动机高速运转时则高达 100 V 或更高。

1.6.2　电磁式曲轴（凸轮轴）位置与转速传感器的应用

1. 实例 1

在某丰田 4 缸发动机分电器内，装有上、下两套电磁式曲轴（凸轮轴）位置传感器，如图 1-25 所示，分别用于识别气缸（G 信号）及检测曲轴转角和发动机转速（Ne 信号）。

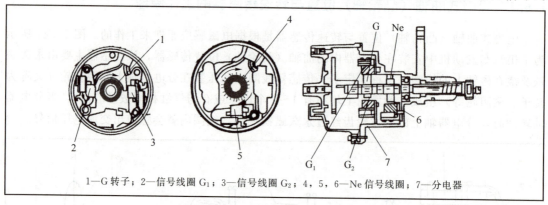

1—G 转子；2—信号线圈 G_1；3—信号线圈 G_2；4，5，6—Ne 信号线圈；7—分电器

图 1-25　分电器内装有 G_1、G_2 和 Ne 信号传感器

Ne 信号触发轮有 24 个齿和一个线圈，计算机每检测到一个线圈输出信号就相当于曲轴转过了 30°。G 信号触发轮上有一个齿，分别对应相差 180°布置的 2 个线圈，如果 G_1 信号线圈的位置对应 1 缸活塞压缩冲程上止点前（BTDC）10°，则 G_2 信号线圈对应的是 4 缸活塞同样的位置。G_1、G_2、Ne 信号的对应关系如图 1-26 所示。

将三个信号结合起来，计算机就可以测定任一气缸在任意时刻活塞的位置，以满足对于发动机点火顺序及在不同工况下对点火提前角和通电闭合角控制的需要。曲轴（凸轮轴）位置与转速传感器也用于发动机中计算机控制燃油喷射系统对于喷油顺序、喷油量（与喷油时间成正比）和喷油正时的控制。

2. 实例 2

日产 V 型 6 缸发动机，曲轴位置和转速传感器的触发轮安装在曲轴前端的皮带轮之后，如图 1-27 所示，沿触发轮圆周均布有 90 个齿，两齿间隔 4°。紧邻齿内侧均布有 3 个凸缘，每个间隔 120°。传感器线圈（磁头）安装在触发轮边缘，其中磁头②对应凸缘，每转产生 3

个间隔为 120°的信号，磁头①和③间隔 3°，对应触发轮的齿，每转各产生 90 个间隔为 4°的周期信号，信号宽度为 2°，磁头③滞后磁头①1°。传感器信号处理电路在磁头①和③信号的上升沿和下降沿各触发一个信号，这些信号相加后产生 1°信号，如图 1-28 所示。

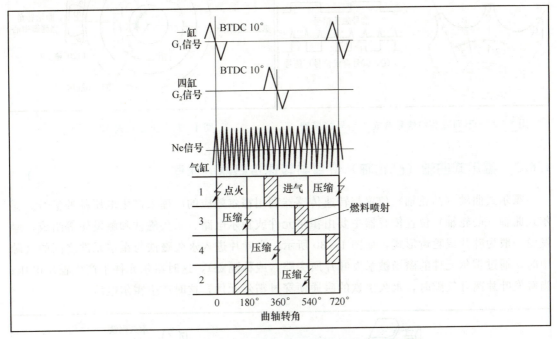

图 1-26　由 G₁、G₂ 和 Ne 信号确定的点火和喷油时刻

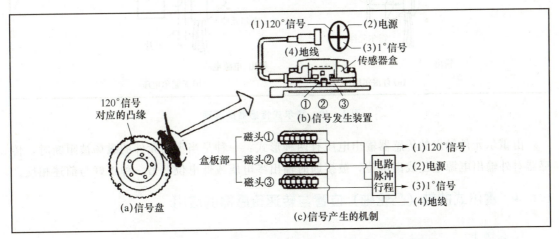

图 1-27　日产 V 型六缸发动机电磁式曲轴位置与转速传感器

　　按照 1、6—2、5—3、4 的点火顺序设定，当某凸缘对准磁头②时，则该凸缘对应的气缸活塞恰好位于压缩冲程上止点前 70°，如图 1-29 所示。所以又称磁头②的信号为上止点前 70°信号。

　　电磁式曲轴位置传感器的输出信号比较脆弱，极易受到如火花塞高压线、车载电话等其他电气设备所产生的磁场的影响，所以这种电磁式曲轴位置传感器与 ECU 之间的连接导线通常需要由一个静电屏蔽管进行屏蔽。

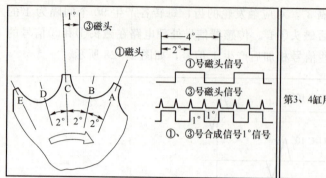

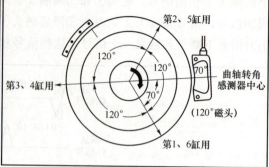

图 1-28　不同磁头的信号合成 1°信号的原理　　**图 1-29　上止点前 70°信号**

1.6.3　霍尔式曲轴（凸轮轴）位置与转速传感器的原理

霍尔式曲轴（凸轮轴）位置与转速传感器利用霍尔效应的原理来产生电压脉冲信号。霍尔式曲轴（凸轮轴）位置传感器主要由霍尔元件或霍尔电路、永久磁铁和触发轮等组成，触发轮一般为叶片或轮齿形式，如图 1-30 所示。当叶片进入永久磁铁与霍尔元件之间的气隙中时，通过霍尔元件的磁场被触发叶片所旁路（或称隔磁），这时霍尔元件不产生霍尔电压；当触发叶片离开气隙时，永久磁铁的磁通便穿过霍尔元件，这时产生霍尔电压。

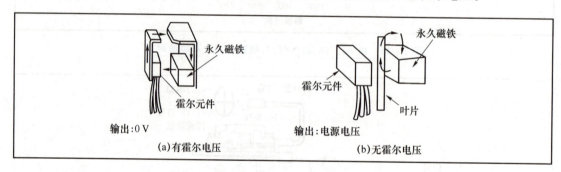

图 1-30　霍尔式传感器的原理

由霍尔元件触发的传感器输出电压有两种形式：一种是当霍尔元件的磁场被阻断时，传感器对外输出电源电压或高电位，被接通时输出零电压或低电位；另一种正好与前述相反。

1.6.4　霍尔式曲轴（凸轮轴）位置与转速传感器的应用

1. 实例 1

在某通用汽车 3.8 L 6 缸涡轮增压发动机上，霍尔式凸轮轴位置传感器被安装在原用来安装分电器的分电器孔内，用于输出气缸识别信号。霍尔式曲轴位置传感器被安装在位于曲轴前端的传动带轮后面，用于输出曲轴转角信号，如图 1-31 所示。

图 1-32 所示为曲轴位置传感器的触发轮，安装在曲轴传动带轮背面，触发轮沿圆周均布有 3 个叶片，这些叶片旋转时会穿过曲轴位置传感器内的霍尔元件。叶片从进入霍尔元件直到离开的时间内，霍尔传感器的输出电压从高电平（6~8 V）变到低电平（0~0.5 V）。

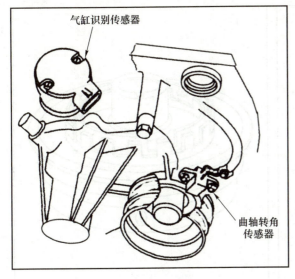

图 1-31　霍尔式凸轮轴和曲轴位置传感器

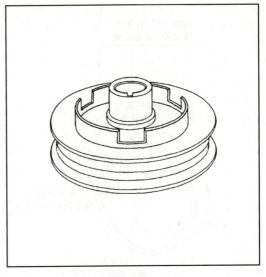

图 1-32　带有三个叶片的曲轴传动带轮

在六缸发动机上，曲轴每转一圈，曲轴位置传感器产生三个高电平信号，信号的上升沿总是出现在上止点前（BTDC）10°的位置。因此，初始点火提前角被设置为上止点前10°。由于产生的三个信号是相同的，所以起动时，计算机不能决定将这些信号中的某个信号赋给某个特定的点火线圈。

凸轮轴位置传感器如图 1-33 所示，被安装在分电器孔内，并由凸轮轴驱动。其触发轮只有一个叶片用来产生气缸识别传感器的信号，该信号在起动时告诉点火模块要使用的曲轴位置传感器的信号。凸轮轴位置传感器信号要与曲轴位置传感器的第一缸位置信号同步。然后，点火模块就能够根据发动机的发火顺序给点火线圈通电。发动机一旦被起动，凸轮轴位置传感器的信号对点火而言便没有用了。

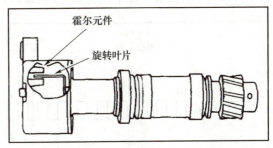

图 1-33　凸轮轴位置传感器的结构

送给点火模块的凸轮轴位置传感器信号如图 1-34 所示，其上升沿总是出现在第一缸压缩行程上止点后26°，下降沿总是出现在第一缸进气行程上止点后26°。凸轮轴位置传感器信号也被用来使燃油喷射时刻同步。

当发动机起动时，点火模块等候凸轮轴位置传感器信号从高到低或从低到高的变化，同时为紧接着应该点火的线圈做好发火准备，该过程即为点火模块与发动机取得同步。

2. 实例 2

在某款较新的通用汽车发动机上，装备的点火系统中对上述传感器进行了更新。其霍尔式曲轴位置传感器安装在曲轴前端的皮带轮背后，如图 1-35 所示。传感器内装有内外两个触发轮，内侧轮上有宽度不等的三个叶片，分别是 110°、100°和 90°，这三个叶片的空间分布也不均匀，叶片间隔分别是 10°、20°和 30°。外侧轮上具有等宽度、等间距的 18 个叶片。内侧霍尔电路发出的信号被称为 3x 信号，而外侧霍尔电路发出的信号被称为 18x 信号。

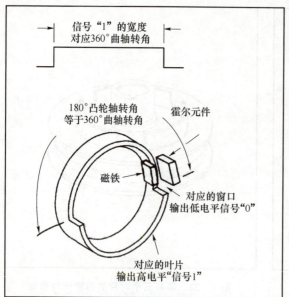

图 1 - 34　凸轮轴位置传感器的工作
情况及产生的信号

图 1 - 35　装在曲轴传动带轮上的
霍尔传感器触发轮

　　3x 信号的上升沿间隔 120°，对应 3 个叶片所对应的 1～4 缸、3～6 缸和 2～5 缸分别在 3x 信号上升沿后 75° 时到达压缩行程上止点，因此火花塞仍然会每隔精确的时间间隔发火。18x 信号的上升沿和下降沿则每隔 10° 曲轴转角出现一次，如图 1 - 36 所示。

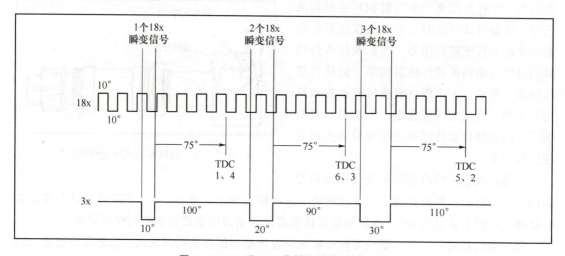

图 1 - 36　3x 和 18x 曲轴位置传感器信号

　　点火模块根据旋转期间在每个 3x 窗口内接收到的 18x 信号的数量来判断具体由哪个点火线圈发火。例如，若接收到两个 18x 信号，那么点火模块被编程为根据发火顺序使 3～6 点火线圈发火。在 120° 的曲轴转角内，点火模块能够识别出点火线圈的发火次序，从而使火花塞开始发火。由此可见，这种系统与前述的普通起动点火系统相比，在初始起动时曲轴只需转过较小的角度。起动后，计算机就会向点火模块发送一个 5 V 信号，点火模块接收到此信号后，就将系统转换到计算机控制模式，然后计算机就使用 18x 信号来确定曲轴位置和转速信息。

如果没有产生 18x 信号，那么发动机将不能起动。如果在发动机运转期间 3x 信号发生故障，发动机会继续运转但是不能重新起动。

在这种系统中，凸轮轴位置传感器信号被用来确定喷油器的喷油顺序，但不用来确定点火顺序。如果凸轮轴位置传感器信号失效，计算机将按照标准的次序使每个喷油器接地。如果计算机不采取上述措施，那么发动机在加速时的反应就会迟钝。

3. 实例3

北京切诺基发动机将霍尔式曲轴位置传感器安装在变速器飞轮壳体上，如图 1 - 37 所示。在 2.5 L 4 缸发动机的飞轮外沿上有 8 个齿槽，平均分成 2 组，两组之间相隔 180°。每一组中每个齿槽的宽度为 2°，齿槽相隔 18°齿宽。另一款 4.0 L 6 缸发动机的飞轮外沿上有12 个齿槽，均分为 3 组，每组相隔 120°，齿槽与上述相同。

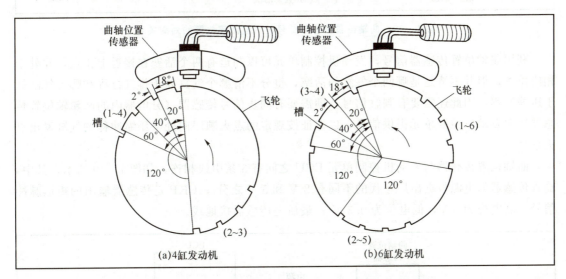

图 1 - 37 北京切诺基发动机中的霍尔式曲轴位置传感器

当飞轮齿槽通过传感器的霍尔元件和磁铁之间时，霍尔传感器输出 5 V 的高电位，当飞轮齿通过时，霍尔传感器输出 0.3 V 的低电位。当飞轮上的每组齿槽通过传感器时，传感器将产生 4 个脉冲信号。其中 2.5 L 4 缸发动机每转一转产生 2 组脉冲信号，4.0 L 6 缸发动机每转一转产生 3 组脉冲信号。传感器提供的每组信号输入发动机控制单元后，可被发动机控制单元用来确定该信号所对应的两个气缸中活塞的位置。如在 4 缸发动机上，利用一组信号，在同一时间内，得知 1 缸活塞和 4 缸活塞到达上止点前某一位置；利用另一组信号，得知 2 缸活塞和 3 缸活塞到达上止点前同样位置。同理，在 6 缸发动机上，利用一组信号，也可在同一时间内确定其中一组气缸活塞到达上止点前某一位置。

如图 1 - 38 所示，由于每组信号中的第 4 个脉冲下降沿对应活塞上止点前（TDBC）4°的位置，因此其他 3 个脉冲信号下降沿对应活塞上止点前的位置也可以确定，如每组第一个脉冲信号下降沿对应活塞上止点前 64°。

上述发动机的初始点火提前角是在压缩行程上止点前（BTDC）10°左右，如果发动机控制单元收不到曲轴位置传感器信号，发动机将不会被点火起动。燃油喷射也与曲轴位置传感器信号有关，一般是在排气行程上止点前（BTDC）64°时开始喷油。

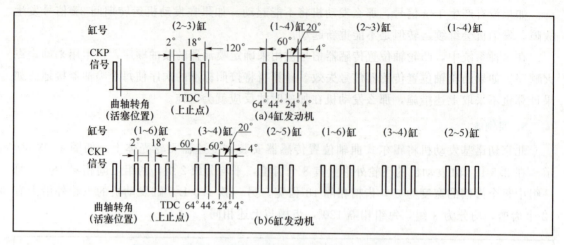

图 1-38　曲轴位置传感器信号与气缸活塞位置的对应关系

利用曲轴位置传感器信号，发动机控制单元可以知道有两个活塞在接近上止点，并处于相应位置，但并不清楚是哪两个气缸的活塞，也分不清哪个气缸处于排气行程和哪个气缸处于压缩行程，因此还需要有判缸信号，即需要有同步信号传感器（分电器内的凸轮轴位置传感器）向发动机控制单元提供信息，以保证按规定的点火顺序向处于压缩冲程的气缸发出点火信号。

曲轴位置传感器与发动机控制单元 ECU 之间有 3 条引线相连，如图 1-39 所示。其中，输入传感器的电源根据出厂年代的不同有 8 V 和 5 V 之分；CKP 是传感器输出的矩形脉冲信号，高电位为 5 V，低电位为 0.3 V；最后是传感器接地线。

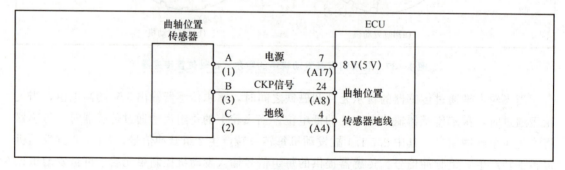

图 1-39　曲轴位置传感器与 ECU 的连接电路

霍尔效应传感器主要应用于北美和欧洲生产的车辆上。

1.6.5　光电式曲轴（凸轮轴）位置与转速传感器的工作原理

如图 1-40 所示，光电式曲轴（凸轮轴）位置与转速传感器主要由发光二极管及其电路、光敏晶体管及其电路、带光孔的信号盘组成。当发光二极管的光束照射到光敏二极管上时，光敏二极管由于感光而导通并产生电压；当发光二极管的光束被遮挡时，光敏二极管截止，产生的电压为 0。将光敏晶体管产生的脉冲电压送至电子电路经放大、整形后，即可向 ECU 输送曲轴（凸轮轴）位置与转速信号。

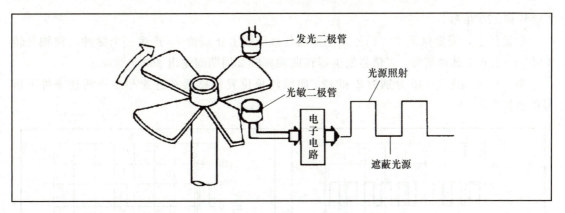

图 1－40　光电式曲轴位置与转速传感器的工作原理

1.6.6　光电式曲轴（凸轮轴）位置与转速传感器的应用

1. 实例 1

一些日产汽车的发动机所使用的光电式曲轴位置传感器安装在分电器内，它由信号发生器和带光孔的信号盘组成，如图 1－41 所示。信号盘安装在分电器轴上，外围有 360 条缝隙（光栅），相邻缝隙产生 2°的曲轴转角信号；对于 6 缸发动机，在缝隙内侧每间隔 60°曲轴转角的圆周上分布着六个光孔，产生 120°的曲轴转角信号，其中有一个较宽的光孔用于产生一缸上止点对应的 120°曲轴转角信号，如图 1－42 所示。

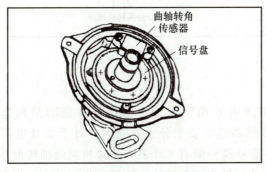

图 1－41　光电式曲轴位置传感器

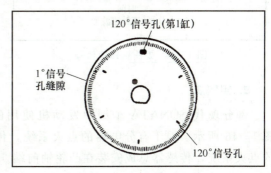

图 1－42　信号盘结构

脉冲信号发生器固装在分电器壳体上，主要由 2 只发光二极管、2 只光敏二极管和电子电路组成，如图 1－43 所示。2 只发光二极管分别正对着 2 只光敏二极管，发光二极管以光敏二极管为照射目标。信号盘位于发光二极管和光敏二极管之间，当信号盘随发动机曲轴运转时，光线通过信号盘上的缝隙和光孔，在光敏二极管上产生透光和遮光的交替变化。将光敏二极管产生的脉冲电压送至电子电路经放大、整形后，即可向 ECU 输送

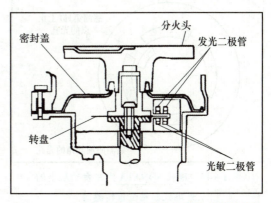

图 1－43　日产公司光电式曲轴位置传感器的结构

2°信号和120°信号。

在设计上，需要保证120°信号发生器在各缸压缩上止点前70°产生一个脉冲，曲轴每转2周共产生6个脉冲信号，2°信号发生器在曲轴每转2周期间输出360个脉冲。

图1-44和图1-45分别为2°和120°曲轴转角位置传感器在怠速和经济转速条件下信号的波形。

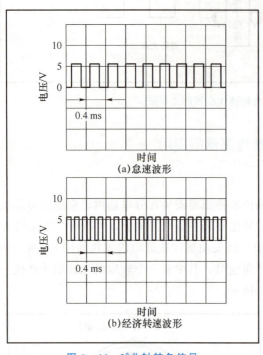

图1-44　2°曲轴转角信号

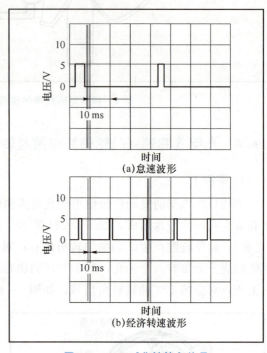

图1-45　120°曲轴转角信号

2. 实例2

部分现代SONATA车型中发动机使用的光电式曲轴位置传感器信号盘的结构如图1-46所示。对于有分电器的点火系统，传感器总成装于分电器壳内；对于无分电器的点火系统，传感器总成安装在凸轮轴前端。信号盘外圈有4个孔，用来检测曲轴转角并将其转化为电压脉冲信号，发动机控制单元根据该信号计算发动机转速。信号盘内圈有1～2个孔，用来检测第1缸或第4缸的压缩上止点，并将它转换成电压脉冲信号输入发动机控制单元。发动机控制单元根据内外圈光孔信号控制点火提前角和燃油喷射正时。

曲轴位置传感器的线路连接如图1-47所示。其内设有2个发光二极管和2个光敏二极管，当发光二极管与信号盘光孔中的某一孔对齐时，光线便照射到光敏二极管上，使电路导通。

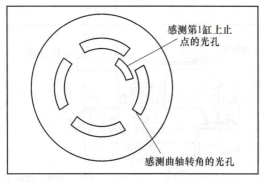

图1-46　现代SONATA汽车发动机上的光电式曲轴位置传感器

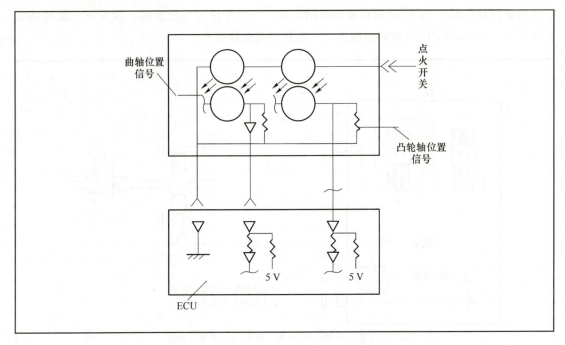

图 1 - 47 曲轴位置传感器的线路连接

3. 实例 3

克莱斯勒汽车发动机在分电器上装有由 2 个发光二极管和 2 个光敏二极管组成的光电型传感器总成。在分电器轴上固定有一个薄板，板上方是发光二极管，板下方是光敏二极管，薄板就在发光二极管和光敏二极管之间旋转，如图 1 - 48 所示。薄板内圈均布有 6 个槽，这 6 个槽在内侧的发光二极管和光敏二极管之间旋转，内侧的发光二极管和光敏二极管用做参考传感器。与霍尔效应传感器中的参考传感器一样，这里的参考传感器向 ECU 提供曲轴位置信号及转速信号。当接通点火开关时，ECU 给光电传感器提供电压，使发光二极管发光。如果薄板的实心部分转到参考发光二极管的正下方时，发光二极管发出的光就照射不到光敏二极管上。此时光敏二极管就不能传导电流，因此此时送给 ECU 的参考电压是 5 V。当一个参考槽转到内侧发光二极管的正下方时，发光二极管发出的光就会照射到光敏二极管上。此时光敏二极管传导电流，因此送给 ECU 的参考电压是 0 V。

外侧的发光二极管、光敏二极管及一圈槽的作用与装有霍尔效应传感器的分电器内的同步传感器的作用类似。外圈的槽排列得很密，每个槽之间的宽度为 2°的曲轴转角。在外圈的某个地方缺少一个槽，当该处转到发光二极管的正下方时，就产生了不同于其他信号的同步电压信号。这个同步信号告诉 ECU 第一缸活塞的位置。ECU 根据这个信号对喷油器进行控制。当外侧的槽在外侧的发光二极管正下方旋转时，传送给 ECU 的同步电压信号为 0 或 5 V，这两个值循环变化。参考传感器的信号告诉 ECU 每个活塞到达压缩上止点前某个特定角度所需要的时间。

当 ECU 接收到参考信号时，就会扫描输入信号，计算发动机所需要的点火提前角，同

23

步传感器信号总是让 ECU 获知精确的曲轴位置，当参考信号发出后的，该发火气缸的活塞到达点火位置时，ECU 切断初级电路，从而控制点火提前角。

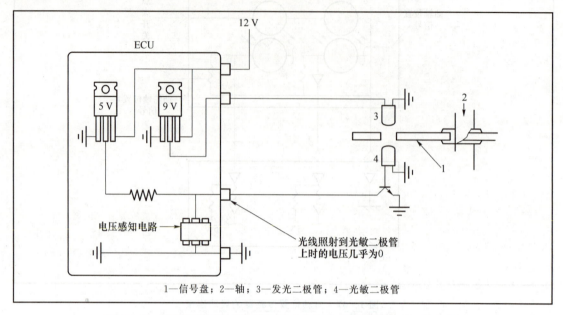

1—信号盘；2—轴；3—发光二极管；4—光敏二极管

图 1－48　克莱斯勒汽车发动机上的光电式传感器及其与 ECU 的连接

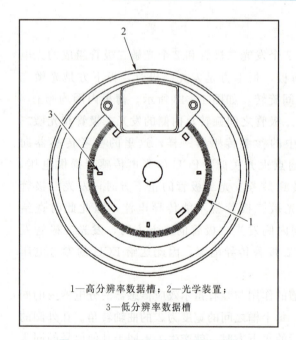

1—高分辨率数据槽；2—光学装置；
3—低分辨率数据槽

图 1－49　日立公司的光电型传感器

大多数光电式传感器是由日立公司生产的，并被广泛应用于位于亚洲的汽车公司车上及某些克莱斯勒公司和通用汽车公司发动机上。传感器使用红外线装置或由发光二极管向接收器传输光信号。传输和接收元件被安装在分电器轴上的薄圆片隔开，如图 1－49 所示，在圆盘的圆周上开设有一组相互平行的内缝和外缝。每一圈窄缝使用一个光源和接收器。当点火开关接通时，ECU 向光学传感器提供电压。当圆片转动时，光源被圆片上的窄缝所中断，接收器从每个传感器处检出光脉冲，并将这个数字信号传送至 ECU。

三菱公司与克莱斯勒公司的光学系统在构造上有许多相似之处，并且都是在 20 世纪 80 年代后期问世。圆盘外圈的窄缝排列得非常紧密，每个窄缝代表着 2° 的曲轴转角，这就意味着圆盘旋转一周（即曲轴旋转两圈）或一个完整的工作循环内输出信号会变化 360 次。这种信号也被称为高变化率数据或高分辨率信号。在圆盘的某一特定位置上没有窄缝，ECU 使用这个信号来识别是否是第一个气缸。内部窄缝的数目与气缸的数目相同，用于产生小变化率数据或产生低分辨率信号。通用汽车公司的光学系统稍有不同，它的外圈也有相同数目的窄缝但没有缺少窄缝。其内圈的窄缝被切成不同的宽度（以角度度量）以识别曲轴位置。此外，在通用汽车公司 V8 发动机中所用的光学系统将独特的分电器安装在水泵后面，并且由凸轮轴直接驱动。

光电式传感器之所以被广泛用于汽车的各种系统是因为即使在发动机不工作的情况下，它也能感知旋转元件的位置，而且不受电磁干扰。在任何转速条件下，传感器发出信号的振幅都会保持一致。随着高温光纤维技术的迅猛发展，光电式传感器在汽车上的应用范围将会越来越广。

1.7　无分电器点火系统的火花分配

无分电器点火系统完全取消了分电器，它是将点火线圈产生的高压电直接通过高压线传递给火花塞，使其点火。

无分电器点火系统火花分配的典型方式是两个气缸合用一个点火线圈，即双缸同时点火方式，如图 1-50（a）所示。如果每个气缸的火花塞都配用一个点火线圈，则称为单独点火方式，如图 1-50（b）所示。

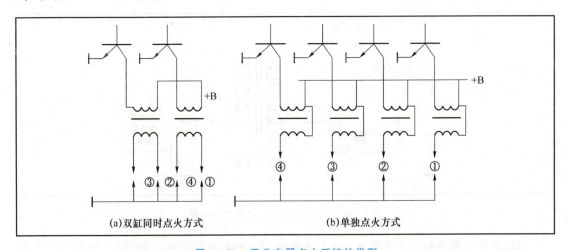

(a)双缸同时点火方式　　　(b)单独点火方式

图 1-50　无分电器点火系统的类型

如果点火线圈不通过高压线直接与火花塞连接，则称为无分电器直接点火方式，如图 1-51 所示。如果每个缸有两个火花塞，则称为双火花塞点火方式。

（1）双缸同时点火方式

无分电器双缸同时点火方式用一个点火线圈对接近压缩和排气（或做功）上止点的两个气缸同时实施点火。如图 1-52 所示。接近压缩上止点的 1 缸点火后，混合气被引燃而做功，此时的点火称有效点火；处于接近排气上止点的 6 缸的缸内压力比压缩上止点的压力低很多，火

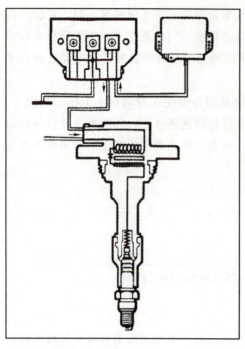

图 1－51　直接点火方式

花塞间隙阻抗很小，所以只需消耗很小的放电能量（很低的电压）就能使电流通过，此时的点火称为无效点火，点火线圈的能量主要消耗于有效点火。当曲轴再次到达该位置时，1、6 缸的点火状态与上述相反。

需要注意的是，由于点火次级线圈的电压极性不会变化，为使电流回到次级线圈的另一端，如果 1 缸火花塞是负极搭铁，则 6 缸的火花塞应为正极搭铁。所以两个火花塞中有一个应为负极放电。

（2）直接点火方式

在双缸同时点火方式中，通常将点火线圈布置在火花塞附近，图 1－53 所示为 4 缸发动机每两个火花塞共用 1 个点火线圈。对于单独点火方式，一般把点火线圈布置在火花塞附近，或将点火线圈插在火花塞上，如图 1－54 所示。

（3）双火花塞点火方式

一些 4 缸发动机中有 8 个火花塞和 2 个点火线圈包（每个包内含有 2 个点火线圈）。火花塞被安装在气缸的两侧。点火线圈位于发动机的侧面，并与该侧的火花塞相连，如图 1－55 所示。

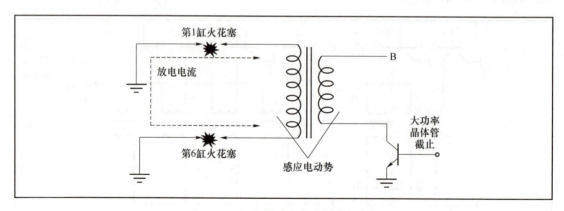

图 1－52　双缸同时点火时的放电电路

每缸进排气侧各有一个火花塞，由点火模块中不同的电路控制，如图 1－56 所示。在发动机起动期间，双火花塞工作模式被禁止，只有进气侧的火花塞发火。一旦发动机起动成功，两个火花塞便会同时发火。每个点火线圈使串联的两个火花塞发火，其中一个火花塞的电流方向总是从中心电极到侧电极，另一个火花塞的电流方向总是从侧电极到中心电极，如图 1－57 和图 1－58 所示。因为火花塞的接线方式不同，因此装在一个气缸内的两个火花塞发火时的电流方向相反。

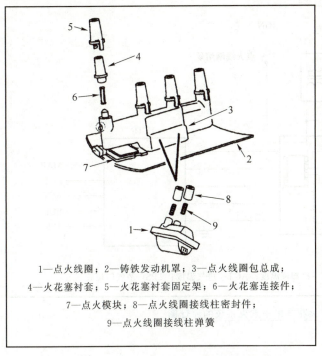

1—点火线圈；2—铸铁发动机罩；3—点火线圈包总成；
4—火花塞衬套；5—火花塞衬套固定架；6—火花塞连接件；
7—点火模块；8—点火线圈接线柱密封件；
9—点火线圈接线柱弹簧

图 1-53 双缸同时点火方式将点火线圈布置在火花塞附近

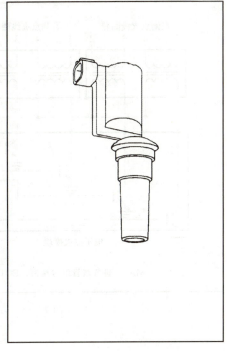

图 1-54 单独点火方式将点火线圈插在火花塞上

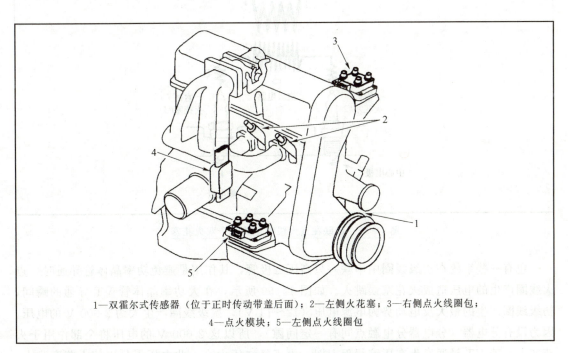

1—双霍尔式传感器（位于正时传动带盖后面）；2—左侧火花塞；3—右侧点火线圈包；
4—点火模块；5—左侧点火线圈包

图 1-55 双火花塞点火系统所用零部件的安装位置

无分电器点火线圈与一般点火线圈不同，其初级线圈与次级线圈之间没有连接，为互感作用。

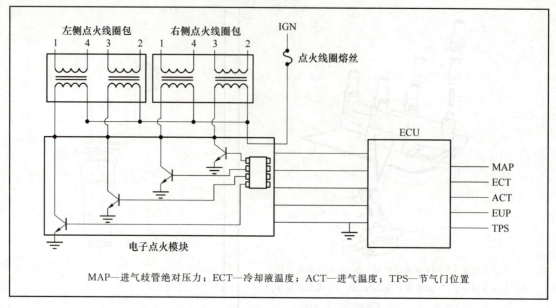

MAP—进气歧管绝对压力；ECT—冷却液温度；ACT—进气温度；TPS—节气门位置

图 1-56　双火花塞电子点火系统的原理图

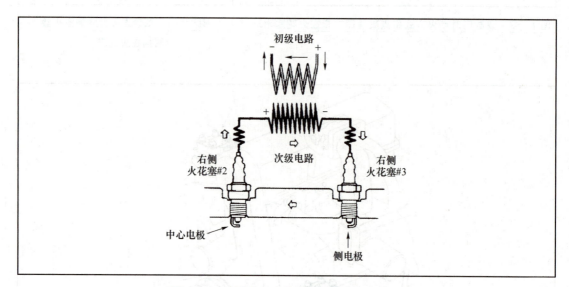

图 1-57　串联在点火线圈上的两个双火花塞

　　也有一些系统在次级线圈中串联一只高压二极管，其作用是避免功率晶体管导通时，点火线圈产生的电压造成火花塞误跳火。如图 1-59 所示，在大功率晶体管 VT 导通的瞬间，初级线圈产生的最大反电动势为电源电压（12～14 V），次级线圈产生大约 2 000 V 的电压。因为没有分电器（分电器分电触点间有一定间隙），所以这 2 000 V 的电压将全部作用于火花塞上。若 VT 导通发生在压缩行程末期，由于气缸压力高，此电压不足以使火花塞跳火。但如果 VT 的导通发生在进气行程末期与压缩行程的初期之间，这时气缸内的压力甚至低于大气压力，因此 2 000 V 的高压电很可能使火花塞跳火。特别是火花塞间隙较小，而充电电压又大于规定值（14 V）时，火花塞很有可能发生跳火，这将使发动机产生回火等现象。

为防止这种现象的产生，需要在点火线圈的次级线圈内串联 1 个高压二极管，如图 1-60 所示。当 VT 导通时，由于二极管的反向截止功能，2 000 V 的高压电就无法使火花塞跳火。而当 VT 截止时，次级线圈产生高压电，二极管对此不产生影响，可使火花塞顺利地跳火。

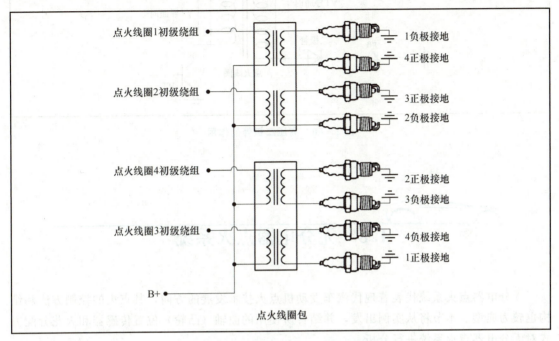

图 1-58　同一气缸内两个火花塞的极性

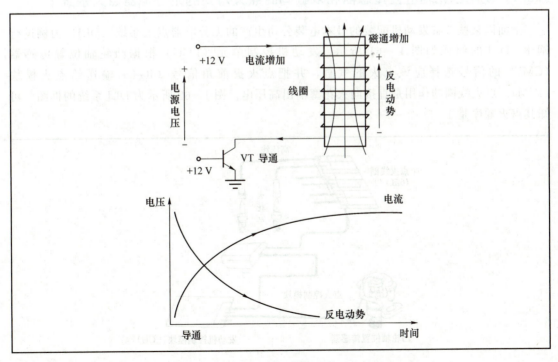

图 1-59　大功率晶体管导通时的电动势

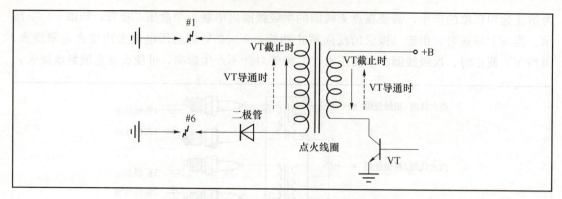

图 1-60　高压二极管的作用

1.8　无分电器点火系统

无分电器点火系统代表着现代汽车发动机点火技术发展的方向，其点火的控制方法和结构也较为典型。本节将从实例出发，并结合所使用的曲轴（凸轮）位置传感器和火花分配方式对无分电器点火系统进行分析。

1.8.1　使用凸轮轴位置传感器和双缸同时点火方式的无分电器点火系统

下面以某些6缸发动机配装的日本电装公司生产的无分电器点火系统（DLI）为例进行阐述，DLI 的组成如图 1-61 所示。发动机控制单元（ECU）根据凸轮轴位置传感器（CMP）的信号选择应该点火的气缸，并把点火提前角信号（IGT）输送给点火模块（ICM）。点火线圈的作用是直接向火花塞输出高压电。图 1-62 所示为 DLI 系统的框图，可知其点火顺序是 1—5—3—6—2—4。

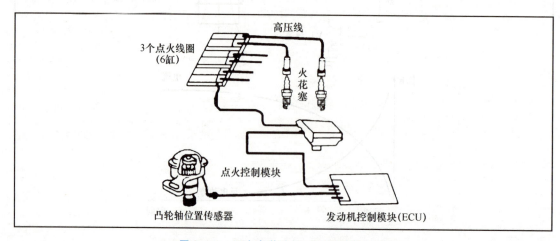

图 1-61　日本电装公司 DLI 系统的组成

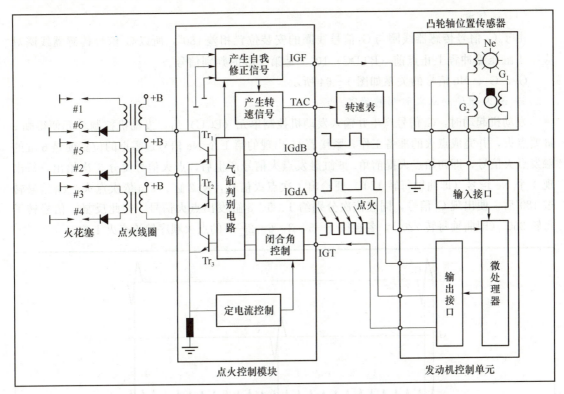

图 1 - 62　日本电装公司 DLI 系统的框图

1. 凸轮轴位置传感器（CMP）

凸轮轴位置传感器（CMP）的外观与结构如图 1 - 63 所示。凸轮轴每转一周，传感器各发出一个 G_1、G_2 信号和 24 个 Ne 信号。发动机控制单元根据 G_1、G_2 及 Ne 信号判别气缸、检测曲轴转角及决定点火正时。

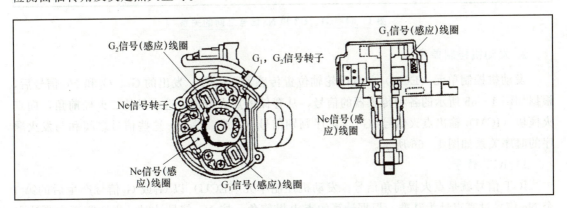

图 1 - 63　凸轮轴位置传感器

1）G_1 信号

G_1 信号传感器线圈一般对应第 6 缸压缩冲程上止点前（BTDC）10°。G_1 信号产生后的第一个 Ne 信号过零点处就是初始点火时刻，即初始点火角约为 BTDC10°。计算机接收到 G_1 信号后即开始为第 6 缸点火做准备。所以 G_1 信号是第 6 缸的判别信号。

31

2）G_2 信号

由于 G_2 信号传感器线圈与 G_1 信号线圈的安装位置相差 180°，所以 G_2 信号传感器线圈对应第 1 缸压缩冲程上止点前（BTDC）10°，是第 1 缸的判别信号。

G_1、G_2、Ne 信号的关系如图 1-64 所示。

3）点火顺序和点火时刻的确定

发动机起动时，G_1 信号产生并输入发动机控制单元（ECU）后，发动机控制单元便得知 6 缸要点火，并完成点火的准备工作，紧接着 G_1 出现的第 1 个 Ne 信号过零点的位置便是 6 缸的触发点火信号，即初始点火提前角。6 缸触发点火信号产生后，点火信号便分 3 次给出，每出现 4 个 Ne 信号（即曲轴每转 120°）便给出 1 次点火信号，使 2 缸、4 缸依次点火。G_1 信号转过 180°后，便出现 G_2 信号，同理依次分别给 1、5、3 缸发出点火信号。如此反复，信号转子每转 360°（即曲轴每转 720°），各缸按 1—5—3—6—2—4 的点火顺序轮流点火 1 次。

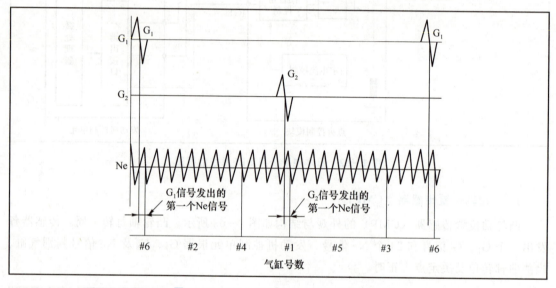

图 1-64　G1、G2 和 Ne 信号之间的关系

2. 发动机控制单元

发动机控制单元（ECU）收到凸轮轴位置传感器（CMP）发出的 G_1、G_2 和 Ne 信号后，根据如图 1-65 所示的各种传感器的信号，从存储的点火数据中选出最佳点火提前角，向点火模块（ICM）输出点火信号 IGT、缸序判别信号 IGdA、IGdB。这些信号之间和与发火顺序的时序关系如图 1-66 所示。

1）IGT 信号

IGT 信号就是点火提前角信号。发动机控制单元（ECU）以 G_1 或 G_2 信号产生后的第 1 个 Ne 信号过零点处为基准，根据计算的点火提前角，按 Ne 信号计时，当活塞再次到达点火提前角位置时即发出 IGT 信号，并每隔 4 个 Ne（Ne 信号曲轴夹角为 30°）信号发出一次 IGT 信号，每 720°曲轴转角发出 6 个 IGT 信号，并分别对应 6—2—4—1—5—3 的发火顺序。如果 ECU 计算的点火提前角和上一次不一样，ECU 将按上述方法重新设定。

2）IGdA、IGdB 信号

发动机控制单元发出周期为 480°，宽度为 120°，相位差为 120°曲轴转角的 IGdA 和

IGdB 信号，并且 IGdA 的上升沿与 IGT 的下降沿同步。于是，在 360°曲轴转角内，IGdA 和
IGdB 信号有 3 种电位组合，360°～720°间又重复出现一次。如果每种组合对应一个点火线圈，

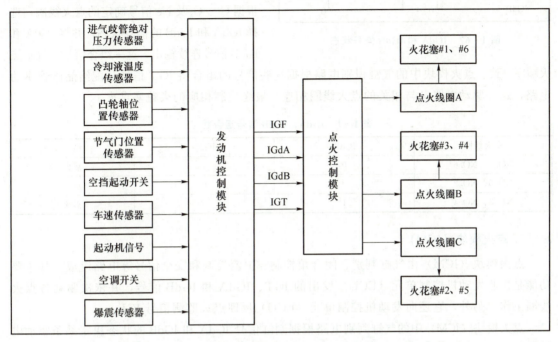

图 1 - 65　最佳点火提前角的确定和 ECU 点火信号的输出

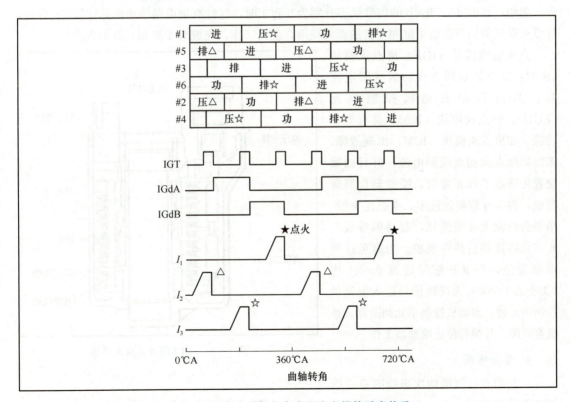

图 1 - 66　各个信号与点火顺序之间的时序关系

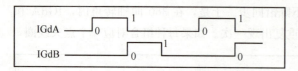

图 1-67　IGdA 和 IGdB 信号状态

就可将 6 个 IGT 信号分配给 3 个点火线圈，如图 1-67 和表 1-1 所示。发动机控制单元根据 G_1、G_2 及 Ne 信号确定的点火线圈，选择 IGdA 和 IGdB 的信号状态，并将 IGdA 和 IGdB 信号连续输出，这一组合信号与气缸点火顺序一致。点火模块中的气缸识别电路根据这些信号的组合将 IGT 信号分配给晶体管驱动电路，这一驱动电路又与相关的点火线圈相连，最终控制相应的火花塞点火。

表 1-1　IGdA，IGdB 信号组合状态

点火线圈	IGdA	IGdB	结果
NO.1、NO.6	0	1	点火
NO.5、NO.2	0	0	点火
NO.3、NO.4	1	0	点火

3. 点火模块（ICM）

点火模块（ICM）由气缸判别、闭合角控制、恒流控制和安全信号等电路组成。其主要功能是接收发动机控制单元（ECU）发出的 IGT、IGdA 和 IGdB 信号，并依次驱动各点火线圈工作。另外，它还向发动机控制单元（ECU）反馈点火监测信号 IGF。

点火模块（ICM）中的气缸判别电路根据判缸信号 IGdA 和 IGdB 的状态决定某条驱动电路接通，并将点火提前角（IGT）信号送往与此驱动电路相连接的点火线圈，完成对某缸的点火。例如，若 IGdA、IGdB 的信号状态分别为 0 和 1 时，气缸判别电路使功率晶体管 Tr_1 导通，将点火提前角信号送给 1 缸和 6 缸的点火线圈，使其工作，完成对 1 缸和 6 缸的点火。

点火监测信号（IGF）将点火模块（ICM）发出的切断点火初级线圈电流的信号反馈给发动机控制单元（ECU），使点火模块（ICM）具有安全功能。如果点火模块（ICM）出现故障，未能切断点火初级线圈电流，并且曲轴位置传感器工作正常时，喷油器会照常喷油，将会导致喷油过多，空燃比失控。结果会造成火花塞淹死，起动困难或三元催化转换器过热等现象。为避免这种现象发生，当 IGF 信号连续 8～11 次（如凌志 LS400）无反馈信号送入发动机控制单元时，发动机控制单元判断点火系统有故障，并强行停止喷油器工作。

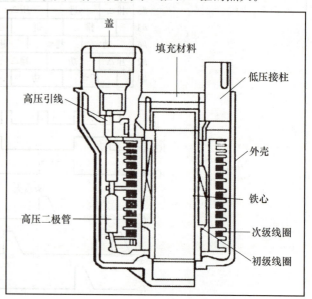

图 1-68　DLI 闭磁路点火系统

盖
填充材料
低压接柱
高压引线
外壳
铁心
次级线圈
初级线圈
高压二极管

4. 点火线圈

一般的点火线圈的次级线圈有一端与初级线圈相接，是一种自感式线圈。而无分电器点火系统采用小型闭磁路的点火线圈

（DLI），是互感式线圈，次级线圈的两端分别与两个气缸上的火花塞相连接。QLI 闭磁路点火系统的点火线圈由铁心、高压二极管、外壳、次级线圈、初级线圈等组成，如图 1-68 所示。高压二极管的作用如 1.7 节所述。

1.8.2 使用两个曲轴位置传感器和双缸同时点火方式的无分电器点火系统

1. 传感器及其信号

在某通用汽车发动机上使用的无分电器点火系统使用了两个电磁式曲轴位置传感器。触发轮被铸在曲轴的中间位置处，其圆周分布有 32 个槽，包括 24 个均匀分布的槽和 8 个不均匀分布的槽，如图 1-69 所示。

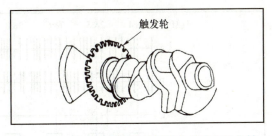

图 1-69 铸有触发轮的通用汽车发动机的曲轴

当触发轮经过安装在曲轴箱上的 A、B 两个传感器线圈时，曲轴每转一圈，每个传感器会产生 32 个方波信号。传感器 A 安装在上曲轴箱，传感器 B 安装在下曲轴箱。因为 A 传感器位于 B 传感器的上方，所以 A 传感器产生的信号比 B 传感器产生的信号要早 27°，如图 1-70 所示。

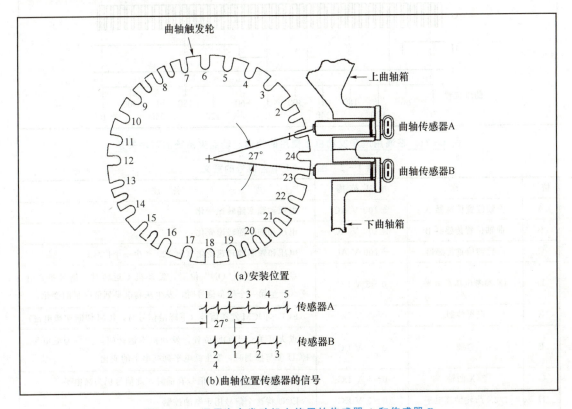

(a) 安装位置

(b) 曲轴位置传感器的信号

图 1-70 通用汽车发动机上使用的传感器 A 和传感器 B

A 和 B 两个传感器产生的信号被送到点火模块（ICM）。ICM 对传感器 A 的两个脉冲信号之间的由 B 传感器发出的信号脉冲进行计数，以确定正确的点火线圈发火次序。在传感器 A 的两个信号之间会有 0 个、1 个或 2 个传感器 B 信号。在发动机起动期间，点火模块一且检测到在传感器 A 的两个脉冲信号之间有 0 个传感器 B 信号，就开始对传感器 A 的两个脉冲信号之间的传感器 B 信号脉冲进行计数。点火模块在检测到 4 个传感器 B 的信号脉冲以后，就会使点火线圈按照正确的顺序发火。这样在起动时，在 180°的曲轴转角内，点火系统就可以使火花塞发火。相比于确定点火线圈发火顺序前需要曲轴旋转 1 圈或 2 圈的其他电子点火系统，这种系统的起动速度要快得多。各信号的时序关系和意义如图 1-71 和表 1-2 所示。

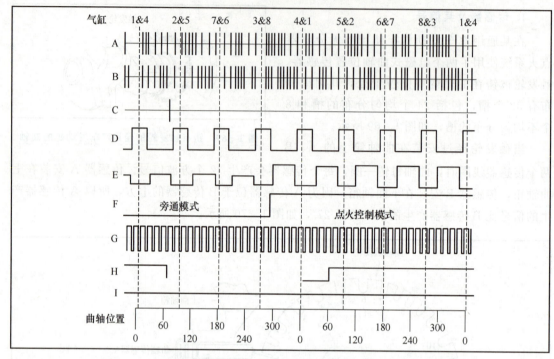

图 1-71　在通用汽车发动机上使用的快速起动点火系统的时序关系

表 1-2　图 1-71 中各信号的意义

信号	名　　称	电压范围	备　　注
A	曲轴位置传感器 A	±100 V AC	电压和频率随转速变化
B	曲轴位置传感器 B	±100 V AC	电压和频率随转速变化
C	凸轮轴位置传感器	±100 V AC	电压和频率随转速变化（每 720°产生一个信号）
D	4X 参考电压高电平	0～5 V DC	点火开关位于"ON"位置，发动机不运转时，信号是高电平。产生第一个同步信号时，发生从高电平到低电平的变化
E	点火控制	0～5 V DC	ECU 向 ICM 发送信号（下降沿信号时，ICM 切断初级电流）
F	旁通	0～5 V DC	点火开关位于 ON 位置，发动机不运转时，信号为低电平。ECU 参与控制时，发生低电平到高电平的变化
G	24X 曲轴	0～5 V DC	如果发现 A、B 或 C 信号有误时，此信号仍为高电平
H	1/2X 凸轮轴高电平	0～5 V DC	ECU 将这个信号用于燃油控制
I	参考电压低电平	0 V DC	ECU 与 ICM 之间的参考低电平

2. 系统工作情况

发动机一旦起动，ECU 就会从旁通模式切换到点火控制模式。点火模块（ICM）使用曲轴位置传感器 A 和 B 产生的信号来确定精确的曲轴位置和转速，然后 ICM 利用 4X 参考电压信号和 24X 电压信号将此信号传送到 ECU。ECU 扫描其他所有输入传感器的信号，计算出发动机所需要的精确的点火时刻。ECU 向 ICM 发送点火控制信号，告诉 ICM 在精确的时刻切断正确的点火线圈的初级电路，以提供精确的点火提前角。凸轮轴位置传感器参考电压的下限由 ICM 和 ECU 之间的接地线提供，如图 1-72 所示。如果发动机发生爆燃，那么爆燃传感器信号就会通知 ECU 减小点火提前角。

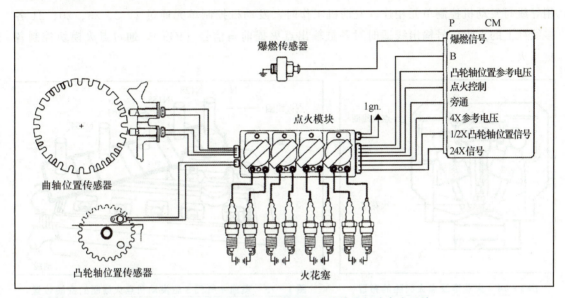

图 1-72　使用传感器 A 和传感器 B 的快速起动点火系统

凸轮轴位置传感器位于后排气缸排气凸轮轴链轮的前面。装在链轮上的一个触发销经过传感器，凸轮轴每转一圈（即曲轴每转两圈）传感器会产生一个方波信号，如图 1-73 所示。ECU 使用这个信号来确定喷油器的正确喷油次序。

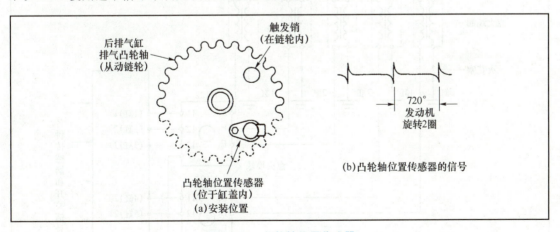

图 1-73　凸轮轴位置传感器

1.8.3　使用凸轮轴位置传感器和单独点火方式的无分电器点火系统

这种点火方式非常适合在 4 气门发动机上使用。如图 1-74 所示，火花塞安装在两根凸轮轴的中间，每一缸的火花塞上直接压装一个点火线圈，很容易布置。某些奔驰、VOLVO、宝来、奥迪等品牌的发动机都采用这种点火方式。

图 1-75 为奥迪 4 气门 5 缸发动机点火线圈的安装位置。由图 1-75 可见，每个点火线圈都固定在气缸盖的盖板上，然后再扣压到各缸火花塞上。图 1-76 是其无分电器单独点火系统的电控原理图。该点火系统的 5 个点火线圈分别接到 N122 和 N127 两个点火模块上。其中 N122 控制 1、2、3 缸的点火线圈，N127 控制 4、5 缸的点火线圈。两个点火模块分别用导线与发动机控制单元相连。发动机工作时，发动机控制单元通过 1、2、23、20、21 各接线柱上的点火信号输出线适时对各缸输出点火提前角信号（IGT），通过点火模块控制各缸点火。

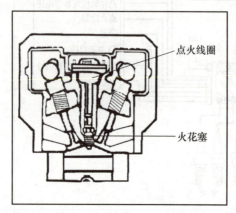

图 1-74　火花塞及点火线圈的布置

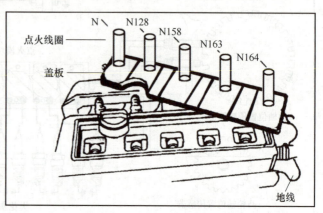

图 1-75　奥迪 4 气门 5 缸发动机点火线圈的安装位置

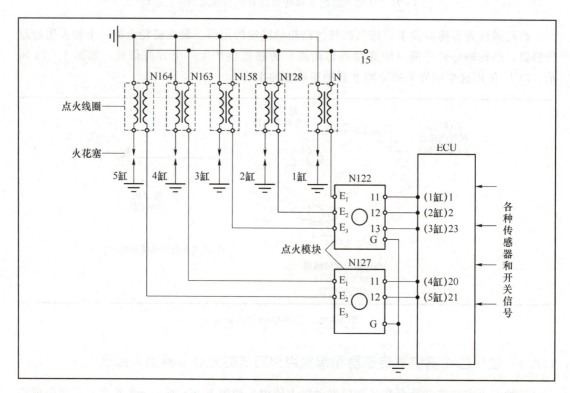

图 1-76　奥迪 5 缸发动机无分电器点火系统的电控原理图

这种点火系统的点火线圈采用的是超小型塑封式点火线圈，其结构如图 1 - 77 所示，图 1 - 78 为奥迪 A6 车型中所用的这种点火线圈的实物图。火花塞采用了铂电极，电极间隙不需要检测和调整，每行驶 10 万 km 应更换新火花塞。

与无分电器双缸同时点火系统相比较，这种点火系统的主要特点有如下几个方面。

① 由于点火线圈次级输出不使用高压二极管，因此为防止初级电路接通时次级绕组产生的感应电动势在缸内误点火，要求点火线圈次级输出端与火花塞接柱之间有 3 ~ 4 mm 的间隙，该间隙由安装托架来保证；

② 点火线圈次级输出端即火花塞中心电极均为负极性，因而击穿电压低，且火花塞放电频率小，故电极寿命长；

③ 取消了高压线而由点火线圈直接向火花塞供电，因而能量损失小，效率高，电磁干扰少。

④ 由于点火线圈可以安装在双凸轮轴的中间，因而节省了发动机周围的安装空间。

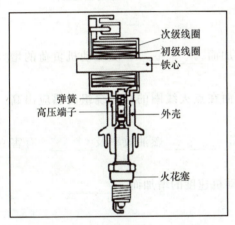

图 1 - 77 超小型塑封式点火线圈的结构

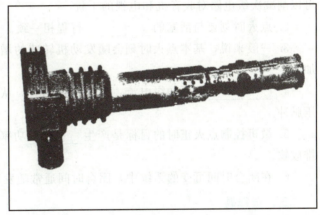

图 1 - 78 奥迪 A6 超小型塑封式点火线圈的实物图

小　结

本章简述了点火系统的发展、类型和功能，就点火提前角、点火线圈通电时间等基本控制方式进行了讨论，重点阐述了曲轴位置传感器和无分电器点火系统。

思考与练习

一、问答题

1. 在电子点火系统中，点火线圈次级绕组中是如何感应出高电压电的？

2. 为什么闭合时间对点火系统的工作来说是重要的？

3. 对于不同的发动机工况，点火提前角由几部分组成？是怎样确定的？

4. 初级电路和次级电路的主要区别是什么？

5. 发动机中有哪些传感器信号会影响点火正时？

6. 计算机控制点火系统一般由哪些部件组成？

7. 爆震传感器是怎样检测爆震的？

8. 计算机控制系统是怎样控制爆震的？

9. 简述凸轮轴传感器在点火系统中的作用。

10. 简述曲轴传感器在点火系统中的作用。

11. 常用的凸轮轴和曲轴传感器有哪些？

12. 无分电器点火系统有哪些优点？

13. 分电器点火系统有哪些特点？

二、填空题

1. 现今使用的高压导线含有纤维芯，这个纤维芯在次级电路中充当_____，从而可以削减次级电路对收音机和电视的干扰。

2. 点火时刻要与活塞的_____行程相一致。

3. 一般来说，基本点火时刻会随发动机转速的增加而_____，随发动机负荷的增加而_____。

4. _____切断初级电流，致使磁场消失，从而在点火线圈的初级绕组内感应出高压脉冲。

5. 微机控制点火正时的目标是产生_____功率，_____燃油效率及_____有害排放物。

6. 在闭合时间可变的系统中，闭合时间通常随发动机速度的增加而_____。

三、选择题

1. 在讨论初级点火电路和次级点火电路时，（ ）是正确的。

A. 点火模块是次级电路的一部分　　　　B. 火花塞属于次级电路

C. A 和 B 都对　　　　　　　　　　　D. A 和 B 都不对

2. 当开关设备切断点火线圈初级绕组内的低压电流时，（ ）是正确的。

A. 磁场消失　　　　　　　　　　　　B. 点火线圈次级绕组内感应出高压脉冲

C. A 和 B 都对　　　　　　　　　　　D. A 和 B 都不对

3. 下列选项中，（ ）是正确的。

A. 点火系统必须产生足够高的电压，以便在火花塞间隙处能够产生火花

B. 点火时刻必须与活塞的运动相一致，并能随着发动机工况的变化而改变

C. A 和 B 都对

D. A 和 B 都不对

4. 下列选项中，（ ）是正确的。

A. 电磁传感器内装有永久磁铁　　　　B. 霍尔传感器内装有永久磁铁

C. A 和 B 都对　　　　　　　　　　　D. A 和 B 都不对

5. 在讨论电磁传感器时，（ ）是正确的。

A. 当触发轮轮齿接近传感线圈时，传感线圈内不会产生电压信号

B. 触发轮轮齿离开传感线圈时，传感线圈内不会产生电号

C. A 和 B 都对

D. A 和 B 都不对

6. 在讨论分电器点火系统中所用的传感线圈的工作原理时，（　　）是正确的。

A. 当触发轮轮齿对正传感线圈时，传感线圈的磁强度增强了

B. 当触发轮轮齿从与传感线圈对正的位置移开时，传感线圈的磁强度增强了

C. A 和 B 都对

D. A 和 B 都不对

7. 在讨论电子点火系统时，（　　）是正确的。

A. 与分电器点火系统相比，电子点火系统的优点是可用的闭合时间更长

B. 与分电器点火系统相比，电子点火系统的优点是点火线圈的发火间隔时间更长

C. A 和 B 都对

D. A 和 B 都不对

第 2 章

燃油 喷射 系统

若要在发动机工作过程中取得好的动力性、燃油经济性和排放性能，计算机也必须控制燃油喷射系统在适当的时刻将适量的燃油喷射到进气管或气缸内，与经过检测的空气混合，以保证进入气缸的可燃混合气的空燃比与发动机工况相适应。

在很多场合下，计算机控制的燃油喷射系统也称为电子控制燃油喷射系统（EFI），含有计算机微处理器的组件称为电子控制单元或简称为 ECU。本章首先概述 EFI，介绍一些必要的 EFI 控制原理，然后结合燃油供给系统和典型实例分析，进一步加深对 EFI 基本组成和工作原理的认识和理解。

另外，需要说明的是，很难精确地从发动机控制系统中划分出哪些部分属于 EFI，尤其是对于怠速控制系统和氧传感器反馈控制，将分别在第 4 章——进气控制系统和第 5 章——排放控制系统中详细讲述。请读者注意它们与本章内容的联系。

2.1 概 述

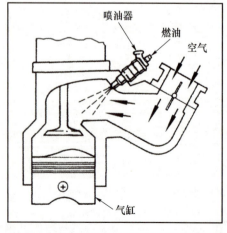

图 2－1 将燃油喷射到发动机的进气门前

燃油喷射就是将燃油直接喷射到发动机的节气门体内或进气门前，如图 2－1 所示。与化油器靠进气真空将燃油吸入节气门体内的方式相比，燃油喷射提高了所有工况下对进入气缸燃油的控制能力，从而改善了燃油经济性，减少了排放污染，提高了发动机的效率和功率。

2.1.1 燃油喷射系统的基本功能

燃油喷射系统（EFI）的基本功能是通过对电磁喷油器（简称喷油器）燃油喷射脉冲宽度和脉冲开始时刻的控制，实现对喷油量和喷油正时的控制。

1. 喷油量控制

在保持喷油器喷油压力与喷油器出口真空度的压力差一定，或者喷油压力一定的条件下，计算机通过控制电磁喷油器的起动和关闭时刻来实现对燃油喷射量的控制。这其中的喷射时间被称为喷油脉冲宽度（简称为喷油脉宽）。

图 2-2 是决定喷油脉宽的空燃比的三维数据图（λ 代表空燃比），这些信息存储在 ECU 中的只读存储（ROM）芯片内。计算机需要针对发动机不同工况下的负荷信号（空气流量传感器信号或进气歧管绝对压力传感器信号）和发动机转速信号，在其内存中检索出相应的空燃比，计算出基本喷油脉宽后，再利用适合该工况下的其他传感器信号（如蓄电池电压、冷却液温度、节气门位置等信号等）对基本喷油脉宽进行修正，得出实际的喷油脉宽，并由发动机控制单元（ECU）输出，以控制喷油器的喷射时间，从而控制燃油喷射量。

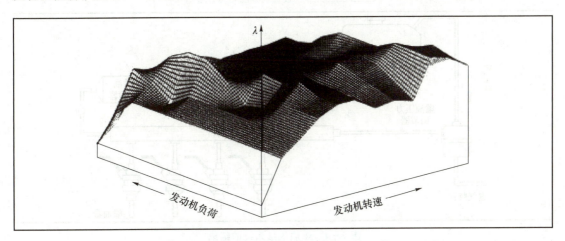

图 2-2　决定喷油脉宽的空燃比的三维数据图

与发动机爆燃时的点火提前角控制类似，在发动机的某些稳定工况下，空燃比将进入闭环控制状态。如发动机暖机后，若汽车不起步并且负荷也比较稳定，为了控制怠速下的排放，喷油脉宽由装在排气管上的氧传感器的反馈信号所决定。（详见第 5 章）

2. 燃油喷射正时的控制

对于发动机而言，理想的燃油喷射最好是在进气行程中完成，所以和点火提前角控制类似，ECU 中的微处理器一般也需要参考曲轴（凸轮轴）位置传感器信号和发动机转速信号以决定喷油器的喷射顺序和起动时刻。

2.1.2　燃油喷射系统的组成

燃油喷射系统（EFI）通常由燃油供给系统，进气系统和控制系统组成，如图 2-3 所示。本章从燃油喷射系统的原理和组成两方面介绍上述内容，并深入讨论燃油供给和燃油喷射部件。其他内容将在后面有关章节中深入讲述。

1. 燃油供给系统

图 2-4 和图 2-5 分别是典型的发动机燃油供给系统的组成和布置。燃油供给系统由燃油箱、油路、燃油滤清器、燃油脉动衰减器（见图 2-5）、燃油压力调节器和燃油泵等组成。

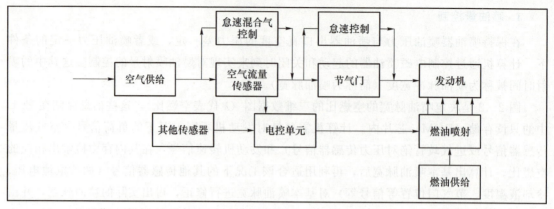

图 2-3 燃油喷射系统 (EFI) 框图

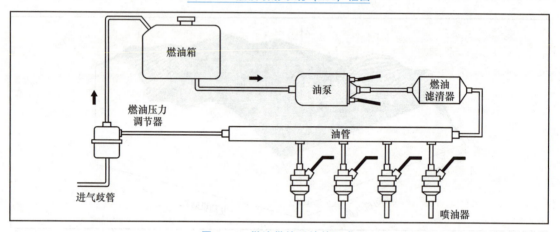

图 2-4 燃油供给系统的组成

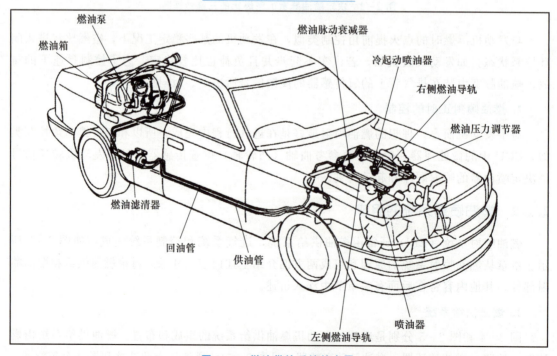

图 2-5 燃油供给系统的布置

安装在燃油箱内的电动油泵将燃油从燃油箱中泵入供油管，然后通过清除脏物和杂质的滤清器，经燃油脉动衰减器稳压后进入燃油导轨，燃油压力调节器将燃油导轨内的燃油压力（喷油压力）与喷油器出口处的真空压力（对节气门体喷射来说是大气压力）之差调节到系统设定值（不随发动机工况变化），多余的燃油经回油管返回燃油箱。安装在燃油导轨上的喷油器的喷嘴插在燃烧室的进气门前，喷嘴和气缸盖之间靠 O 形橡胶圈密封。不同型号的发动机，燃油压力调节器所设定的压力差可能不同。对于低压喷射系统，如节气门中央喷射系统的燃油喷射压力可低至 0.01 MPa；对于某些高压喷射系统则可达 0.36 MPa；一般系统为 2～3 MPa。

2. 进气系统

进气系统的作用是根据驾驶者的意图控制空气的供给并测量所供给的空气，以满足不同工况下空燃比对空气的需求。该系统主要由空气滤清器、空气流量传感器（进气歧管绝对压力传感器）、节气门总成、怠速阀（或空气阀）和进气歧管等组成。

空气通过空气滤清器进入进气管并由空气流量传感器（或位于节气门后的进气歧管绝对压力传感器）测量，空气流量是由节气门及安装在它上面的怠速阀（或空气阀）来控制的。空气流量传感器不仅影响进气系统，更是 ECU 决定喷油脉宽和点火提前角的主要输入传感器，所以将在第 7 章专门介绍。节气门体上的怠速控制部件、巡航控制部件将在第 4 章——进气控制系统中介绍。本章中的进气系统部分主要介绍与节气门体喷射有关的内容。

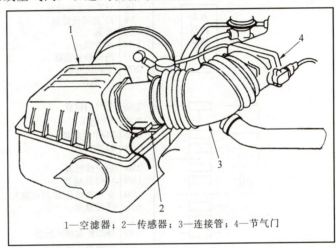

1—空滤器；2—传感器；3—连接管；4—节气门

图 2 - 6　进气系统的布置图

3. 控制系统

主要由各种传感器、发动机控制单元（ECU）、有关执行器（包括继电器）、线路和电源组成。控制单元和传感器将在第 7 章介绍；本章主要介绍 EFI 系统的组成和一般控制方法。图 2 - 7 给出了一个典型的 EFI 控制系统的组成。

需要注意的是，对于燃油喷射来说，系统中最重要的两个传感器是转速传感器和负荷传感器（空气流量传感器 MAF 或进气歧管绝对压力传感器 MAP）。2.1.1 节所述的发动机基本喷油脉宽取决于这两个传感器信号；其次是曲轴（凸轮）位置传感器，这些信号可以用来决定各缸的喷射顺序和喷射开始的时刻。

ECU 除了依赖负荷及转速信号以外，还需要依靠系统内的许多其他传感器产生的输入信号才能工作。这些传感器产生的信号可用来进一步修正喷油脉宽以使其与发动机的工况相匹配，还可以将发动机的工况告知计算机。

1）冷却液温度传感器

冷却液温度传感器向 ECU 发送信号，告诉 ECU 发动机需要冷机加浓的时刻，正如在暖机期间一样，这样就使喷油脉宽在基本喷油脉宽的基础上有所增加，但是随着发动机温度的上升，增加的喷油脉宽逐渐减小至零。

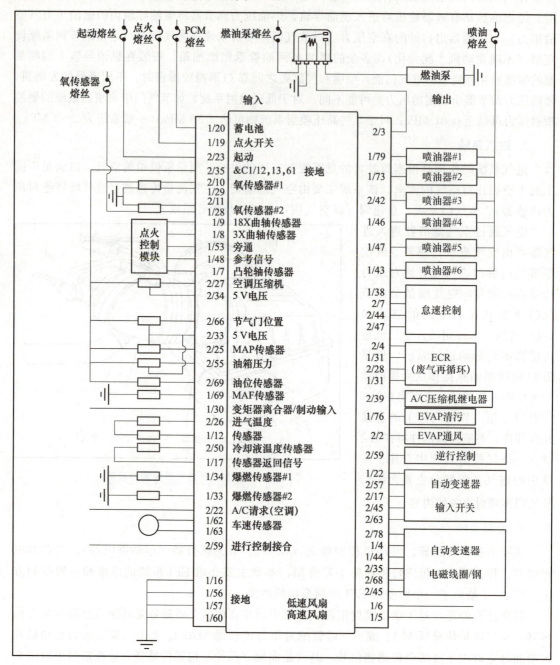

图 2-7　一个典型 EFI 控制系统的组成

2）节气门位置传感器

在节气门关闭时，该传感器向 ECU 发送信号告诉 ECU 需要怠速加浓；在节气门突然开启或接近全开时，该传感器告诉 ECU 需要加速加浓或全负荷加浓。

3）起动加浓开关

在发动机起动或是在热机起动时，起动机电路会向 ECU 发送燃油加浓信号。此信号与冷起动加浓信号无关。

4）高原补偿传感器（大气压力传感器）

当车辆运行在高海拔地区时，所在地区的海拔越高，空气就越稀薄，所需燃油也就越少。在燃油喷射系统中安装一个能监测大气压力的传感器便可实现高原补偿功能。这个传感器产生的信号被传送到 ECU 以减小喷油脉宽，从而减少喷油量。

5）滑行断油信号

在很多控制系统里都能见到滑行断油传感器。它能改善燃油经济性、降低 HC 和 CO 的排放。对断油所采取的控制方法取决于变速器的类型（手动或自动）。ECU 根据节气门位置传感器或怠速开关输入的节气门全关信号，或者根据点火模块发出的发动机转速信号做出滑行断油的决定。当 ECU 检测到不再需要能量来维持发动机转速时，便关闭喷油直到再次需要输出功率时为止。

6）其他信息输入传感器

一些其他的传感器也被用来提供与发动机工况有关的信息。在此只列出一些常见的传感器，包括：

① 爆燃传感器；

② 进气温度传感器；

③ 空调运行传感器；

④ 变速杆位置传感器；

⑤ 蓄电池电压传感器；

⑥ 车速传感器；

⑦ 氧传感器；

⑧ EGR 阀位置传感器。

2.2　燃油喷射系统的发展

现代发动机的燃油喷射系统是由早期的燃油喷射装置逐步发展而成的。在我国，汽车刚刚开始走入家庭，未来市场对汽车多元化的要求也越来越高，所以在一定时期内，我国上路汽车发动机上装备的燃油喷射系统（EFI）会出现许多较早的系统与最新的系统同时并存的情况。

2.2.1　早期的燃油喷射系统

燃油喷射技术早在 20 世纪 20 年代就已经面世，当时主要用于航空发动机，直到第二次世界大战后，才被逐渐应用到汽车发动机上。20 世纪 60 年代以前，燃油喷射系统主要采用机械驱动的柱塞泵，喷油量也由机械装置控制。1967 年，德国 BOSCH 公司研制出 K-Jetronic 燃油喷射系统，首次采用在节气门前安装机械联动装置把喷油量和进气量联系起来。20 世纪 70 年代，该公司在此基础上推出了第一代计算机控制的 KE-Jetronic 燃油喷射系统，如图 2-8 所示。

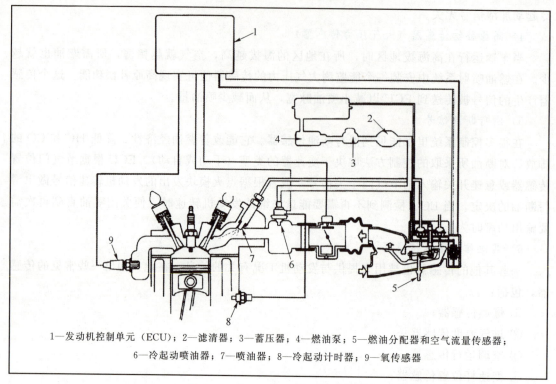

1—发动机控制单元（ECU）；2—滤清器；3—蓄压器；4—燃油泵；5—燃油分配器和空气流量传感器；
6—冷起动喷油器；7—喷油器；8—冷起动计时器；9—氧传感器

图 2-8　KE-Jetronic 燃油喷射系统

安装在各缸进气门前的喷油器在发动机运行中连续喷油（化油器也是连续供油）。燃油从燃油分配器输送到各个喷油器。电动燃油泵将燃油从燃油箱经过蓄压器和滤清器输送到燃油分配器。蓄压器用于防止燃油压力的波动。多余的燃油从燃油分配器和压力调节器返回燃油箱。一个摆动式的空气流量传感器，如图 2-9 所示，感知板被安置在进气道内。当发动机停机时，感知板将关闭进气道的通道，分配器内的柱塞将回位顶住空气流量传感器的控制杆。

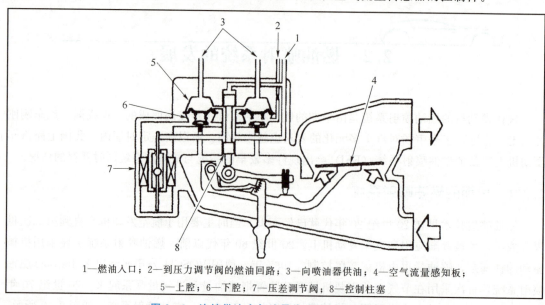

1—燃油入口；2—到压力调节阀的燃油回路；3—向喷油器供油；4—空气流量感知板；
5—上腔；6—下腔；7—压差调节阀；8—控制柱塞

图 2-9　连续供油空气流量传感器和燃油分配器

当发动机转速升高时，进气道内空气的流速也会相应地加快，并使流量传感器的感知板开启。感知板的运动用来精确控制喷油器的油量。压差调节阀的线圈周期地接通和断开是由发动机控制单元（ECU）来控制的，这可使压差调节阀中的柱塞上下移动，进而控制燃油分配器下腔内的燃油压力，给各喷油器提供精确的燃油量和空燃比。

连接到发动机控制单元（ECU）的输入信号传感器随车辆具体型号的不同而不同，但都有氧传感器和冷却液温度传感器。控制单元可以对发动机的空燃比、点火提前的、排放控制装置和怠速等进行集中控制。

在美国，直到 20 世纪 80 年代，汽车制造商才开始用燃油喷射系统来代替化油器。早期的电子燃油喷射系统大多是节气门体喷射系统（TBI），如图 2-10 和图 2-11 所示，燃油喷射点在节气门上方。节气门体的大小和形状都与化油器类似，并且与化油器一样也被安装在进气总管上，喷油器将燃油向下喷射到节气门体的混合室内，该混合室通向进气歧管。由进气歧管将空燃混合气送到各气缸。

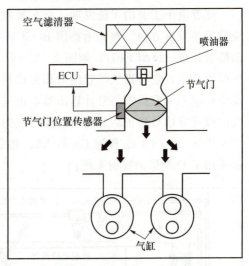

图 2-10　节气门体喷射系统

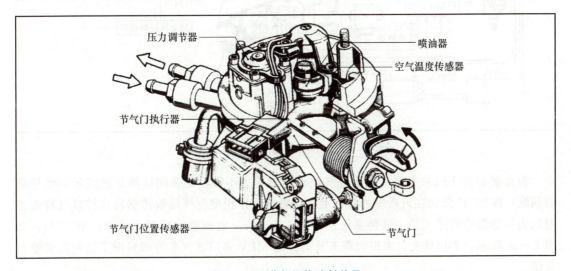

图 2-11　节气门体喷射单元

与化油器相比，KE-Jetronic 燃油喷射系统（一种进气门前燃油喷射系统）和节气门体（TBI）燃油喷射系统在节气门上方没有或极少发生燃油附着管壁的现象，可提供更为精确的燃油量。与 KE-Jetronic 燃油喷射系统相比，TBI 系统还能够实现间歇喷射，且制造成本较低，诊断和维修较容易；此外，与进气门前喷射系统不同，TBI 系统在喷油器堵塞时不会造成各缸喷油不均的问题。

但是与进气门前燃油喷射系统相比，TBI 系统的效率相对较低。其缺点主要与进气歧管有关，燃油不能被均匀分配到各气缸，并且在进气歧管温度较低时会使燃油在进气歧管内凝结,而且同化油器一样,TBI 系统必须被安装在燃烧室的上方,这样就不可能设计出更高效的进气歧管。

2.2.2 现代燃油喷射系统

随着电子工业的飞速发展,汽车控制的电子化在 20 世纪的后 30 年逐渐成为各国汽车工业的重要发展方向。首先由德国 BOSCH 公司成功研制并开始批量生产出 D-Jetronic 电控燃油喷射系统(D 型 EFI),如图 2-12 所示,这种电控燃油喷射系统是速度—密度型电子燃油喷射系统,它将进气歧管绝对压力信号和转速信号输送到发动机控制单元(ECU),由发动机控制单元根据该信号计算出基本进气量,再由进气温度传感器、冷却液温度传感器、节气门位置等信号修正后发出与之相对应的喷油脉宽信号,控制喷油器喷射出适量的燃油。国产桑塔纳 2000 GLi、奥迪 C3 和 A6、北京切诺基、东风富康、丰田威驰及丰田皇冠等车型都采用了 D 型燃油喷射系统。

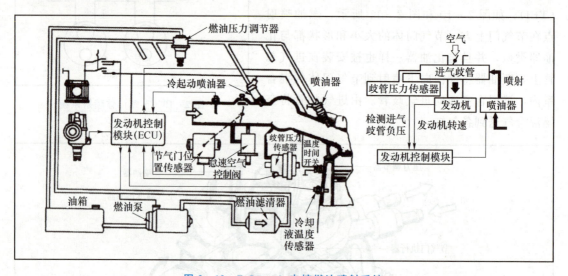

图 2-12　D-Jetronic 电控燃油喷射系统

为克服 D 型 EFI 在某些工况下进气歧管绝对压力不够稳定及间接测量进气量不够精确的问题,BOSCH 公司在该系统的基础上,用翼板式体积型空气流量传感器代替进气歧管绝对压力传感器检测进气量,这种系统简称为 L-Jetronic 电控燃油喷射系统(L 型 EFI),如图 2-13 所示。丰田佳美,丰田大霸王及马自达 MPV 多用途汽车等都采用了这种燃油喷射系统。

由于 L 型 EFI 在进气道设置了一个空气流量感知板,造成发动机进气阻力增加,因而限制了发动机功率的提高;另外由于它测量的是体积流量,并不能直接获取进入发动机气缸的空气质量,所以 BOSCH 公司又研制出了 LH-Jetronic 系统。如图 2-14 所示,它采用热线式或热膜式空气质量流量传感器(MAF)代替翼板式空气体积流量传感器来检测发动机的进气量。它可直接检测进气质量,所以无须用进气温度和大气压力进行修正,并且进气阻力较低,对驾驶员的加速意图响应比较快。这种燃油喷射系统在桑塔纳 2000 GSi、捷达、别克、尼桑等轿车上都已得到采用。是目前比较先进的燃油喷射系统。

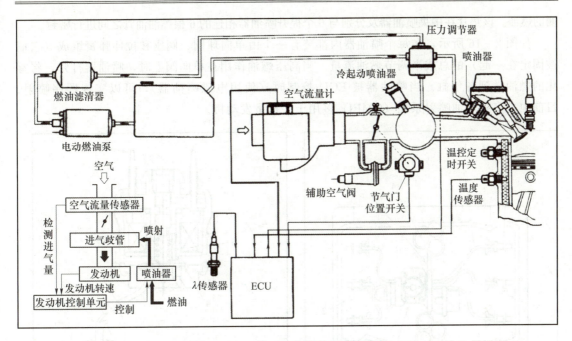

图 2－13　L 型 EFI 电控燃油喷射系统

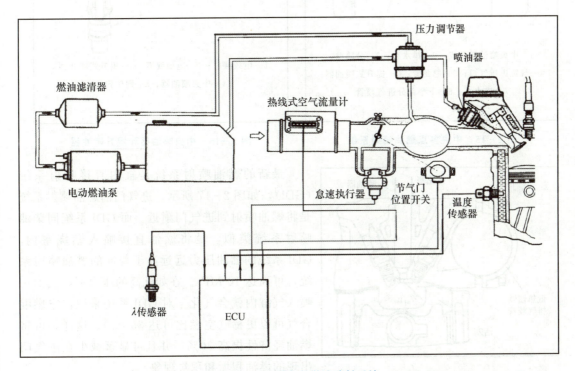

图 2－14　LH 型电子燃油喷射系统

　　不久前，通用汽车公司推出了中央多点燃油喷射系统（CMFI），如图 2－15 所示。该系统兼具节气门体喷射系统和进气门前喷射系统的许多特点，使用一个中央喷油器对流向几个（图中为 6 个）提升式喷油器的燃油进行控制。CMFI 喷油器的总成由燃油检测体、压力调节器、一个中央喷油器，6 个提升喷油器及密封垫等组成。中央喷油器通过一个多孔分配垫片分配经过检测的燃油。该垫片在中央喷油器及分别与 6 个提升喷油器相连的 6 根燃油油管之间进行密封。

如图 2-16 所示，在每个喷油器内都装有一个由单向球阀、阀座和拉伸弹簧组成（它们被固定在一起）的总成来调节燃油流量。当高压燃油作用在单向阀上时，喷油器打开，将雾化的燃油送到各气缸。当喷油器被 ECU 控制时（使用电磁喷油器），可以实现顺序喷射。目前中央多点燃油喷射系统（CMFI）多用于大排量发动机。

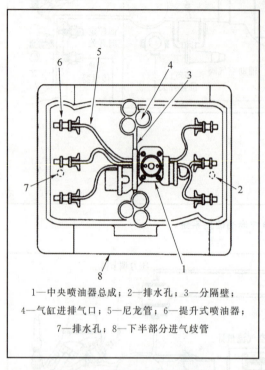

1—中央喷油器总成；2—排水孔；3—分隔壁；
4—气缸进排气口；5—尼龙管；6—提升式喷油器；
7—排水孔；8—下半部分进气歧管

图 2-15　中央多点燃油喷射系统

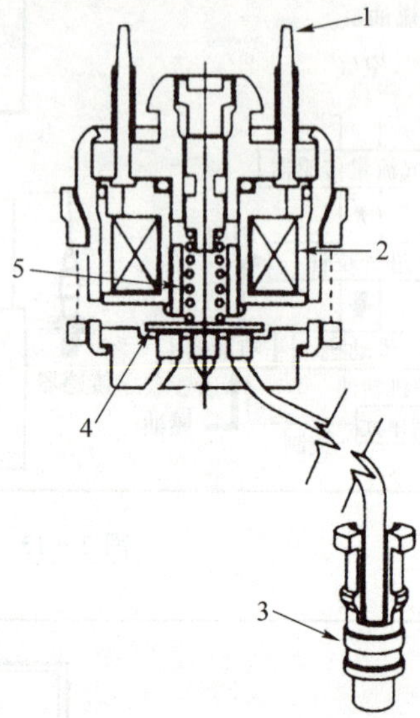

1—电线接柱；2—电磁线圈；3—提升式喷油器；
4—中央喷油器；5—回位弹簧

图 2-16　中央喷油器和提升喷油器

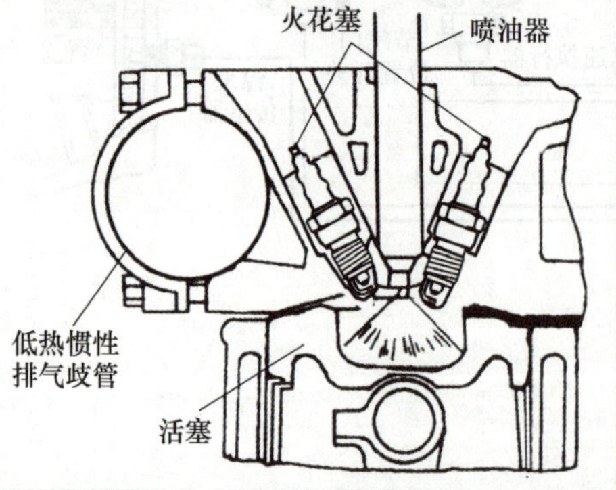

图 2-17　缸内直接喷射系统 GDI

最新的燃油喷射系统是缸内直接喷射系统（GDI），如图 2-17 所示。进气门前燃油喷射系统是将燃油喷射到进气门附近。而 GDI 系统同柴油喷射系统类似，是将燃油直接喷入燃烧室内。GDI 系统的燃油压力远远高于普通的燃油喷射系统，可高达 10 MPa。在如此高的压力下，汽油一喷入气缸内就会气化。对 GDI 系统来说，空燃混合气可以更稀（空燃比可达 35：1）。这样，可将燃油经济性提高 30%，并且可显著减少在进气门出现的燃油积垢和积炭现象。

比较典型的缸内直接喷射系统有福特 PROCO 缸内喷射系统、丰田 D-4 缸内喷射系统和三菱 4G 缸内喷射系统。目前这种技术还处在完善和提高阶段，其中领先的是日本的三菱公司，到 1998 年 2 月为止，该公司的缸内直喷发动机已经售出 200 000 台。到 2010 年，三菱公司将其生产的所有汽油机都实现了直喷化。GDI 系统将会逐步取代传统的进气门前喷射系统，得到广泛应用。

在燃油喷射技术发展的同时，燃油喷射系统很自然地与和它共用许多资源的点火系统融为一体，并不断地增加了诸如故障报警与故障诊断、进气控制、排放控制、自动变速器控制等功能，逐步发展成为发动机管理系统，如图 2-18 所示。

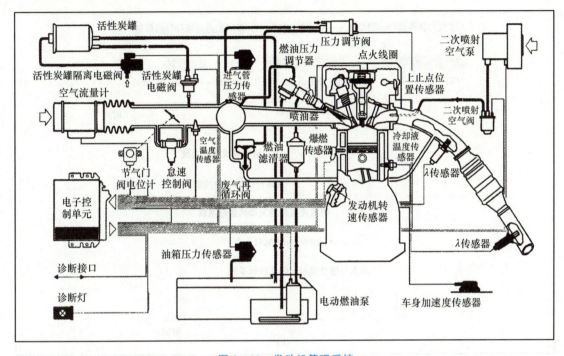

图 2-18　发动机管理系统

近年来，随着汽车控制自动化程度越来越高，各系统之间的联系也越来越复杂，采用通常的线路连接很显然既不可靠也不经济，于是汽车网络控制系统应运而生，其中比较典型的是 BOSCH 公司开发的 CAN 系统（controller area network），又称为多路传输系统。图 2-19 所示为某奔驰轿车上使用的 CAN。汽车上不同系统的控制模块、一些共用的传感器等都通过 CAN 总线连接成网络，进行相互通信和资源共享。

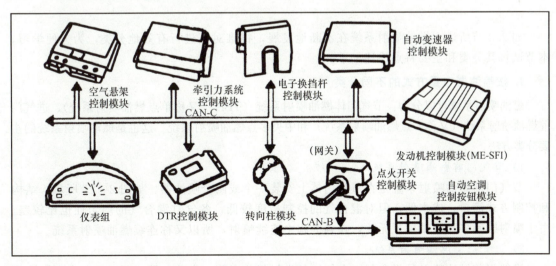

图 2-19　某奔驰轿车 CAN 系统示意图

随着半导体芯片价格的不断降低，汽车网络系统已不再是高档轿车的专利，很多国产车型（如奥迪、宝来、帕萨特、派里奥等）都已经使用了基于 CAN 数据总线的网络技术。

综上所述，发动机燃油喷射系统（EFI）的发展可以由图 2 - 20 来表示。

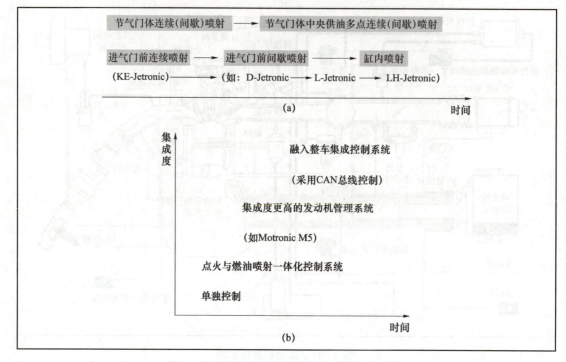

图 2 - 20   发动机燃油喷射系统（EFI）的发展

2.3   燃油喷射系统的分类和主要特点

如 2.2 节所述，燃油喷射系统在不断地发展，很难对其进行有效地分类，为方便学习，本节试将其分类和主要特点描述如下。

1. 按喷油器布置方式的不同分类

燃油喷射系统可以分为：节气门体燃油喷射系统（TBI）（又称单点燃油喷射系统）、进气门前燃油喷射系统（又称多点燃油喷射系统）和中央多点燃油喷射系统。这也是燃油喷射系统的主要分类方法。

1）节气门前燃油喷射系统

节气门前燃油喷射系统是在节气门体上安装一个或两个喷油器，如图 2 - 21 所示。结构和控制方式简单，成本低；但对混合气的控制精度较低，各气缸混合气的均匀性也比较差。由于喷射时间多与曲轴位置无关，在各冲程中连续喷射，所以又称连续燃油喷射系统。

2）进气门前燃油喷射系统

进气门前燃油喷射是指在每一个气缸的进气门前安装一个喷油器，所以又称多点燃油喷射，如图 2-22 所示。喷油器喷射出燃油后，在进气门附近与空气混合形成可燃混合气，这种喷射系统能较好地保证各缸混合气总量和浓度的均匀性。目前大多数车型采用进气门前燃油喷射系统。

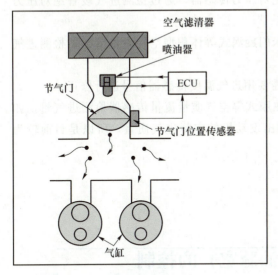

图 2-21 节气门体喷射系统（TBI）

（单点燃油喷射系统）

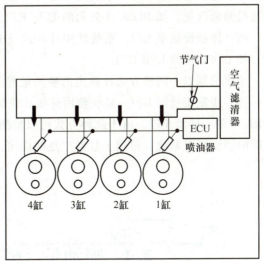

图 2-22 进气门前燃油喷射系统

（多点燃油喷射系统）

进气门前燃油喷射系统一般在进气行程时才喷射所以又称为间歇燃油喷射系统，间歇燃油喷射的开始时间（喷油正时）与活塞行程有关。

进气门前燃油喷射系统根据各缸喷油组合方式的不同可分为同时喷射方式、分组喷射方式和顺序喷射方式。

（1）同时喷射方式。在一个工作循环中（曲轴转两周），各缸喷油器同时喷射 1~2 次。每个工作循环只需要一个喷油信号且与点火顺序无关，控制最简单，但燃油需在进气口前停留较长时间。

（2）顺序喷射方式。在一个工作循环中（曲轴转两周）按照点火顺序，每缸喷油器一般在进气循环喷射 1 次。是最精确、最理想的燃油喷射方式，由于各缸燃油喷射时刻与点火时刻有关，所以需要气缸判别信号和曲轴转角信号，控制系统较复杂。

（3）分组喷射方式。按照点火顺序，相邻的 2~3 个气缸的喷油器编为一组，在一个工作循环中（曲轴转两周）每组喷油器同时喷射 1~2 次，不同组气缸的喷油器顺序喷射。它兼具同时喷射和顺序喷射的特点，常用于多缸发动机，如图 2-23 所示。

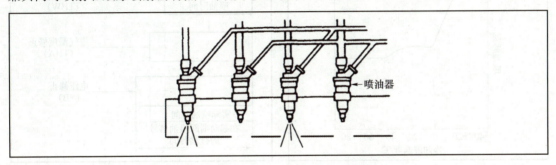

图 2-23 进气门前燃油喷射系统的分组喷射方式

2. 按进气量检测方式的不同分类

燃油喷射系统（EFI）可分为速度密度型 EFI，体积流量型 EFI 和质量流量型 EFI。

（1）速度密度型 EFI。系统使用进气歧管绝对压力传感器，通过检测进气歧管绝对压力间接检测进气量。如 BOSCH 公司的 D 型 EFI。

（2）体积流量型 EFI。系统使用叶片式或卡门旋涡式等体积型空气流量传感器检测进气量。如 BOSCH 的 L 型 EFI。

系统根据以上两种方式计算出的喷油量都需要用进气温度传感器信号进行修正。

（3）质量流量型 EFI。系统使用热线式或热膜式等空气质量流量传感器检测进气量。如 BOSCH 的 LH 型 EFI。由于此种方式可以检测出发动机的实际进气质量，所以是目前较为精确的燃油喷射系统，得到了日益广泛的应用。

2.4 喷油量（喷油脉宽）的控制

燃油喷射系统（EFI）是通过对电磁喷油器喷油脉冲宽度的控制实现对喷油量的控制。其具体的控制过程需要依工况的不同来确定。计算机先根据一个或两个传感器信号，确定出基本的喷油脉宽，再由其他传感器信号修正后输出。一般可以将喷油脉宽的控制分为起动过程中和起动后的喷油脉宽控制。

2.4.1 起动过程中喷油脉宽的控制

发动机起动时的转速波动大，控制单元（ECU）无法精确检测发动机的进气量，所以不能根据其内存中的空燃比计算出所需的喷油脉宽。为此，首先应根据起动开关信号和发动机转速信号（如转速在 400 r/min 以下）判断发动机是否处于起动工况，然后根据发动机冷却液温度在其内存中检索出对应的基本喷油脉宽，再经进气温度和蓄电池电压信号修正后得到实际输出的喷油脉宽，分别如图 2-24 和图 2-25 所示。

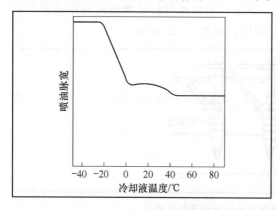

图 2-24　发动机冷却液温度与喷油脉宽

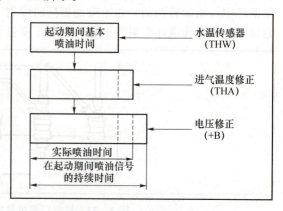

图 2-25　喷油脉宽的确定

如果蓄电池电压偏低，喷油器打开的响应时间将会变长，由于蓄电池电压对喷油器关闭时间影响较小，所以实际喷油时间减少，无效喷油时间增加。即当蓄电池电压降低或升高时，应增加或减少喷油脉冲宽度，如图 2-26 所示。

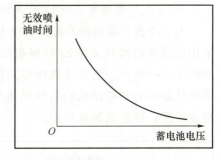

图 2-26　无效喷油时间与蓄电池电压

某些发动机根据冷却液温度、转速及自起动开始累积的转数、时间等参数控制喷油器的实际喷油时间。为了避免燃油对火花塞的浸润（淹缸），要求喷油器在发动机每转一转期间进行多次喷射。这些要求使控制系统的硬件和软件变得复杂起来。

对于早期的发动机，起动时的加浓是由装在节气门附近的冷起动喷油器实现的，其控制形式有以下两种。

1）由装在冷却液管路上的温度时间开关控制

如图 2-27 所示，冷起动喷油器的控制回路主要由冷起动喷油器与温度时间开关组成。冷起动喷油器可在发动机起动时在很短时间内向进气总管喷入所需的附加燃油。

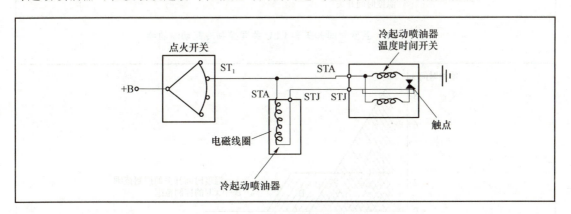

图 2-27　冷起动喷油器的控制回路

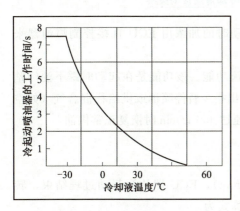

图 2-28　冷起动喷油器的工作特性

发动机起动时，点火开关接通，开始时刻由于冷却液温度和发动机机体温度都很低，温度时间开关触点"冷缩"闭合，冷起动喷油器的电磁线圈通电，冷起动喷油器工作。随着发动机冷却液温度和机体温度的升高，温度时间开关触点"热胀"断开，冷起动喷油器停止喷油，冷起动加浓结束。冷却液温度和机体温度越低，温度时间开关触点"热胀"断开所需的时间也越长，冷起动加浓时间也就越长。如图 2-28 所示为某发动机冷起动喷油器的工作特性。若起动时间过长或多次重复起动，这时由于电加热丝的加热作用，温度时间开关触点将断开，以防止"淹缸"。

2) 由温度时间开关与 ECU 共同控制

为了改善发动机的冷起动性能和降低起动时 CO 和 HC 的排放量，在冷起动期间，可采用由温度时间开关和 ECU 根据冷却液温度共同控制冷起动喷油器的方式，如图 2 - 29 和图 2 - 30 所示。当发动机冷却液温度高于 20 ℃ 时，温度时间开关触点断开，由 ECU 继续接通冷起动喷油器的搭铁回路维持其喷油，当冷却液温度达到 60 ℃ 时，ECU 断开搭铁回路，冷起动加浓结束。

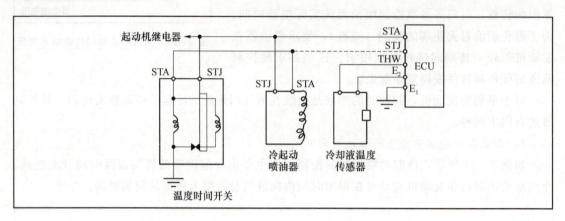

图 2 - 29　温度时间开关和 ECU 共同控制冷起动喷油器

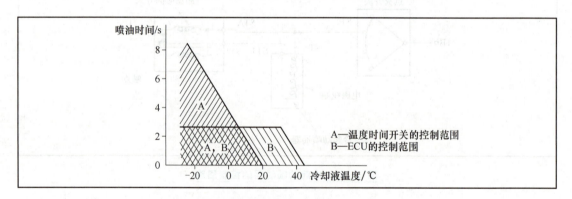

图 2 - 30　冷起动喷油器喷油时间与冷却液温度的关系

目前的发动机大多已不再使用冷起动喷油器，起动时的加浓由 ECU 直接控制喷油器来实现。

为解决"淹缸"问题，一般 ECU 内都设有清除溢流功能。该功能是在起动时踩下油门踏板，使节气门全开或开度达 80%～100% 时，ECU 将发出指令暂停喷油或供给稀混合气（如空燃比为 20∶1 ），以消除燃油过多现象，直到发动机转速达 400 r/min 时恢复正常供油。

2.4.2　起动后喷油脉宽的确定

发动机起动后，当转速超过预设值时（如 400 r/min），ECU 即认为起动过程结束，转而按起动后工况控制喷油脉宽。起动后喷油脉宽的计算式为

喷油脉宽
＝基本喷油脉宽×基本喷油脉宽修正系数＋喷油器无效喷油时间（由蓄电池电压修正）

其中对于蓄电池电压的修正如 2.4.1 节所述。

1. 基本喷油脉冲宽度

1) 速度密度型发动机燃油喷射系统

对于依据进气歧管绝对压力来计算喷油脉宽的 EFI（D 型 EFI），确定基本喷油脉冲宽度是以进气量与进气歧管绝对压力成正比为前提的。实际上由于转速变化会使进气歧管绝对压力变得不稳定，因此进气歧管绝对压力不能在任何工况下都能够正确反映进气量。所以这种系统根据进气歧管绝对压力传感器（MAP）信号确定的基本喷油脉宽必须经发动机转速传感器信号（Ne）校正，然后再用进气温度传感器（IAT）信号修正后得到基本喷油脉冲宽度。有些发动机还采用其他传感器的输入信号进行附加修正。

2) 体积流量发动机燃油喷射系统

对于依据体积型进气流量来计算喷油脉宽的 EFI（L 型 EFI），ECU 根据进气体积流量和发动机转速在其内存中查出对应的目标空燃比，进而计算出一个喷油脉宽，然后用进气温度传感器（IAT）信号修正后得到基本喷油脉冲宽度。也有用大气压力传感器（BARO）等输入信号进行附加修正的。

因为冷空气的密度比热空气的密度大，因此，在其他因素相同时，吸入发动机的空气质量随空气温度的升高而减少，为了避免混合气随进气温度升高而逐渐加浓，发动机控制单元（ECU）需要根据进气温度对基本喷油脉宽进行修正，即进气温度越高，喷油器的基本喷油脉宽就越小。

因为大气压力和密度随着海拔高度的增加而降低，所以汽车在高原地区行驶时传感器检测到同样的空气体积流量时，比在平原的实际进气质量流量要小。为了避免在高原地区混合气过浓，应根据大气压力传感器（BARO）输入的信号对基本喷油脉宽进行修正。大气压力越低，喷油器的基本喷油脉宽越小。

3) 质量流量型发动机燃油喷射系统

对于装有热线式或热膜式等空气质量流量传感器的 EFI，ECU 可由进气质量流量和转速查出其内存中的目标空燃比直接算出基本喷油脉宽，无须任何传感器信号修正。

当发动机工作在大负荷工况下时（节气门全开、排气温度较高），如图 2-31 所示，ECU 将空燃比设定在与扭矩峰值相对应的 12∶1～13∶1 附近，所以又称为功率空燃比。

另外，从图 2-31 还可以看出，减小空燃比（混合气变浓）可以降低排气温度。所以当排气系统部件（排气管、氧传感器、催化转换器）的温度超过许用温度时，也可通过减小空燃比降低排气温度，保护氧传感器和催化转换器。

2. 基本喷油脉宽修正系数

它是一个考虑了冷却液温度、加减速工况、负荷变化等因素后总的修正系数。

1) 与冷却液温度有关的修正

发动机起动后尤其是冷起动后，或在高温行驶后熄火再起动时（热起动），都需要增

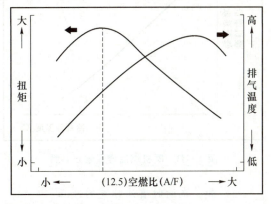

图 2-31　空燃比与扭矩和排气温度的关系

加喷油脉冲宽度，否则可能造成熄火、怠速不稳、热起动困难等故障。

（1）在起动后的短暂时间内（如 10 s 内），由于冷却液温度和进气速度都较低，燃油的雾化能力差，所以应给予增加喷油量的修正。起动时的冷却液温度决定起动后燃油增量修正系数的初值和修正时间，起动后的修正系数随时间或发动机转数的增加而逐渐减小至零，如图 2 - 32 所示。

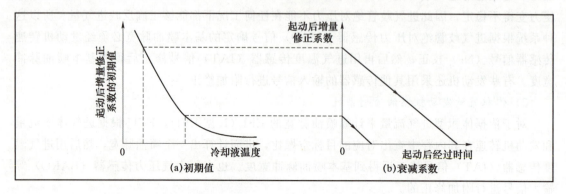

图 2 - 32 起动后燃油增量修正系数的初值和衰减

（2）发动机起动后，为了尽快暖机、使三元催化转换器和氧传感器达到正常的工作温度，以进入氧传感器反馈闭环工作状态，需要给予增加喷油量的修正，也称作暖机修正。暖机修正和上述起动后修正同时开始，如图 2 - 33 所示，随着发动机冷却液温度的升高，修正值逐渐减小，直到冷却液温度达到规定值，暖机修正才结束。

（3）汽车高速或大负荷行驶时，由于风冷作用且燃油一直在流动，所以燃油温度不会太高（如 50 ℃ 左右），如果此时发动机熄火，在发动机热源加热下，失去风冷作用和停止流动的燃油温度将持续升高。当发动机热起动时，由此产生的燃油蒸气将使喷油量减少，混合气变稀，造成起动困难或"气阻"。其修正措施一般为当冷却液温度上升到设定值（如 100 ℃）以上时，进行高温燃油增量修正，如图 2 - 34 所示。

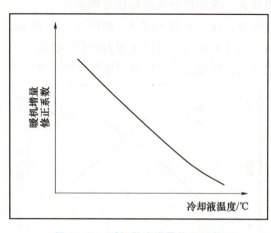

图 2 - 33 暖机燃油增量修正系数

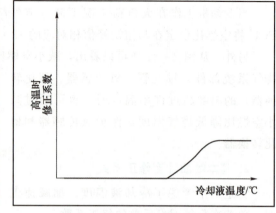

图 2 - 34 高温时燃油增量的修正

2）加、减速时喷油脉宽的修正

汽车加、减速时，仅使用基本喷油量会使实际空燃比相对于目标空燃比产生偏移。一一般加速时混合气偏稀，减速时混合气偏浓。所以汽车加、减速时要分别进行对喷油脉宽增、减的修正。否则发动机可能会产生"喘振"及加速不良等现象，排气中的有害成分也会增加。

加速时，进气歧管绝对压力增大，使附着在管壁上的燃油汽化速度降低，混合气变稀。负荷变化率越大，即一定时间间隔内的进气歧管绝对压力变化量越大，喷油脉冲宽度的修正量也就越大，如图 2-35 所示。另外，在负荷变化率相同的加速工况下，冷却液温度越低，加速修正量就越大，如图 2-36 所示。显然，减速时修正系数随负荷变化率改变的值为负值，即负荷变化率越大（减速度越大），喷油脉宽越小。减速时修正系数随冷却液温度变化的修正值与加速时相同。

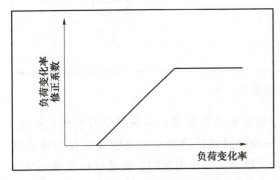

图 2-35　负荷变化时燃油增减量修正系数

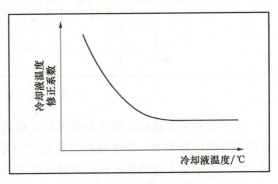

图 2-36　冷却液温度与燃油增量修正系数

控制单元根据节气门位置传感器或空气流量传感器（进气歧管绝对压力传感器）来识别发动机是否处于加、减速状态，以便对基本喷油脉宽进行修正。在冷却液温度不变的条件下，节气门开启或关闭的速率越高或进气量增加或减小的越快，喷油脉宽的增量或减量就越大。

3）氧传感器反馈信号修正（短期燃油修正）

发动机控制单元根据氧传感器的反馈信号，随时调整喷油脉冲宽度。当氧传感器输入高电位信号时，说明混合气偏浓，应减小喷油脉冲宽度；相反，当氧传感器输入低电位信号时，说明混合气偏稀，应增大喷油脉冲宽度。

2.4.3　起动后某些稳定工况下喷油脉宽的控制方法

1. 喷油脉宽的氧传感器反馈闭环控制（详见第 5 章排放控制）（短期燃油修正）

为控制排放，发动机控制单元根据置于排气管上的氧传感器的反馈信号，随时调整喷油脉宽。一般当氧传感器输入高电位信号时，说明混合气偏浓（空燃比小），应减小喷油脉宽；相反，当氧传感器输入低电位信号时，说明混合气偏稀（空燃比大），应增大喷油脉宽，所以这种控制方式也称为空燃比反馈控制。发动机控制单元（ECU）对喷油脉宽的修正是逐次进行的，使空燃比恢复到目标空燃比需要一定时间（约几十毫秒），另外也只能在一定范围内修正空燃比的偏差，其修正系数一般为目标空燃比的±20%，即 0.8～1.2。

2. 喷油脉宽的学习空燃比控制（长期燃油修正）

氧传感器的反馈控制具有一定的局限性。对于某一型号的发动机来说，基本喷油脉冲宽度都是标准数据，存储在发动机控制单元（ECU）的只读存储器（ROM）中。在发动机使用寿命期内，由于进气系统、供油系统部件的机械磨损和阻塞、电子元件的老化等原因，会造成发动机性能变化，可能使实际空燃比相对目标空燃比的偏离量不断增大。如图 2-37 所示，随着混合气变稀，反馈修正系数会增大，其修正中心会偏向浓的一边。但当反馈修正值到达 C 处，超出修正范围时，发动机控制单元就无法进行反馈修正。

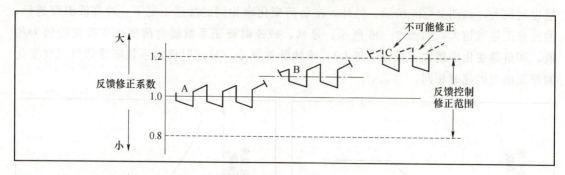

图 2-37　学习空燃比控制

为了弥补氧传感器反馈控制的不足，提高空燃比的控制精度，出现了学习空燃比控制。在学习空燃比控制中，发动机控制单元学习了一段时间氧传感器对喷油脉宽的反馈修正量后，求出并记忆下反馈修正量及其对应的工况，当该工况再次出现时，发动机控制单元会自动从其 RAM 中读取对应的修正量对基本喷射时间进行修正。图 2-38 所示为学习空燃比控制过程的 3 个阶段。

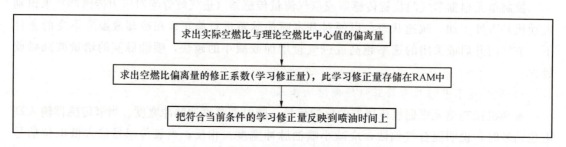

图 2-38　学习空燃比控制过程的 3 个阶段

人们可以通过仪器观察氧传感器反馈修正数据（短期型）和学习空燃比控制产生的修正数据（长期型），以判断混合气是偏浓还是偏稀，进而诊断出燃油喷射系统的故障。

学习控制修正量存储在 RAM 中，一般可以通过仪器对其操作。当蓄电池电源线脱开时，存储在 RAM 中的空燃比学习控制修正量数据也会被清除，如令其自然恢复则需要一定的时间和条件，如某些汽车在怠速阀清洗或更换后，需要起动运行 50 次后才能恢复正常控制。

2.4.4　断油控制

所谓断油控制，是指发动机控制单元（ECU）在某些工况条件下停止给喷油器发送燃油喷射脉冲控制信号，使喷油器停止喷油。

1. 减速时的断油控制

为了降低燃油消耗和改善尾气排放，当 ECU 检测到节气门突然关闭（即急减速）时，会中断喷油器喷油脉宽信号使喷油器停止喷油，惯性使发动机曲轴继续旋转，当转速下降到一定程度后ECU又恢复喷油脉宽信号，喷油器重新开始喷油。在燃油停喷期间，ECU一旦检测到节气门被打开，就会立即恢复燃油喷射。

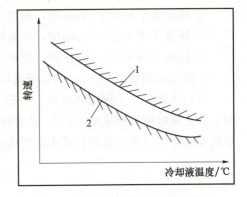

图 2-39　减速时的断油与恢复供油

如图 2-39 和图 2-40 所示，ECU 根据冷却液温度、空调使用等信号确定燃油停喷时和恢复喷油时的发动机转速。由于发动机冷却液温度较低时怠速设定的转速比较高，为了防止此时进入燃油停喷状态，冷却液温度越低，燃油停喷时的转速就越高。

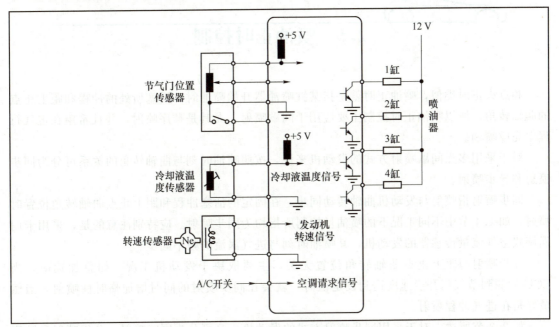

图 2-40　减速时的断油控制

2. 高转速时的断油控制

当某种意外使发动机转速升高至最高转速时，为保护发动机，ECU 将使喷油器停喷。

如采用空加油（不带负荷）检查发动机，一般将发动机转速限制在 4 000～4 500 r/min。

在汽车行驶时，控制单元（ECU）将发动机的实际转速与 ROM 内存储的最高转速进行比较，当实际转速达到设定的最高转速时，ECU 立即停止输出喷油信号，使喷油器停止喷油。当发动机转速降低至规定值时，又恢复喷油。如红旗 7200 E3 轿车，当车速达到 180 km/h 或转速超过 6 800 r/min 时，发动机控制单元进入超速断油保护程序，此时即使将油门踩到底，发动机转速也不会升高。

车型不同使 ECU 进入断油控制的条件也不同。以下为某奔驰汽车发动机的断油控制模式。

（1）停车或驻车时（换挡杆处于 P 或 N 位），转速超过 4 000 r/min 时，进入断油控制。

（2）行驶时（换挡杆处于 D 位），车速超过 250 km/h 时，进入断油控制。

（3）当换挡杆处于 D3 或 D2 位行驶时，则依据下列不同的情况采取不同的控制措施。

① 转速大于 6 200 r/min 时，按点火顺序每缸间断停止喷油一次；

② 转速大于 6 350 r/min 时，所有喷油器停止喷油；

③ 转速降到 6 325 r/min 时，按点火顺序每缸间断喷油一次；

④转速降到 6 200 r/min 时，所有喷油器正常喷油。

（4）为保护三元催化转换器，当 ECU 检测到点火系统故障时，如当某缸缺火达到 16 次时，停止该缸喷油器喷油。ECU 通常通过检测点火模块 IG 下的反馈信号及转速（Ne）信号的异常波动（忽大忽小）或火花塞线感应电压等判断各缸是否缺火。

2.5 喷油正时控制

和点火正时类似，喷油正时就是指某缸喷油器开始喷油时，活塞所处的冲程和距上止点的曲轴转角。所以喷油正时控制主要应用于间歇喷射，尤其是顺序喷射，并且希望在进气行程中完成喷油。

对于采用多点间歇喷射方式的发动机来说，按照喷油时刻与曲轴转角的关系可分为同步喷射和异步喷射。

同步喷射指喷射与发动机曲轴转动同步，在固定的活塞冲程和距上止点曲轴转角位置时喷射，如 2.4 节中不同工况下的喷油量控制所指均为同步喷射。应特别注意的是，采用卡门涡旋式空气流量传感器的发动机，其喷油时刻与进气涡流的频率同步。

异步喷射与距上止点曲轴转角位置无关，主要取决于发动机工况。如急加速时，当 ECU 检测到节气门开启速度达到设定值时，就会在同步喷射的同时增加临时性喷射，当然最好是在进气冲程喷射。

如 2.3 节所述，对于采用同步喷射方式的发动机，又可分为同时喷射、分组喷射和顺序喷射。它们对喷油正时的要求各不相同。

2.5.1 同时喷射

采用同时喷射方式的喷油器控制电路和控制程序都比较简单，其控制电路如图 2 - 41

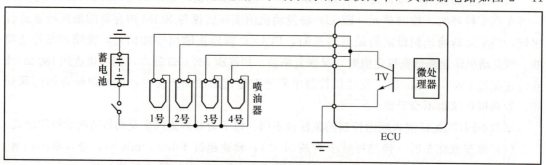

图 2 - 41 同时喷射控制

所示。所有的喷油器电磁线圈并联于 ECU 输出电路的功率三极管。发动机控制单元（ECU）根据曲轴（凸轮轴）位置传感器产生的基准信号发出脉冲控制信号，控制功率三极管的导通和截止，同时接通或切断所有喷油器的电磁线圈电路。通常每个工作循环内各缸喷油器同时喷射两次。其喷油正时如图 2-42 所示。

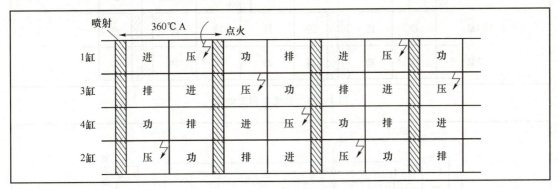

图 2-42　同时喷射正时图

早期生产的燃油喷射式发动机大多采用同时喷射方式。由于喷射时间对各缸来说有好有差，容易造成各缸的混合气形成不均匀。但这种喷射方式不需要气缸判别信号，其喷射控制的硬件与软件都较简单且通用性好。因此在经济类汽车上使用较多，如国产富康 1.6 A 系列轿车。

2.5.2　分组喷射

分组喷射一般是把所有气缸的喷油器分成 2～4 组，发动机控制单元（ECU）控制各组喷油器进行顺序喷射。4 缸发动机一般将喷油器分为两组，其控制如图 2-43 所示，每一工作循环中，各喷油器均喷射一次或两次。图 2-44 为分组喷射的正时图。夏利 2000 型汽车使用的就是这种喷射方式。

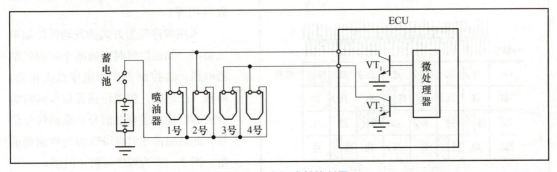

图 2-43　分组喷射控制图

相对于同时喷射方式，使用分组喷射方式的发动机在性能方面有所提高，主要体现在有更多的气缸在合适的时刻喷射燃油，改善了混合气的均匀性。

2.5.3　顺序喷射

顺序喷射是指每个工作循环（曲轴每转两圈）内，各缸的喷油器按照发动机的点火顺序，依次在最合适的曲轴转角位置进行喷射。这种喷射系统应用广泛，如切诺基、桑塔纳、帕萨特、捷达等车型都采用了这种喷射系统。顺序喷射系统的控制电路如图 2-45 所示。

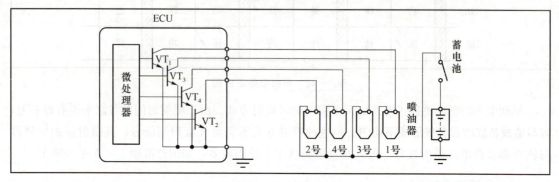

图 2 - 44　分组喷射正时图

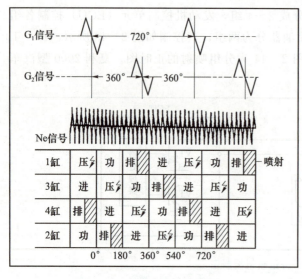

图 2 - 45　顺序喷射控制

图 2 - 46　顺序喷射正时图

各缸喷油器分别由发动机控制单元（ECU）的一个功率晶体管控制。其功率放大器回路的数量与喷油器的数目相等。

采用顺序喷射方式的发动机控制单元需要"知道"何时接通哪个缸的喷油器电路，其控制方式和顺序点火相同。曲轴（凸轮轴）位置传感器信号同时为点火和喷油提供判缸信号和曲轴转角信号，此时喷油正时也可以称为喷油提前角。图 2 - 46 为顺序喷射正时图。

2.6　发动机点火与燃油喷射集成控制系统

　　第 1 章和本章分别介绍了点火系统和燃油喷射系统，由于两者从软件到硬件都存在密切联系，只有在控制上互相配合才能使发动机取得良好的性能。实际系统是两者或更多系统的集成。

图 2-47 是典型的发动机点火与燃油喷射控制程序图，不同型号的发动机的程序可能不同。

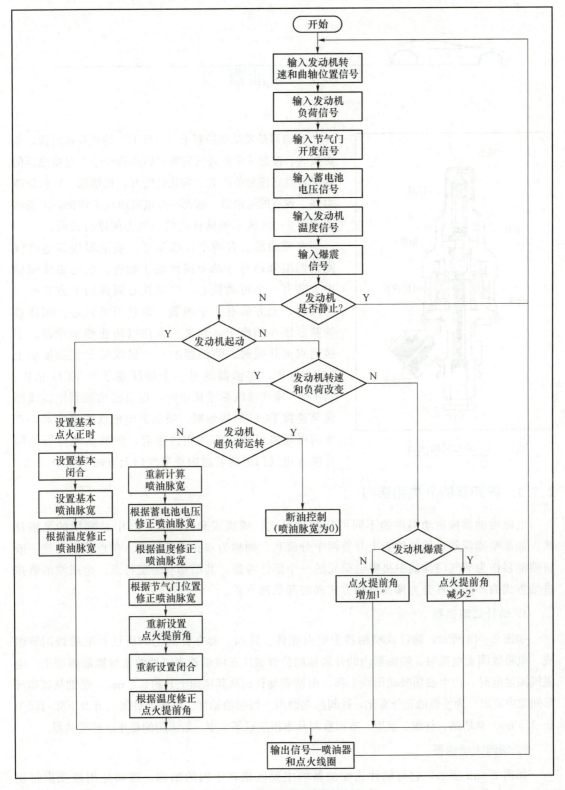

图 2-47 点火与燃油喷射控制程序

2.7 喷油器

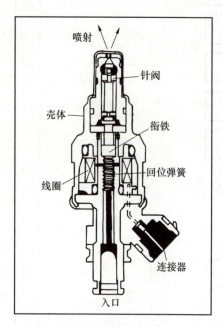

图 2-48 轴针式喷油器

喷油器是发动机控制单元（ECU）的重要执行器，负责按时、按量完成向进气管喷射燃油的任务。对喷油器的要求是动态流量范围大、雾化性能好，抗堵塞、抗污染能力强。现有的喷油器一般都是按电磁原理工作的，下面将以如图 2-48 所示的轴针式喷油器为例进行说明。

在喷油器上有两个接线端子，喷油器内部电磁线圈的两端分别与这两个接线端子相连。在电磁线圈的中央装有一个可动铁心，可动铁心阀体的下方装有一个阀座，上方装有一个弹簧。通过可动铁心，阀体被弹簧紧压在阀座上，起密封作用以防止燃油泄漏。当接通点火开关时，喷油器的一个接线端子就会被加上12 V 电压，喷油器的另一个接线端子与 ECU 相连。当 ECU 将此接线端子接地时，电流经喷油器电磁线圈流至连接 ECU 的接地端。喷油器电磁线圈通电后，产生的磁场将可动铁心和阀体吸起，燃油从喷油器的喷孔喷入进气门前的管道内或节气门上方的气流中。

2.7.1 喷油器的分类和结构

电磁喷油器按运动偶件的不同可分为轴针式、球阀式和片阀式，其中最常用的是轴针式。如果喷油器阀口外的护套上开着两个分流孔，则称为双孔式喷油器。单点喷射系统一般将喷油器作为节气门体或中央喷射单元的一个部件考虑，其结构有一定特点。电磁喷油器按进油方式的不同又可分为顶部供油方式和底部供油方式。

1. 轴针式喷油器

如图 2-48 所示，轴针式喷油器主要由壳体、针阀、套在针阀上的衔铁和电磁线圈等组成。电磁线圈无电流时，喷油器内的针阀被回位弹簧压在喷油器出口处的密封锥形阀座上。电磁线圈通电时，产生磁场吸动衔铁上移，衔铁带动针阀从其座面上升约 0.1 mm，燃油从精密环形间隙中流出。为使燃油充分雾化，针阀前端磨出一段喷油轴针。喷油器针阀上升及下降时间为 1~1.5 ms。桑塔纳、红旗、富康、本田雅阁及丰田皇冠等车型一般采用的都是这种喷油器。

2. 球阀式喷油器

如图 2-49 所示，它与轴针式喷油器的主要区别在于阀的结构。球阀是用激光束将钢球、短空心导杆和衔铁焊接在一起制成的，其质量只有轴针的一半。为了保证密封，轴针必须有较长的导向杆，而球阀具有自动定心作用，无须较长的导向杆，如图 2-50 所示。赛欧及捷达轿车的发动机 EA113 就采用了这类喷油器。

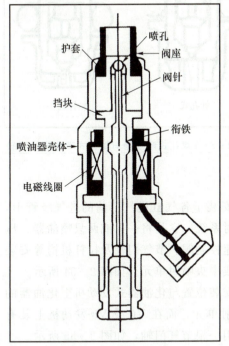

图 2-49　球阀式喷油器

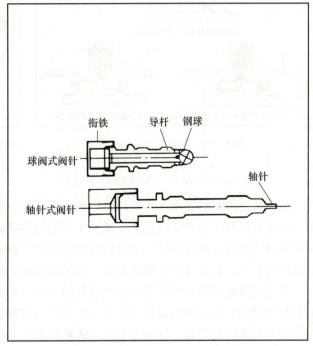

图 2-50　同样条件下两种阀的比较

3. 片阀式喷油器

如图 2-51 所示，片阀式喷油器采用质量较轻的阀片和孔式阀座，属于平面密封，所以不仅具有较大的动态流量范围，而且抗堵塞能力较强；但是对阀片和阀座的材料和加工要求很高，否则很难密封。图 2-52 描述了片阀式喷油器的工作过程。

4. 双孔式喷油器

双孔式喷油器主要用于 4 气门发动机。如图 2-53 所示，与轴针式不同，其阀口外装有导流套。导流套上开有和两个进气门严格对应的导流孔，以扩大其动态流量范围，提高抗阻塞能力。

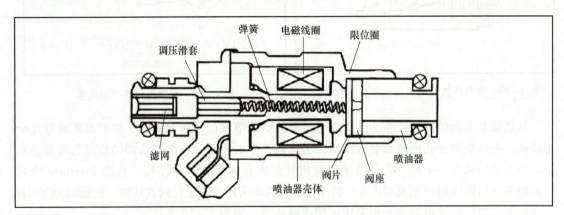

图 2-51　片阀式喷油器

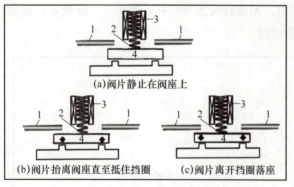

(a)阀片静止在阀座上

(b)阀片抬离阀座直至抵住挡圈

(c)阀片离开挡圈落座

图 2 - 52　片阀的工作过程

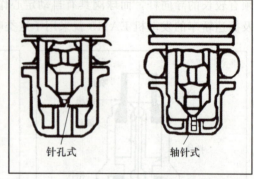

针孔式　　　　　轴针式

图 2 - 53　双孔式喷油器与轴针式喷油器的比较

5. 节气门体喷射单元（中央喷射单元）

前面所述的喷油器用于进气门前燃油喷射系统，安装于各气缸进气门前的进气歧管上，分别供给各气缸工作所需的燃油。而对于节气门体喷射系统，它是将一只或两只喷油器、压力调节器、进气温度传感器、节气门位置传感器、怠速控制阀、节气门轴及拉杆机构等安装在节气门体上，其总成通常被称为节气门体喷射单元或中央喷射单元，如图 2 - 54 所示。

节气门体喷射单元被安装在进气总管的上方，其安装位置与化油器式发动机上化油器的安装位置相同。在 4 缸发动机上装有一个节气门体喷射单元，而在 V6 或 V8 发动机上装有两个节气门体喷射单元，这两个节气门体喷射单元共用一根节气门轴，如图 2 - 55 所示。

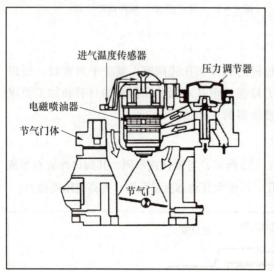

进气温度传感器

压力调节器

电磁喷油器

节气门体

节气门

图 2 - 54　节气门体喷射单元或中央喷射单元

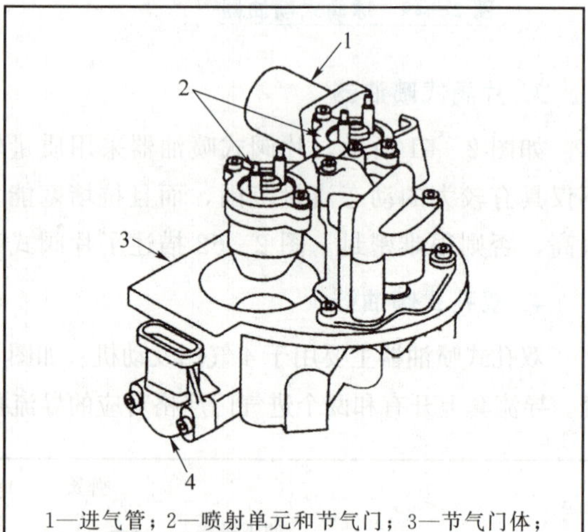

1—进气管；2—喷射单元和节气门；3—节气门体；4—怠速进气道

图 2 - 55　双节气门体喷射单元

从燃油泵泵出的燃油经输油管路和滤清器后到达节气门体喷射单元。喷油器侧面有几个进油孔，在这些进油孔内侧都装有滤网以去除燃油中的杂质。喷油器头部的检测孔可多达六个，但有的则只有一个检测孔。喷油器常用针阀式和球阀式阀体结构。德国 Pierburg 公司开发的节气门体喷射单元及国内奇瑞轿车、金杯汽车采用的就是针阀式结构，而德国 BOSCH 公司的低压节气门体喷射单元则采用球阀式喷油器，如图 2 - 56 所示。

回油管两端分别与节气门体和燃油箱相连，它能使多余的燃油返回燃油箱内，如图 2-57 所示。

在节气门的上方、下方或节气门处铸有许多气口。这些气口可为进气歧管绝对压力传感器及在排放控制系统中所用的诸如 EGR 阀和炭罐清污系统等装置提供真空度信号。

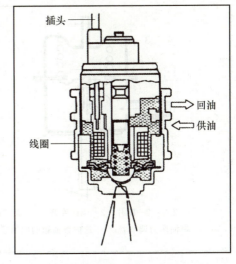

图 2-56　BOSCH 公司的低压节气门体喷射单元采用的球阀式喷油器

1) 燃油压力调节器

当燃油进入节气门体的进油口时，喷油器周围便始终充满燃油。使用 O 形密封圈将所有的喷油器都密封在节气门体内，O 形密封圈可防止燃油从喷油器的上部或下部泄漏。燃油从喷油器处经过一个通道流向燃油压力调节器，如图 2-58 所示。在燃油压力调节器内装有一个由膜片及调压阀组成的总成。膜片的一侧为燃油压力，膜片的另一侧为大气压力，在调压弹簧的作用下，调压阀保持在关闭状态。当燃油压力达到设定值时，油压迫使膜片向上运动，将调压阀打开，从而将多余的燃油返回燃油箱。当调压阀打开时，燃油压力稍有下降，在调压弹簧的作用下，调压阀关闭。而调压阀关闭又会使燃油压力升高，并再次打开调压阀。这样在发动机任何负荷和转速下，燃油压力调节器都能使作用在喷油器上的燃油油压保持恒定。在大多数节气门体喷射系统中，燃油压力调节器将燃油压力控制在 70~172 kPa 之间。燃油压力必须足够高，以避免燃油在系统中气化。否则，喷油器喷出的将是燃油与燃油蒸气，会使空燃混合气变稀，从而导致发动机乏力，加速不畅。如果压力调节器的压力过高，发动机在过浓的空燃混合气下运行，这时发动机就会发出强烈的燃油味，油耗和排放都会增加。

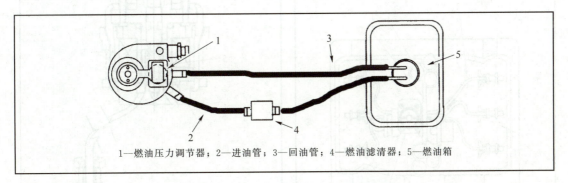

1—燃油压力调节器；2—进油管；3—回油管；4—燃油滤清器；5—燃油箱

图 2-57　TBI 系统中的节气门体喷射单元

2) 节气门体温度传感器

在某些发动机的节气门体喷射单元上装有节气门体温度传感器（如图 2-59 所示）当节气门温度达到燃油的沸点时，温度传感器向计算机发送信号以提供稍长一些的喷油脉宽，由此补偿因从喷油器喷出燃油蒸气而导致燃油喷射量不足的现象。

在装有温度传感器的克莱斯勒公司 TBI 总成内，燃油压力分别被设定为 100 kPa 和 270 kPa，这些系统被称为低压 TBI 系统（有黑色标志）和高压 TBI 系统（有白色标志）。高压 TBI 系统因为系统内的燃油压力较高，消除了燃油蒸发现象，因而不再需要节气门体温度传感器。

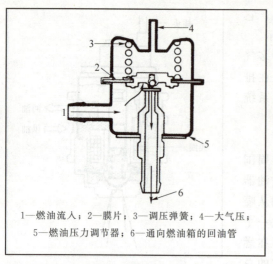

1—燃油流入；2—膜片；3—调压弹簧；4—大气压；
5—燃油压力调节器；6—通向燃油箱的回油管

图 2-58 燃油压力调节器

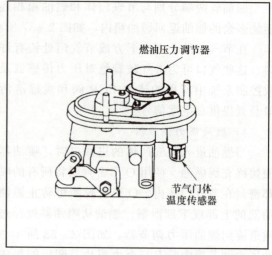

燃油压力调节器

节气门体
温度传感器

图 2-59 节气门体温度传感器

6. 中央多点喷射系统（CMFI）使用的喷油器

　　该系统兼具节气门体喷射系统和进气门前喷射系统的许多特点。如图 2-60 和图 2-61 所示，使用一个中央喷油器对流向多个提升式喷油器的燃油进行控制。喷油器总成由燃油检测体、压力调节器、一个中央喷油器，和与气缸数目相同的提升式喷油器及密封垫组成。通过一个多孔分配垫片分配经过检测的燃油。该垫片在中央喷油器及分别与多个提升喷油器相连

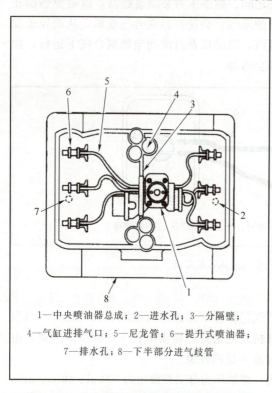

1—中央喷油器总成；2—进水孔；3—分隔壁；
4—气缸进排气口；5—尼龙管；6—提升式喷油器；
7—排水孔；8—下半部分进气歧管

图 2-60 中央喷射系统的喷油器布置和连接

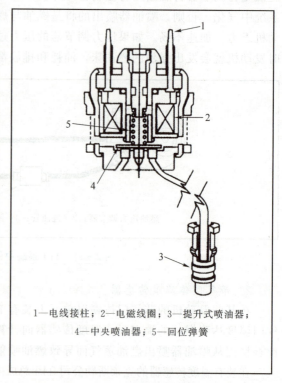

1—电线接柱；2—电磁线圈；3—提升式喷油器；
4—中央喷油器；5—回位弹簧

图 2-61 中央喷射系统喷油器

的多根燃油油管之间进行密封。中央喷油器与节气门体喷油器相似，在每个提升式喷油器内都装有一套由一个单向球阀、阀座和一个拉伸弹簧组成（它们被固定在一起）的总成来调节燃油流量。当高压燃油作用在单向阀上时，喷油器打开，将雾化的燃油送到各个气缸。当喷油器被 ECU 控制时，可以实现顺序喷射。中央多点喷射系统多用于大排量发动机。

7. 喷油器的供油方式

多数喷油器都有顶部和底部两种供油方式，如图 2－62 所示。

（1）顶部供油式喷油器无回油，不喷油时，燃油在喷油器及其供油管内是静止的，所以容易被加热而出现"汽堵"。顶部供油式喷油器主要用于需要较高燃油压力的进气门前喷射系统。

（2）对于底部供油式喷油器，无论喷油器是否喷油，燃油始终在喷油器内及其供油管内流动，因此能保持较低的油温和使用较低的喷油压力。底部供油式喷油器主要用于节气门体喷射系统，燃油压力可低至 0.07 MPa。有些

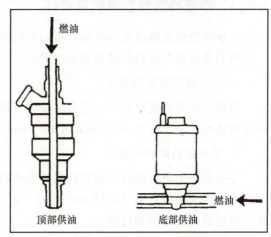

图 2－62　喷油器的顶部供油方式和底部供油方式

多点喷射式发动机为了改善热起动性能，也采用底部供油方式。

喷油器在燃油喷射技术的发展过程中一直备受关注，从结构和性能上做了多方面的改进和完善。如通过改进磁路设计和减小阀体质量而扩大了动态流量范围；采用底部供油冷却喷油器，改善了高温环境条件下的热起动性能；以及采取多孔检测板提高抗堵塞能力等。

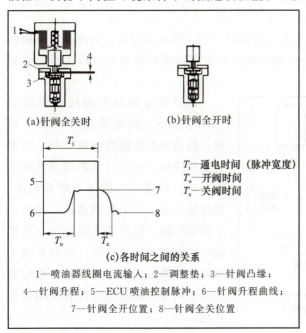

1—喷油器线圈电流输入；2—调整垫；3—针阀凸缘；
4—针阀升程；5—ECU 喷油控制脉冲；6—针阀升程曲线；
7—针阀全开位置；8—针阀全关位置

**图 2－63　喷油器从通电到断电阀体的
动作过程与驱动脉冲**

2.7.2　喷油器的工作特性

如图 2－63 所示，喷油器从通电到断电过程中阀体的动作过程和称为喷油器工作特性的 ECU 喷油控制脉冲与针阀升程曲线。由于喷油器针阀的机械惯性和电磁线圈的磁滞性，从发动机控制单元（ECU）接通喷油器的搭铁回路到喷油器阀体达到最大升程，需要一定的时间，即存在喷油器的开阀时间 T_o。同理从 ECU 切断喷油器回路到针阀落座回到关闭状态也需要一定的时间，即存在喷油器的关阀时间 T_c。所以，喷油器喷油（阀体行程）滞后于 ECU 喷油控制脉冲。通常情况下，喷油器的开阀时间 T_o 比关阀时间 T_c 长，T_o-T_c 是喷油器没有喷油的时间，称为无效喷油时间。

喷油器的开阀时间 T_o 除受喷油器衔铁的质量、电磁线圈匝数多少的影响外，还受到蓄电池电压的影响，即蓄电池的电压越高，喷油器的开阀时间 T_o 就越短，而喷油器的关阀时间 T_c 则几乎与蓄电池的电压无关。

2.7.3 喷油器的燃油喷射量特性

喷油器的燃油喷射量特性是指喷射量随喷油器电磁线圈通电时间的变化规律。

喷射量包括静态喷射量和动态喷射量。

1. 喷油器的静态喷射量

是指喷油器在规定的喷油压力和喷油背压下，使针阀保持在最大开度位置时单位时间内喷射的燃油量，单位是 cm^3/min 或 mL/min，表示喷油器的理论喷射能力。

2. 喷油器的动态喷射量

是指某一通电时间内喷油器的实际燃油喷射量（mm^3），常以通电时间为 2.5 ms 时喷油器的喷射量来表示，其单位是 mm^3/str（立方毫米/行程）。所以喷油器的动态喷射量特性反映了喷油器的实际供油过程。

2.7.4 喷油器的驱动方式

对于 ECU 内部的喷油器驱动电路，根据喷油器电磁线圈电阻的不同可分为电压驱动和电流驱动两种形式。电流驱动方式只适用于低阻喷油器；而电压驱动方式既适用于低阻喷油器，又适用于高阻喷油器。

低阻喷油器的电阻值为 $2\sim3$ Ω；高阻喷油器的电阻值在 $12\sim17$ Ω。

1. 电压驱动型电路

如图 2-64 所示，在打开点火开关或发动机工作时，EFI 继电器闭合，向喷油器电磁线圈提供正极电源（＋B），而喷油器是否通电喷油则取决于发动机控制单元（ECU）是否提供搭铁。

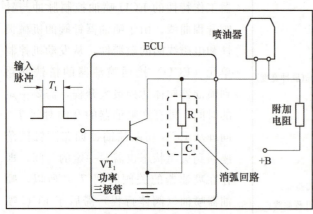

图 2-64 电压驱动型喷油器的控制电路

低阻喷油器的电磁线圈匝数较少，电感小，因此喷油器的响应较快。但若流经线圈的电流增加，线圈易发热烧坏。所以与低阻喷油器配合使用时，应在＋B 端加入附加电阻。为降低成本，几个喷油器可以共用一个附加电阻，但附加电阻的加入又抵消了低阻喷油器的优点。所以从减少故障源和降低成本方面考虑，电压驱动型电路与高阻喷油器配合使用较为有利。

由于在发动机控制单元（ECU）切断喷油器的搭铁回路时，喷油器电磁线圈两端会产生很高的感应电动势，此反向电压与电源电压一起加在发动机控制单元（ECU）的功率三极管上，可能会将其击穿而损坏。因此，为了保护发动机控制单元，通常在喷油器的驱动回路中设有消弧回路。

2. 电流驱动型电路

电流驱动型电路中没有附加电阻，如图 2-65 所示，低阻喷油器直接与蓄电池连接，因而回路阻抗小，当发动机控制单元（ECU）向喷油器提供搭铁信号后，喷油器电磁线圈内的电流很快上升，针阀便快速打开。如果喷油器长时间大电流通电，就有可能烧损喷油器的电磁线圈，因而在电流驱动型回路中，增加了电流控制回路。在 ECU 发出的喷油脉宽上沿使 VT_1 闭合初期，大电流使喷油器迅速开启，同时当流经检测电阻的电流产生的电压降达到设定值时，电流控制回路将以高频脉冲控制 VT_1 通断使电流下降至能够维持喷油器开启的水平上直到该次喷油结束。如某喷油器的开启电流为 8 A，而维持电流只需 2～3 A，如图 2-66 所示。

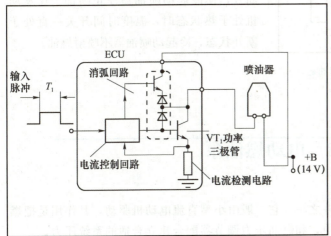

图 2-65　电流驱动型控制电路

图 2-66　喷油器驱动参数与喷油器针阀行程的关系

2.7.5　冷起动喷油器与温度时间开关

如 2.3.2 节所述，冷起动喷油器一般安装在节气门之后的进气总管上，其工作原理和一般喷油器相同。结构特点如图 2-67 所示，出油孔常用旋流式喷嘴，能将燃油散成细油雾。

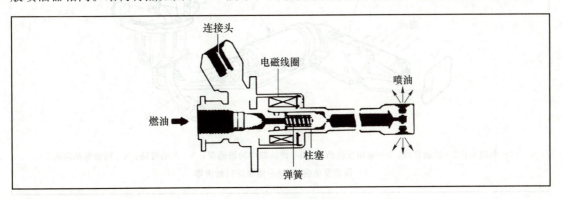

图 2-67　冷起动喷油器

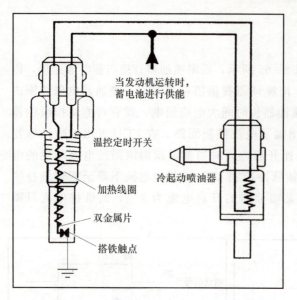

当发动机运转时，
蓄电池进行供能

温控定时开关

冷起动喷油器

加热线圈

双金属片

搭铁触点

温度时间开关如图 2-68 所示，安装在能感知发动机温度的位置上，一般在冷却液管道上。开关内有一个外绕加热线圈的双金属片，当双金属片受热到一定程度时，触点便张开，使通往冷起动喷油器的电路断开，冷起动喷油器就不再喷射附加燃油。冷起动喷油器的开启持续时间取决于温度时间开关的受热。以奔驰 600 SEL 为例，冷车起动时，当喷油时间超过 8s 或冷却液温度超过 35 ℃，温度时间开关触点断开，使冷起动喷油器停止喷油。在发动机处于热状态时，温度时间开关一直处于断开状态，冷起动喷油器不喷射燃油。

图 2-68　温度时间开关控制冷起动喷油器

2.8　电动燃油泵

电动燃油泵是供油系统的基本部件之一。它一般由小型直流电动机驱动，其作用是把燃油从油箱中吸出、加压后输送到管路中，和燃油压力调节器配合建立合适的系统压力。

2.8.1　电动燃油泵的分类与结构

多数发动机将燃油泵装在油箱里面，如图 2-69 所示。红旗、富康、桑塔纳等车型安装

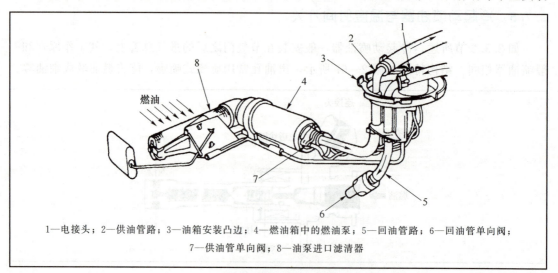

燃油

1—电接头；2—供油管路；3—油箱安装凸边；4—燃油箱中的燃油泵；5—回油管路；6—回油管单向阀；

7—供油管单向阀；8—油泵进口滤清器

图 2-69　内置于燃油箱的电动燃油泵

在油箱内部的电动燃油泵浸泡在燃油里，可以防止产生气阻和燃油泄漏，并且噪声小。某些车型的燃油泵装在油箱外部且主要采用吸油能力较强的滚柱式燃油泵，如某些奔驰汽车的电动燃油泵。置于油箱内的电动燃油泵常采用涡轮式燃油泵。电动燃油泵可以和燃油表传感器（液位仪）装在一起，也可以和燃油压力调节器装在一起，组成无回油供油系统（按需供油）。

电动燃油泵有 4 种类型，分别为膜片式、柱塞式、膜盒式和叶轮式（或称旋转式）。装在燃油箱里的一般是旋转式燃油泵。其他 3 种（膜片式、柱塞式和膜盒式）通常用于专用发动机。

旋转式燃油泵按照其转轮形式又分为涡轮泵、齿轮泵和滚柱泵。但不论形式如何，这些油泵都有一些共同的特点。如电动机通电带动泵轮旋转，燃油经过滤器（进油口）被吸入到油气分离器，将气体分离并进入泵轮增压、然后流经并冷却电枢后，顶起单向阀从出油口流出。

安全阀可以避免燃油管路出现阻塞时压力过高而造成油管破裂或燃油泵损坏。

单向阀是为了在发动机熄火后防止管路中的燃油倒流，使管路中的燃油保持一定压力，以便发动机下次起动（特别是热起动）时更加容易。

1. 滚柱泵

如图 2 - 70 所示，滚柱泵由转子、滚柱和定子组成。转子偏心地置于定子内，转子运转时，由于离心力的作用使滚柱向外侧移动而与定子内壁接触，这样，由转子、滚柱和定子围成的腔室将随转子的转动而产生容积大小变化，在容积由小变大一侧燃油被吸入，在容积由大变小的一侧燃油被压出。桑塔纳轿车采用的就是滚柱式燃油泵。

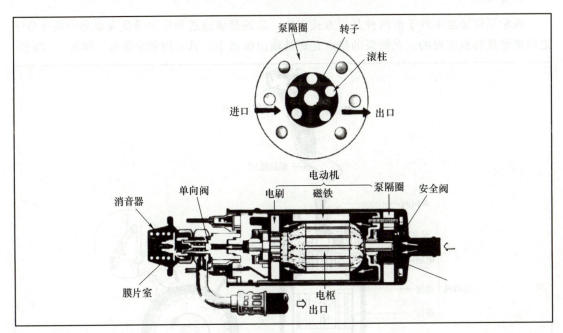

图 2 - 70　滚柱泵

2. 齿轮泵

齿轮泵的工作原理与滚柱泵相似。它由带外齿的主动齿轮、带内齿的从动齿轮和泵体组成，如图 2 - 71 所示，后二者与主动齿轮偏心。主动齿轮带动从动齿轮一起旋转，在啮合过程中，由内外齿和泵体所围合的腔室容积大小将发生变化，若合理地设置进出油口的位置，即可利用这种容积的变化将燃油以一定的压力泵出。如图 2-72 所示为德国奥迪 A6 轿车的齿轮泵剖视图。

齿轮泵与滚柱泵相比较，在相同的外形尺寸下，泵油腔室的数目较多，因此，齿轮泵输出燃油的流量和压力波动比较小。

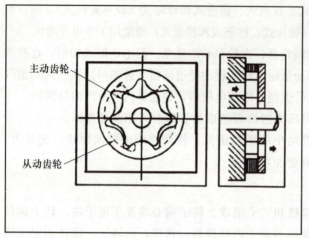

图 2-71 齿轮泵

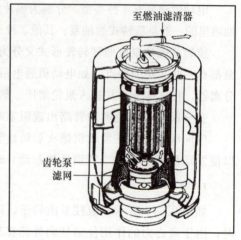

图 2-72 奥迪 A6 轿车的齿轮泵

3. 涡轮泵

涡轮泵以完全不同于前两种泵的方式工作，泵的燃油输送和压力升高完全是由液体分子之间的动量转换实现的。涡轮泵的特点是燃油输出脉动小，其结构非常简单，如图 2-73 所

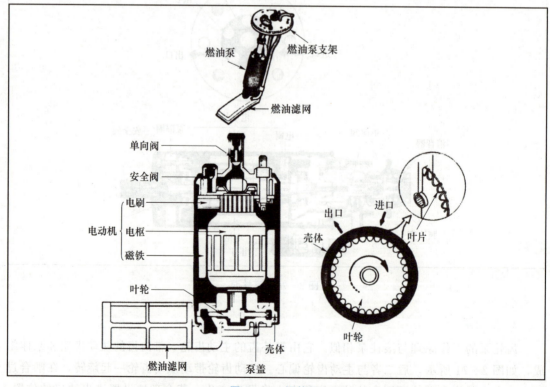

图 2-73 涡轮泵

示。当叶轮与电机一起转动时，由于转子的外圆有很多齿槽，将动能传给燃油。这种泵效率较高，所需扭矩较小，因而可以使用薄型叶轮。噪声较低不需消声器，因而可以小型化，因此使用较广泛。捷达、本田雅阁轿车都采用这类燃油泵。

由于燃油泵工作时温度升高，使燃油更容易气化，这必将使泵油量减少，导致输油压力不足和压力波动。为此，现在一般采用双级泵的形式（如图 2 - 74 所示），即将两个泵轮串联起来，由同一电动机驱动。一级泵轮一般采用涡轮泵，用以油气分离，提高吸入能力；二级泵轮一般采用齿轮泵或涡轮泵，起增压作用。

同机械燃油泵相比，电动燃油泵具有更多的优点。它可以提供稳定的燃油压力，有助于起动和减少气阻。虽然燃油泵可能产生的火花接近汽油是有危险的，但是在燃油箱内没有氧气可提供燃烧，所以在燃油箱内置燃油泵是安全的。

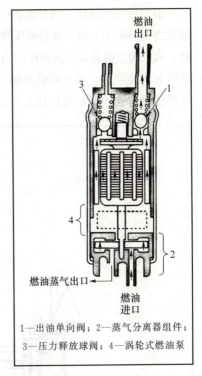

1—出油单向阀；2—蒸气分离器组件；
3—压力释放球阀；4—涡轮式燃油泵

图 2 - 74　双级泵

2.8.2　无回油供油系统

一些发动机使用无回油燃油供给系统，如图 2 - 75 所示，由燃油滤清器、燃油压力调节器、燃油泵及燃油表传感器等组成的总成自上到下地安装在燃油箱内，燃油压力调节器和燃油滤清器组件装在这个总成的最上部。一条燃油油管将发动机罩下的燃油油轨与这个总成（与燃油滤清器）连接起来。

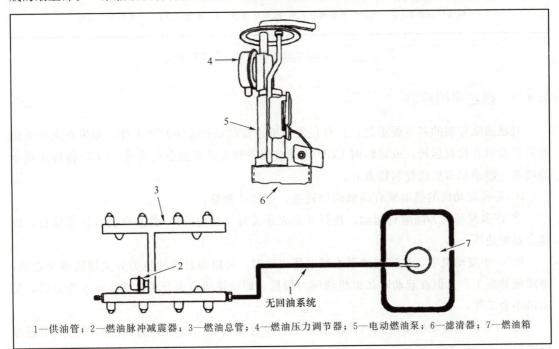

1—供油管；2—燃油脉冲减震器；3—燃油总管；4—燃油压力调节器；5—电动燃油泵；6—滤清器；7—燃油箱

图 2 - 75　无回油供油系统及其燃油泵和其他组件

　　燃油通过燃油压力调节器和位于燃油滤清器中央的输油管进入滤清器，如图 2-76 所示，燃油压力作用在压力调节器的调压阀上，调压阀在调压弹簧的作用下落座，当燃油压力达到某个值时，调压阀克服调压弹簧的作用力向下移动，燃油便流过调压阀和阀座之间的间隙流入调压弹簧所在的油室内，再返同燃油箱。当燃油压力降低时，调压阀落座。在无回油供油系统中，流经燃油滤清器的燃油量仅仅是发动机所需要的燃油量，因此燃油滤清器的体积可以更小一些。

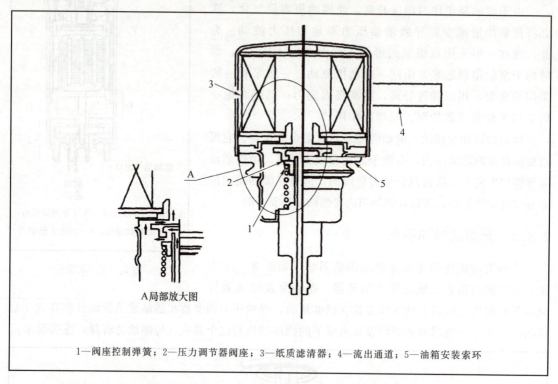

A局部放大图

1—阀座控制弹簧；2—压力调节器阀座；3—纸质滤清器；4—流出通道；5—油箱安装索环

图 2-76　无回油供油系统的燃油压力调节器

2.8.3　燃油泵的控制

　　对燃油泵控制的基本要求是：只有在发动机正常起动和运转时才工作，如果点火开关接通后发动机并没有运转，或运转时 ECU 连续监测不到火花塞的点火信号，ECU 将停止喷油器喷油。燃油泵常见的控制特点有：

　　① 某些发动机的燃油泵有高低两挡转速，可自动调整；

　　② 许多发动机为能顺利起动，在打开点火开关时（起动前），燃油泵会有短暂运行，以建立系统油压；

　　③ 一些发动机中，当控制油泵的继电器失效时，可以通过机油压力开关接通油泵电源，继续使油泵工作。但在起动时如果机油压力偏低，即使接通点火开关，油泵也不能运转，发动机不会工作；

　　④ 一些新型发动机采用无回油供油系统，没有回油管，由燃油泵和燃油压力调节器等组成按需供油装置；

　　⑤ 某些汽车前端装有撞击传感器（惯性开关），其信号可以切断燃油泵电源。

燃油泵的一般控制方法是：ECU 或触发开关控制继电器，继电器再控制燃油泵电机的电源电路。

1. 采用油泵开关控制油泵

在安装翼板式空气流量传感器的燃油喷射系统（如 L 型 EFI）中，通常使用置于空气流量传感器内的油泵开关来控制燃油泵的运行，其电路如图 2 - 77 所示。

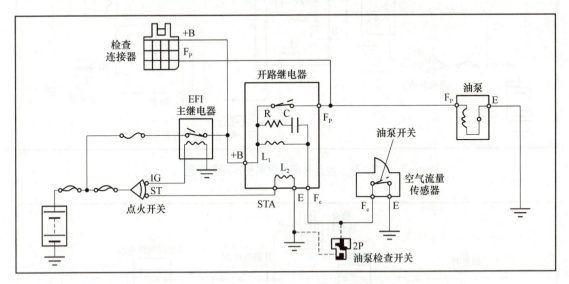

图 2 - 77　采用油泵开关控制油泵

起动时，点火开关的 ST 端接通，开路继电器内线圈 L_2 通电，继电器触点闭合，电源向油泵电机供电，油泵工作。起动后，点火开关复位，主继电器接通，发动机的吸气使空气流量传感器内的翼板转动，带动油泵开关闭合，开路继电器线圈 L_1 通电，以维持触点闭合。当发动机由于某种原因停止转动时，空气流量传感器（MAF）内的翼板复位，使油泵开关断开，燃油泵停止工作。

检查连接器和油泵检查开关的作用是为诊断燃油泵及其控制电路的故障提供方便。

2. 采用发动机控制单元控制油泵

如图 2 - 78 所示，仅仅用 ECU 内的晶体管开关代替上述油泵开关。ECU 根据转速信号（Ne）判断发动机是否起动，如果起动，则使三极管 VT 导通，开路继电器线圈 L_1 通电，油泵工作，否则在任何发动机停转的情况下，燃油泵都将停止工作。

3. 燃油泵的自动调速

发动机在中小负荷下工作时，需要的供油量较少，此时油泵应低速运转，这样可减少油泵的磨损、噪声及不必要的电能消耗；发动机在大负荷下工作时，需要的供油量较大，此时油泵应高速运转。其高低速控制方法有以下三种。

1）用限流电阻控制油泵转速

如图 2 - 79 所示，在上述油泵的控制电路中，增设一个电阻和一个两触点的油泵控制继电器（旁路继电器）。发动机工作时，控制单元根据发动机转速和负荷，对油泵控制继电器进行控制。通常情况下，触点接通 B 端，油泵低速运转；大负荷时切换到 A 端，油泵高速运转。

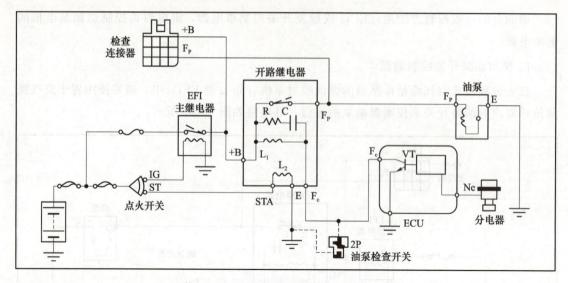

图 2 - 78　采用发动机控制单元控制油泵

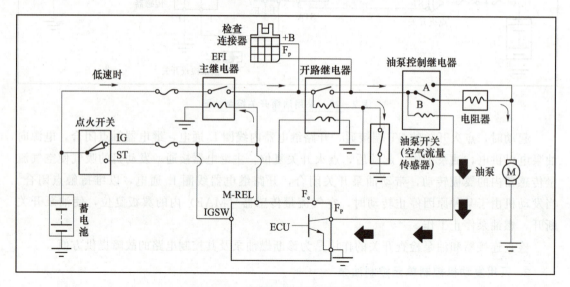

图 2 - 79　用限流电阻控制油泵转速

2）用燃油泵控制模块（油泵 ECU）控制油泵的转速

如图 2 - 80 所示，发动机起动或在大负荷下工作时，发动机控制单元向油泵控制模块的 FPC 端输入一个高电位信号，此时油泵控制模块的 F_P 端向油泵电机供应较高的电压（相当于蓄电池电压），使油泵高速运转。

发动机起动后，在怠速或小负荷下工作时，发动机控制单元向油泵控制模块的 FPC 端输入一个低电位信号，此时油泵控制模块的 F_P 端向油泵电机供应低于蓄电池的电压（约 9 V），使油泵低速运转。

当发动机的转速低于最低转速（如 120 r/min）时，发动机控制单元的 FPC 端不向油泵控制模块输出任何信号，断开油泵电路，油泵控制模块将断开油泵电源电路，使油泵停止工作。图 2 - 80 中的 DI 电路为油泵控制模块的故障诊断信号线路。

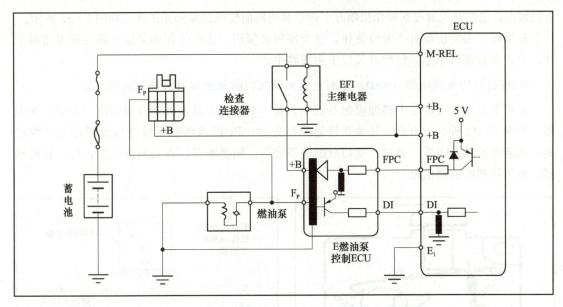

图 2－80 用油泵控制模块（油泵 ECU）控制油泵的转速

4. 用发动机控制单元（ECU）和燃油压力开关控制燃油泵

在某些通用汽车上的燃油泵中，当发动机的点火开关接通时，发动机控制单元 ECU 给燃油泵继电器的线圈通电，使继电器触点闭合并通过触点接通内置于燃油箱里的燃油泵，如图 2－81 所示。当发动机转动时，燃油泵始终工作。当点火开关接通 2 s 而发动机并没有起动，ECU 就会停止向燃油泵继电器供电，使继电器的触点断开而停止泵油。

如果点火开关在接通位置而燃油管路因为事故损坏，ECU 和燃油泵继电器具有防止燃油从损坏的管路喷出的安全装置。有一个燃油压力开关与燃油泵继电器触点并联在一起。如果继电器失效，电压将通过燃油压力开关触点加到燃油泵上，使燃油泵和发动机继续运转。在寒冷的天气下，如果燃油泵的继电器失效，燃油压力不会立即建立，发动机将会起动困难。

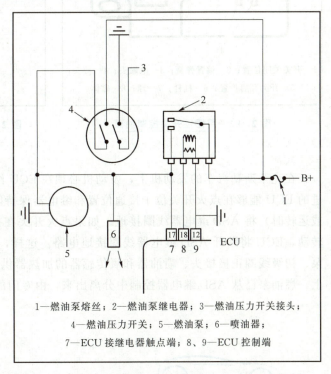

1—燃油泵熔丝；2—燃油泵继电器；3—燃油压力开关接头；
4—燃油压力开关；5—燃油泵；6—喷油器；
7—ECU 接继电器触点端；8、9—ECU 控制端

图 2－81 用发动机控制单元和燃油压力开关控制燃油泵

5. 用惯性开关控制油泵

福特公司的部分车型中在燃油泵线路上串联了一个惯性开关。开关中有一个磁铁体将钢球固定在固定位置上。当发生碰撞时，钢球会克服磁力的吸附向上运动并碰上目标盘而断开开关

上的触点，惯性开关通过这种作用断开了燃油泵电路而使燃油泵停止工作，如图 2-82 所示。

在惯性开关的顶部有个复位按钮，这个按钮必须用力才能关闭和复位，燃油泵才能再工作，在大多数福特车上，惯性开关位于主线路中。

6. 用自动切断继电器（ASD）控制包括油泵在内的燃油喷射系统和点火系统

在克莱斯勒公司的电子燃油喷射系统中，有一个燃油泵继电器即自动切断（ASD）继电器，如图 2-83 所示。当点火开关在接通的位置时，ECU 将燃油泵继电器线圈的接地线接地，使继电器触点闭合，通过自动切断继电器触点，向燃油泵、点火初级线圈正极、氧传感器、加热器和喷油器供电。

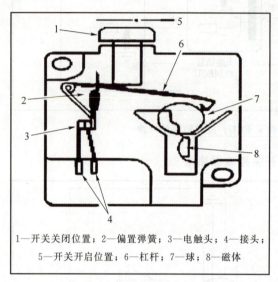

1—开关关闭位置；2—偏置弹簧；3—电触头；4—接头；
5—开关开启位置；6—杠杆；7—球；8—磁体

图 2-82　用惯性开关控制油泵

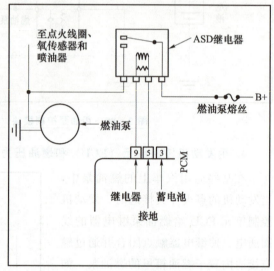

**图 2-83　用自动切断继电器（ASD）控制
EFI 和点火系统**

在克莱斯勒汽车的发动机上，发动机必须在 ECU 给 ASD 继电器线圈接地前转动。最先进的 ECU 能够在点火开关位于接通位置和继电器保持闭合的同时（也就是发动机正在起动或运转时）将 ASD 继电器线圈接地。如果点火开关在接通位置持续 0.5 s 而发动机并没有转动，ECU 将断开 ASD 继电器线圈接地电路。这样，ASD 继电器触点打开，不再向燃油泵、初级线圈正极接头、喷油器和氧传感器的加热器供电。在最新型克莱斯勒汽车的发动机上，燃油泵已从 ASD 继电器控制中分离出来，由专门的燃油泵继电器控制。

2.9　典型的节气门体喷射系统

2.7 节已对节气门体喷射单元做了详细介绍，本节将以某 4 缸 2.5L 发动机上的节气门体喷射系统为例，对节气门体喷射系统进行补充介绍。

1. ECU 的输入

如图 2-84 所示，为发动机控制单元（ECU）提供输入信号的传感器和开关包括：

① 冷却液温度传感器（CTS）；

② 节气门位置（TPS）；

③ 进气歧管绝对压力传感器（MAP）；

④ 动力转向开关（PS）；

⑤ 分电器参考信号；

⑥ 驻车挡/空挡开关（P/N）；

⑦ 空调开关（A/C）；

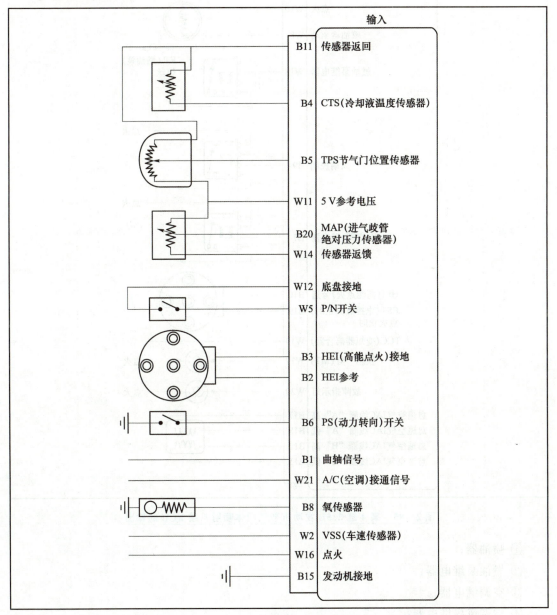

图 2-84 某 4 缸 2.5L 发动机节气门体喷射系统 ECU 的输入

⑧ 曲轴信号；

⑨ 氧传感器；

⑩ 点火开关；

⑪ 车速传感器（VSS）。

2. ECU 的输出

如图 2-85 所示，发动机控制单元（ECU）输出的信号主要用于如下器件的控制：

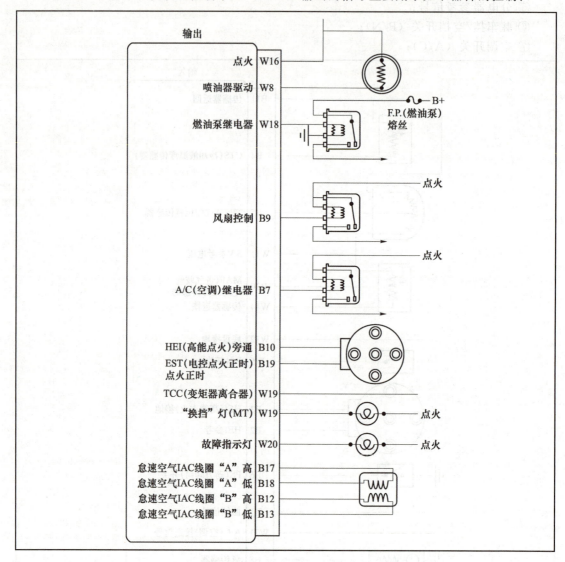

图 2-85　某 4 缸 2.5L 发动机节气门体喷射系统 ECU 的输出

① 喷油器；

② 燃油泵继电器；

③ 空调继电器；

④ 空调风扇继电器；

⑤ 点火提前角控制；

⑥ 怠速空气控制（IAC 阀）；

⑦ 液力变矩器离合器（TCC）；

⑧ 换挡灯（MT）（仅限手动变速驱动桥）；

⑨ 故障指示灯（MIL）。

3. 喷油控制

（1）节气门从全关到全开的过程中，节气门体喷射单元的喷射时间大约从 2 ms 增加到 7 ms。反之，ECU 会减小喷油脉宽以提供较稀的空燃混合气，从而降低排放污染并改善燃油经济性。

（2）计算机在接收到位于分电器内的曲轴位置传感器传来的每个信号时，都会将喷油器接地。所以该系统采用同步喷射方式。

（3）无须踩踏板起动功能。当冷却液温度较低时，ECU 就会增加喷油脉宽以提供较浓的混合气。所以不需要使用传统的阻风门。ECU 会为发动机的冷起动提供浓度适当的混合气以保持适当的发动机转速。这样，在起动发动机时，驾驶员就不需要踩加速踏板了。

（4）清除淹缸模式。当发动机处于冷机状态时，ECU 将为发动机的快速起动提供很浓的空燃混合气。但是，如果因发生点火故障而不能起动发动机的话，很快就会造成发动机淹缸。在这种情况下，可能会有过多的燃油通过活塞环和气缸壁之间的间隙流入曲轴箱。因此，如果发动机冷机不能起动时，应避免多次长时间起动。发生淹缸时，可以将加速踏板踩到底，使节气门全开。在这种情况下，计算机程序会向发动机提供很稀的空燃比（约 18 : 1）。即发动机处于清除淹缸模式。

以上（3）、（4）条也是其他发动机燃油喷射系统常有的功能。

同化油器相比，节气门体喷射为控制进入气缸的燃油量提供了保证。节气门体喷射成本较低，维修也较方便。同进气道喷射系统（PEI）相比，节气门体喷射的优点在于：制造成本低，故障诊断和维修也较简单。当喷油器出现堵塞时，不存在如进气门前喷射系统中各个喷油器的均衡问题。

但是，节气门体喷射的效率不如进气道喷射系统（PEI）。其最主要的问题在于进气歧管。如同化油器系统一样，燃油并不是各个缸均匀分配的，在其中较冷的进气歧管里，燃油可能会冷凝和粘在管壁内。为了更有效地工作，节气门体喷射系统同化油器一样必须装在燃烧室平面的上方，并且进气常常需要加热，因而限制了调整进气管设计的可能性。

2.10 进气门前燃油喷射系统（多点燃油喷射系统）

2.10.1 进气门前燃油喷射系统的结构特点

1. 喷油器

在进气门前燃油喷射系统中，喷油器都被安装在进气歧管内靠近气缸盖的地方，喷油器喷出的雾化良好的燃油尽可能地靠近进气门，如图 2-86 所示。

由于每一个气缸都有一个喷油器而且喷油器布置在尽量靠近进气门处，所以各缸的供油量非常均匀，并且没有燃油冷凝在进气歧管壁上。因此也就不需要对进气管预热和任何预先的燃油蒸发装置；进气歧管底部也不会积聚有燃油油泥。这表明进气歧管在设计上有了更大的灵活性，可以针对低速和高速工况设计有不同通道的可变进气的进气管，而这种技术只能在进气门前喷射系统上使用，如图 2-87 所示。

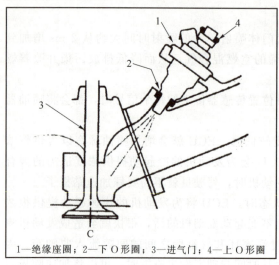

1—绝缘座圈；2—下 O 形圈；3—进气门；4—上 O 形圈

图 2-86　进气门前喷射系统的喷油器布置　　　　**图 2-87　进气门前喷射系统的可变进气的进气歧管**

2. 燃油油轨

各喷油器都通过各自的燃油油管连接到一个燃油油轨上。对于在 V6 和 V8 发动机上使用的进气门前喷射系统来说，燃油油轨总成通常由左、右两个油轨组成。燃油首先流到一个燃油油轨内，然后流经一个连接管后再流到另一个燃油油轨内。在燃油油轨的一端装有压力调节器，多余的燃油从压力调节器经回油管返回燃油箱。图 2-88 所示的就是典型的油轨布局形式，在两边的油轨之间，油管交叉连接。图 2-89 所示为一个直列 4 缸机的燃油油轨的排列方式。

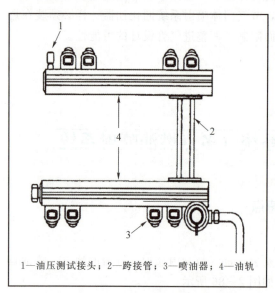

1—油压测试接头；2—跨接管；3—喷油器；4—油轨

图 2-88　V6 和 V8 发动机的油轨布置

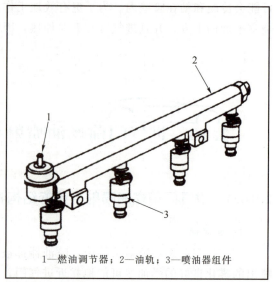

1—燃油调节器；2—油轨；3—喷油器组件

图 2-89　4 缸发动机的油轨布置

3. 节气门

在进气门前燃油喷射系统中，由节气门体对进入发动机的空气量及进气歧管内的真空度进行控制。如图 2-90 所示，节气门体内部装有怠速空气控制（IAC）电机阀和节气门位置传感器（TPS）。ECU 通过怠速空气控制电机阀对怠速转速进行控制。节气门位置传感器则负责向 ECU 发送信号，以便使 ECU 在任何时候都知道节气门的位置。

节气门体是由铝合金铸造而成的一个整体式壳体，壳体内部装有节气门，节气门固定在节气门轴上。TPS 和 I AC 电机阀也被安装在节气门体上。节气门轴由加速踏板控制。节气门轴的两端支撑在节气门体上，节气门开度控制进气量。在节气门体内还有一个冷却液通道，少量冷却液流过此通道以防止冷天时在节气门体上出现结冰现象。

4. 燃油压力调节器

进气门前燃油喷射系统使用的燃油压力调节器（如图 2-91 所示）和节气门体燃油喷射系统中的结构基本相同，二者的区别在于：进气门前燃油喷射系统中的燃油压力调节器膜片上方不是通大气而是与进气歧管相连。这是因为在节气门体喷射系统中，喷油器被安装在节气门上方，进气歧管内气流的波动现象不会影响喷油器的喷油量；而在进气门前燃油喷射系统中，喷油器被安装在进气歧管内，进气歧管内不断变化的真空度会影响喷油器的喷油量（当喷油脉宽一定时），为了尽可能地减小这个影响，燃油压力调节器通过感知进气歧管的真空度并不断调整燃油压力以使喷油器处的歧管压力与燃油压力之差始终保持恒定。

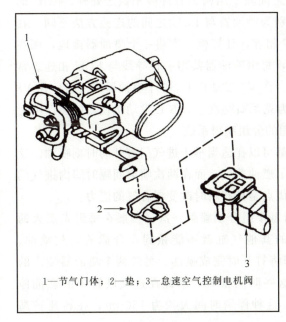

1—节气门体；2—垫；3—怠速空气控制电机阀

图 2-90　进气门前喷射系统的节气门

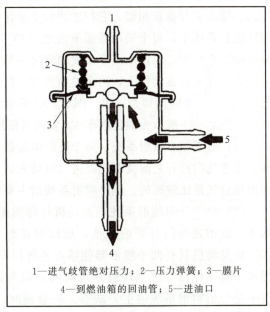

1—进气歧管绝对压力；2—压力弹簧；3—膜片
4—到燃油箱的回油管；5—进油口

图 2-91　进气门前喷射系统的燃油压力调节器

当进气歧管内真空度很高（如怠速时）即压力很低时，燃油喷射压力和该真空度之间的压差与进气歧管有较高的压力（低真空度，如节气门全开时）和较高的燃油压力之间的压差是相同的。在许多系统中，调节器将此压差保持为 269 kPa。

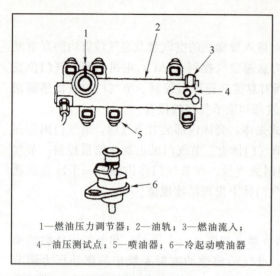

1—燃油压力调节器；2—油轨；3—燃油流入；
4—油压测试点；5—喷油器；6—冷起动喷油器

图 2-92　进气门前喷射系统的冷起动喷油器

5. 冷起动喷油器

冷起动喷油器通过一个吸油管与燃油油轨相连，冷起动喷油器的喷油端被安装在进气总管内。图 2-92 所示为一款 V6 发动机上使用的冷起动喷油器。

冷起动喷油器由温度时间开关进行控制。当发动机起动时，如果冷却液的温度低于 35 ℃，温度时间开关就会闭合使冷起动喷油器通电，将燃油喷入进气总管。因此，在发动机冷起动期间，除了装在每个进气门处的喷油器喷油以外，冷起动喷油器也会喷油。

温度时间开关的双金属片触点保持闭合的最长时间为 8 s，温度时间开关触点闭合的实际时间取决于冷却液的温度。

2.10.2　进气门前燃油喷射系统的控制

如 2.5 节所述进气门前燃油喷射系统按照喷射顺序，分为三种喷射方式，分别为同时喷射、分组喷射和顺序喷射。这些燃油喷射系统之间除了结构上有许多相似之处外，ECU 的输入、输出信号也很相似。它们之间的主要区别为喷油器与 ECU 之间的连接方法不同。在顺序喷射系统中，每个喷油器都单独地与 ECU 相连，计算机一次将一个喷油器接地，而在分组喷射系统中，以两个或多个喷油器为一组，每组喷油器共用一根导线与 ECU 相连。常见的有：在 4 缸发动机上，两个喷油器为一组；在 V6 发动机上，3 个喷油器为一组；在 V8 发动机上，4 个喷油器为一组。图 2-93 所示为克莱斯勒汽车 3.5 L 发动机使用的顺序喷射系统。图 2-94 所示为福特汽车 V8 发动机使用的分组喷射系统。

（1）对于顺序喷射系统，每个缸的喷油器都可以在适当早于进气门打开的时刻喷油。这样，在进气门打开之前就在气缸进气口处充满了燃油蒸气。而在两次喷射间隔时间内进气门前的混合气是比较稀的。顺序喷射系统的主要优点是具有瞬时改变混合气的能力。

（2）对于分组喷射系统，发动机每转两圈每个组分别喷射一次。一般在每组先点火的那个气缸的进气门打开前喷油，所以对该组的其他气缸就不能做到在合适的时刻喷油。如 4 缸发动机只有两个喷油器能够在进气门即将打开时完成喷油。另外两个喷油器喷入的燃油不得不停留在进气歧管一段时间。因为这些时间很短，因此在进气歧管中的燃油停留不是分组喷射系统的主要缺点。在急速时，这种停留时间大约为 150 ms；在转速较高时，停留时间要少得多。

（3）对于同时喷射系统，发动机每转一圈，全部喷油器都在相同时间里喷油一次。这种系统的编程和硬件都比较简单。负荷变化时，可以较快地调节混合气浓度。但是在两次进气行程的间隔内，多数气缸都不同程度地存在混合气滞留于进气歧管中的问题，这是该系统的主要缺点。

对于和节气门体喷射系统一样，进气门前喷射系统也设有清除淹缸模式和无须踩踏板起动功能。在发动机减速期间，ECU 会缩短喷油脉宽以改善排放并提高燃油经济性。在一些系统中，当发动机在某个转速范围内减速时，具有停止喷油的控制功能。

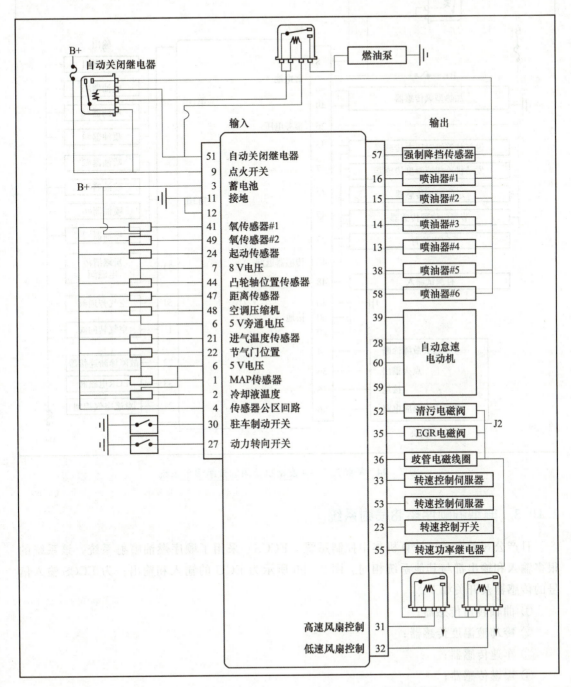

图 2-93　克莱斯勒汽车 3.5L 发动机使用的顺序喷射系统

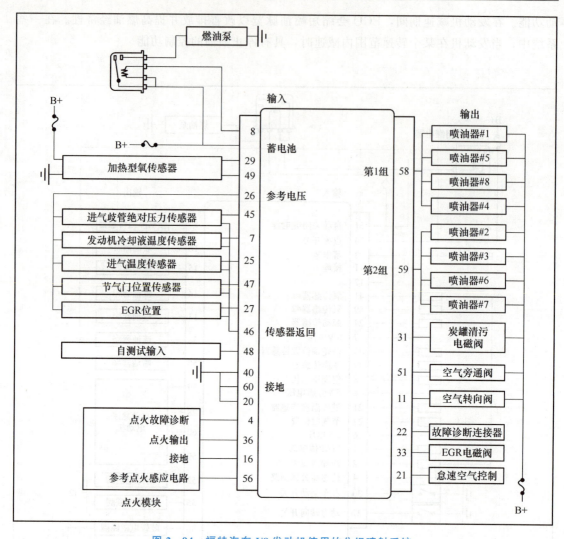

图 2 - 94　福特汽车 V8 发动机使用的分组喷射系统

2.10.3　典型的顺序燃油喷射系统

日产公司的发动机计算机集中控制系统（ECCS）采用了顺序燃油喷射系统，该系统的很多输入和输出都与其他系统相同。图 2 - 95 所示为 ECU 的输入和输出；为 ECCS 输入信号的传感器及开关如下。

①　曲轴转角传感器；

②　冷却液温度传感器；

③　车速传感器；

④　爆燃传感器；

⑤　废气再循环传感器；

⑥　节气门开关；

⑦　空气流量传感器；

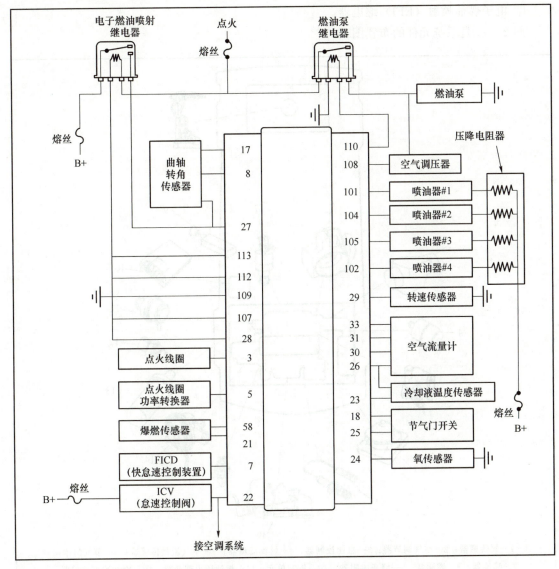

图 2 - 95　ECCS ECU 的输入和输出

　　在 ECU 内还装有大气压力传感器，但不能单独对该传感器进行维修。当大气压力随海拔和气候条件的变化而变化时，这个传感器会向 ECU 发送一个与大气压力有关的信号，用于空气流量的修正。曲轴转角传感器装在分电器内，用来向 ECU 发送发动机转速信号及曲轴位置信号。

　　ECCS 系统的输出主要用于如下器件的控制：

　　① 喷油器；

　　② 点火提前角控制；

　　③ 空气调节器；

　　④ 怠速控制电磁阀（ICV）；

　　⑤ 快怠速控制装置（FICD）；

　　⑥ 燃油泵继电器；

⑦ 电子燃油喷射（EFI）继电器。

图 2-96 是系统元件的布置图。

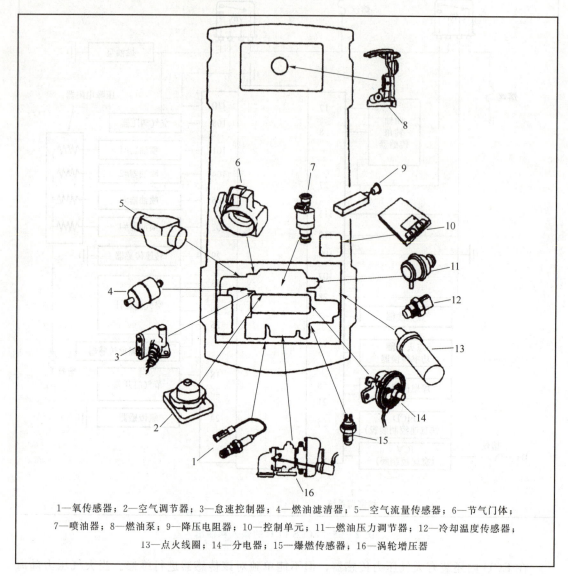

1—氧传感器；2—空气调节器；3—怠速控制器；4—燃油滤清器；5—空气流量传感器；6—节气门体；
7—喷油器；8—燃油泵；9—降压电阻器；10—控制单元；11—燃油压力调节器；12—冷却温度传感器；
13—点火线圈；14—分电器；15—爆燃传感器；16—涡轮增压器

图 2-96　ECCS 元件的布置图

该系统也使用了一些在其他系统上并不常用的零部件，如降压电阻排，电阻排内的每个电阻器分别与各喷油器串联。该电阻排可保护喷油器在电压突变时免受损坏，并可使喷油器工作更稳定。该系统采用叶片式空气流量传感器和节气门位置开关，如图 2-97 所示。怠速控制电磁阀（ICV）和快怠速控制装置（FICD）电磁阀都被安装在进气歧管上。当怠速转速下降到规定值以下时，ECU 给 ICV 的电磁线圈通电，额外的空气通过该阀进入进气歧管以提高怠速转速。当空调开关接通时，FICD 电磁阀的电磁线圈被通电，空气通过该阀进入进气歧管，以维持怠速转速并补偿空调压缩机带给发动机的这部分负荷。在 ICV 和 FICD 总成上装有怠速调节螺钉，用来将怠速转速设置为规定值，如图 2-98 所示。

　　燃油泵继电器和内装式燃油泵的工作原理与其他燃油泵类似。当接通点火开关时，电压就加在 EFI 继电器的电磁线圈上，电流流经继电器线圈并通过 ECU 接地。EFI 继电器触点闭合，这样，电压就通过 EFI 继电器触点加在了 ECU 和曲轴位置传感器上（该曲轴位置传感器需要外加电源）。

　　怠速控制系统将在下一章详细介绍。

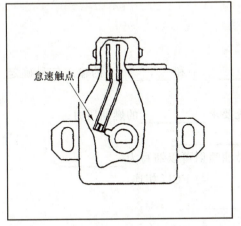

图 2 - 97　ECCS 装有的节气门位置传感器

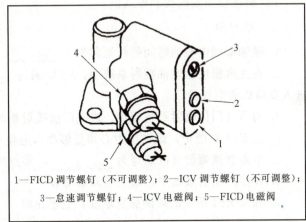

1—FICD 调节螺钉（不可调整）；2—ICV 调节螺钉（不可调整）；
3—怠速调节螺钉；4—ICV 电磁阀；5—FICD 电磁阀

图 2 - 98　ECSS 装有的怠速控制装置

小　　结

　　本章简述了燃油喷射系统的功能、组成和发展、分类及其主要特点，讨论了不同系统的喷油量、喷油正时控制方法、喷油器和电动燃油泵，强调了点火系统和燃油喷射系统的集成控制，重点阐述了常用的进气门前（多点燃油喷射）燃油喷射系统。

思考与练习

一、问答题

1. 汽油发动机 EFI 系统由哪几部分组成？
2. 汽油发动机 EFI 系统采用了哪些传感器？
3. 汽油发动机 EFI 系统有哪些执行器？
4. 简述在节气门体喷射系统中节气门体温度传感器信号的功用。
5. 说明 EFI 系统中 ECU 是如何控制空燃比的。
6. 为何在 EFI 系统中不需要阻风门。
7. 说明节气门体燃油喷射系统与进气门前燃油喷射系统的主要区别。

8. 简述喷油器的顺序喷射。

9. 简述进气歧管绝对压力（MAP）传感器的功用。

10. 简述中央多点燃油喷射系统的基本工作原理。

11. 何为缸内直接喷射系统？

12. 汽油发动机起动时，喷油量是如何确定的？

13. 简述燃油泵的控制形式。

二、填空题

1. 喷油器通电喷油时间的长短称为_____。

2. 在速度密度型燃油喷射系统中，ECU 通过_____和_____的输入信号确定进入发动机的空气量。

3. 与节气门体喷射系统相比，进气门前喷射系统要求_____的燃油压力。

4. 在 EFI 系统中，燃油压力必须足够高以避免_____。

5. 单点燃油喷射可以缩写为_____，多点燃油喷射可以缩写为_____。

6. 在多点喷射系统中，每一喷油器都有一_____与 ECU 相连。

7. 如果 EFI 系统的喷油脉宽增加，空燃比将_____。

三、选择题

1. 当讨论 EFI 系统时，（   ）是正确的。

A. ECU 通过控制燃油压力来提供合适的空燃比

B. ECU 通过控制喷油器的喷油脉宽来提供合适的空燃比

C. A 和 B 都对

D. A 和 B 都不对

2. 在讨论冷起动喷油器时，（   ）是正确的。

A. 冷起动喷油器受温度时间开关控制   B. 冷起动喷油器受 ECU 控制

C. A 和 B 都对   D. A 和 B 都不对

3. 在讨论电控燃油喷射系统的工作原理时，（   ）是正确的。

A. 速度密度型电控系统 ECU 采用 TPS 信号和 ECT 信号确定进入发动机的空气量

B. ECU 采用 TPS 信号和氧传感器输入信号确定进入发动机的空气量

C. A 和 B 都对

D. A 和 B 都不对

4. 在讨论 EFI 系统时，（   ）是正确的。

A. 在 EFI 系统中，比正常燃油压力高的燃油会造成稀的空燃比

B. 观点与 A 相反

C. A 和 B 都对

D. A 和 B 都不对

5. 在讨论燃油压力调节器时，（   ）是正确的。

A. 无论节气门开度如何，EFI 系统的燃油压力调节器总是保持油压一定

B. EFI 系统中进气歧管真空时与燃油压力调节器真空管相连会造成节气门全开时燃油压力升高

C. A 和 B 都对

D. A 和 B 都不对

6. 在讨论无回油系统时，（   ）是正确的。

A. 无回油系统的燃油压力调节器安装在燃油总管上

B. 此类系统中燃油滤清器和燃油压力调节器安装在同一部件上

C. A 和 B 都对

D. A 和 B 都不对

7. 在讨论燃油总管内的燃油沸腾（气阻）时，（   ）是正确的。

A. 燃油总管内的燃油沸腾会造成稀的空燃比

B. ECU 会补偿由于燃油总管内的燃油沸腾造成的不适当的空燃比

C. A 和 B 都对

D. A 和 B 都不对

8. 在讨论中央多点喷射时，（   ）是正确的。

A. 喷油器由 ECU 控制打开   B. 由提升喷油器打开

C. A 和 B 都对   D. A 和 B 都不对

第3章

进气控制系统

对于汽油发动机来说，进气控制系统起着向发动机引入、调节和检测空气量的作用。其空气量的检测信号是 ECU 向喷油器输出喷油脉宽的重要依据，人们也正是通过对进气量的不断调节来取得想要的发动机扭矩和转速的。提高充气效率也是进气控制系统的重要任务。特别是对于车用发动机，它是在一定体积和质量条件下，提高发动机动力性的主要途径之一。本章将主要介绍与上述有关的急速控制系统、巡航控制系统、谐波进气控制系统、进气可变凸轮控制和进气增压控制系统。

3.1 急速控制系统

所谓急速，对汽车而言通常是指油门踏板处于自然状态，变速器处于空挡或驻车挡；对发动机而言，通常是指节气门处于全关或在急速开度范围内，发动机对变速器无功率输出情况下的稳定运转状态。急速控制的主要作用有：

① 用高急速实现发动机起动后的快速暖机；

② 负荷变化时，自动增加或减少进气量以维持发动机在目标急速下稳定运转。

汽车的标准急速值一般会标在发动机机舱盖上的铭牌上。急速的高低应考虑冷却液温度、电气系统负荷、空调压缩机接入、液力变矩器负荷、动力转向接入等情况。如果急速过高，会增加燃油消耗量；但若过低，又会增加有害物的排放。

图 3-1 是步进电机式急速控制系统的组成。

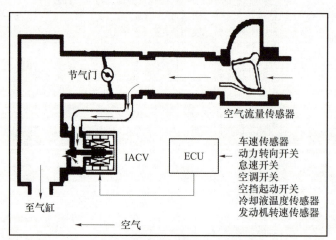

图 3-1 步进电机式急速控制系统的组成

怠速控制系统以闭环控制方式工作，如图 3-2 所示。ECU 根据节气门位置信号 5 和车速信号 6 判断发动机是否进入怠速工况，如果是，则由信号 1～3 计算出发动机需要的目标怠速 7 并与测得的实际怠速 4 比较，计算出需要增加或减少的控制量 9，经驱动器 10 放大并转换成执行器的信号 11，该信号通常是怠速控制阀（IACV）能够接受的输出信号，由执行器动作以改变发动机的进气量，发动机的输出功率也随之改变。调整后的怠速再次被输入到 ECU，以形成怠速的闭环控制。

表 3-1 列出了怠速控制系统中各组成部件的作用。

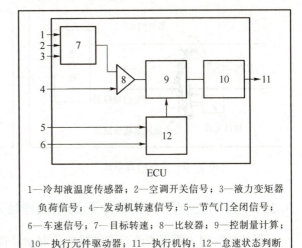

1—冷却液温度传感器；2—空调开关信号；3—液力变矩器负荷信号；4—发动机转速信号；5—节气门全闭信号；6—车速信号；7—目标转速；8—比较器；9—控制量计算；10—执行元件驱动器；11—执行机构；12—怠速状态判断

图 3-2 怠速控制系统中的各组成元件

表 3-1 怠速控制系统中各组成部件的作用

	组 件	功 能
传感器或开关	曲轴位置传感器（CKP）	检测发动机转速的大小
	节气门位置传感器（TPS）	检测发动机是否处于怠速运行状态
	冷却液温度传感器（ECT）	检测发动机冷却液温度的高低
	起动开关信号（STA）	检测发动机是否处于起动工况
	空调开关信号（A/C）	检测空调压缩机是否处于工作状态
	空挡起动开关信号（P/N）	检测变速器是否有载荷加在发动机上
	液力变矩器负荷信号	检测液力变矩器负荷的变化
	动力转向开关信号（PS）	检测动力转向系统是否起作用
	发电机负荷信号	检测发电机负荷的变化
	车速传感器（VSS）	检测车速
执行器	怠速空气控制阀（IACV）	控制怠速时进气量的大小
发动机控制模块（ECU）		根据从各个传感器输入的信号，把发动机的实际转速与根据各个传感器输入的信号所决定的目标转速进行比较，根据比较得出的差值确定相对于目标转速的控制量，去驱动怠速空气控制机构（即怠速空气控制阀），使发动机怠速转速保持在目标转速附近

发动机怠速进气量有两种控制方式。一种是节气门直动式，如图 3-3 所示。节气门体上无旁通气道，进入怠速工况后，由 ECU 通过电机调节节气门的位置来控制进气量。

另一种是节气门旁通式。如图 3-4 所示，除节气门所在的主进气道外，节气门体上还有旁通气道，ECU 通过安装在其上的怠速阀（IACV）来调节怠速时的进气量。这是电子控制发动机最常用的怠速控制方式。一些发动机的节气门体上还有一条装有附加空气阀的旁通气道，附加空气阀不受 ECU 控制，仅用于冷起动和快速暖车，暖车后怠速所需空气由 IACV 或节气门怠速螺钉控制的旁通气道进入气缸。

节气门旁通式怠速控制系统常用的怠速阀（IACV）有四种分别为步进电机式、旋转滑阀式、占空比控制阀式和电磁阀控制真空阀式。

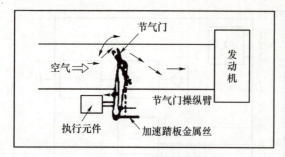

图 3 - 3　节气门直动式

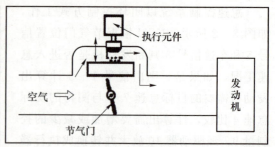

图 3 - 4　节气门旁通式

3.1.1　用附加空气阀实现冷起动和快速暖车

附加空气阀主要用来改善发动机的冷起动性能，加快发动机的暖车过程，使控制排放的催化转化器的温度尽快升高到可以正常工作的数值。与怠速阀不同，附加空气阀的开度不受发动机控制单元控制，与负荷变化无关，只与发动机的温度有关。如果发动机在低温下起动或运转温度达不到设定温度时，附加空气阀是打开的，随着温度的提高而逐渐关闭；当发动机在高温下起动时或运转温度超过设定温度时，附加空气阀是关闭的。

常用的附加空气阀有双金属片式和石蜡式两种。

1. 双金属片式附加空气阀

双金属片式附加空气阀由绕有电热线的双金属片、旁通阀、弹簧和旁通气道等组成。发动机温度较低时，双金属片收缩，旁通阀在弹簧作用下打开旁通气道，此时起动发动机，从旁通气道流进气缸的空气流量最大，相应的喷油量也较多，发动机呈高怠速状态，如图 3 - 5 所示。

发动机起动后，电流由点火开关流经电热线，双金属片在电热线和机体温升作用下不断受热而逐渐向外弯曲，使得旁通阀在弹簧作用下逐渐将旁通气道关闭。从旁通气道流进气缸的空气流量逐渐减少，发动机的转速下降，直到旁通气道完全关闭，如图 3 - 6 所示。

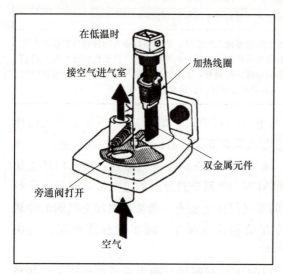

图 3 - 5　低温时旁通阀打开

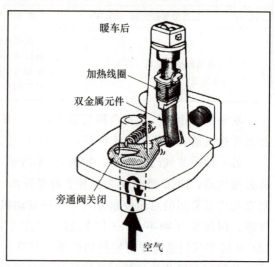

图 3 - 6　高温时旁通阀关闭

通常环境温度在 −20 ℃ 以下时，附加空气阀全开；在 60 ℃ 以上时，附加空气阀全关。

2. 石蜡式附加空气阀

类似于双金属片式附加空气阀，如图 3−7 所示，石蜡式附加空气阀由石蜡感温体、阀门和弹簧 A、B 等组成。感温体浸于发动机冷却液中，其内充满石蜡，石蜡体积随冷却液温度的变化热胀冷缩而推动阀体左右运动。当冷却液和机体温度低于设定值时，阀体在石蜡收缩和弹簧 B 作用下克服弹簧 A 的阻力，向左运动打开旁通气道。随着冷却液和机体温度提高，阀体在石蜡膨胀和弹簧 A 作用下克服弹簧 B 的阻力，逐渐关小旁通气道，暖车结束后（如冷却液温度达到 80℃），旁通气道被关闭。

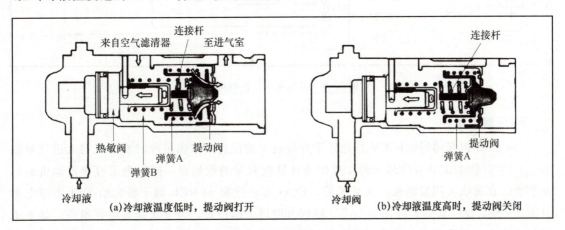

图 3−7　石蜡式怠速空气旁通阀

3.1.2　步进电机式怠速空气阀（IACV）

这是一种比较常用的怠速控制阀。如奥迪 200、通用的一些车型、赛欧、奇瑞的一些车型、克莱斯勒的切诺基、丰田皇冠及丰田凌志 LS400 等都使用步进电机式怠速空气阀。

1. 工作原理

如图 3−8 所示，步进电机式怠速阀由绕有多组电磁线圈的定子、内孔是螺孔的转子和上部制有螺纹的阀杆及阀座等组成。ECU 根据传感器信号控制定子线圈的通电顺序和次数（每通电一次也称为一步），以此来控制转子的转向和转角，使阀上下运动，以增大或减小旁通气道的开度。

步进电机式怠速空气阀的控制电路如图 3−9 所示。发动机控制单元依次使功率管 VT_1、VT_2、VT_3 和 VT_4 导通，分别给定子线圈 S_1、S_2、S_3 和 S_4 供电，驱动转子旋转，通过螺纹传动带动阀体向上或向下移动，ECU 使功率管导通次数越多（步数越多），转子转角越大，阀的开度也越大（或越小）。如果 ECU 使定子线圈的通电顺序反向，则转子的

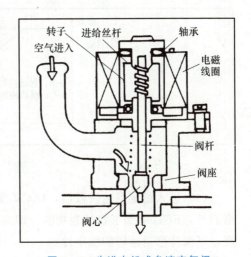

图 3−8　步进电机式怠速空气阀

转向也将与上述方向相反。

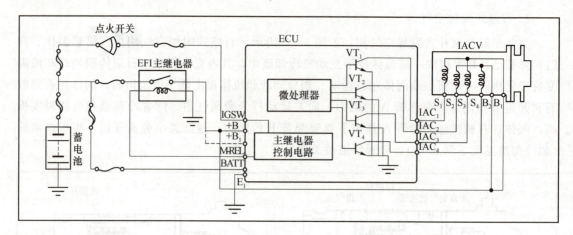

图3-9　步进电机的控制电路

2. 控制过程

（1）发动机起动时，IACV总是处于开度最大的位置，以满足此时发动机对大进气量的需求。ECU将IACV开度最大的位置作为计算控制量的起始点，同时为了改善发动机的起动性能，在每次关闭发动机点火开关后，ECU都要控制M-REL端子继续给EFI主继电器供电2 s使其保持接通，以便使IACV回到开度最大的位置，为下次起动做好准备。如丰田皇冠汽车发动机的步进电机式怠速空气阀从全闭到全开需要125步。

（2）起动后，当发动机转速达到由冷却液温度确定的预定值后，ECU将使IACV关小到由冷却液温度所确定的位置。如图3-10所示。起动时冷却液温度为20 ℃，当发动机转速达到500 r/min时，怠速阀从全开位置（如125步）的A点到达B点位置。

（3）暖机开始后，随着发动机冷却液温度的上升，IACV的开度逐渐变小。当冷却液温度达到70 ℃时，暖机控制结束，如图3-10所示。

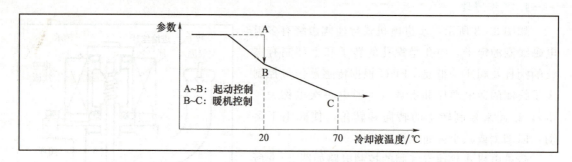

图3-10　暖机控制特性

（4）进入稳定怠速阶段后，IACV受发动机怠速反馈的闭环控制。为了克服闭环控制的滞后性，ECU增加了预控制功能。即在发动机转速出现变化前，就增加或减小IACV的开度，以保持怠速运转的稳定性。

（5）学习控制过程。在第3章中我们讨论了喷油脉宽的学习控制过程。类似地，对应于一定的怠速负荷（由传感器测得），计算机按设定的程序计算出IACV的开度，由于不可避免的污染和磨损等因素，使 IACV 的实际开度偏离计算机的指令开度，计算机根据怠速反馈信号检测出这一偏差值并计算和存储其对应的阀开度修正量，当同样的怠速工况再次出现时，计算机将自动调用这一修正量，而不必等待反馈信号。学习功能提高了怠速阀控制的智能水平，但是如果维修者理解的不好，也可能造成不良效果。

3.1.3　旋转滑阀式怠速空气阀（IACV）

1. 构造

图 3-11 为广州本田奥德赛的旋转滑阀式怠速空气阀的实物图，此外桑塔纳 2000、夏利 2000、富康 1.6 A 以及丰田佳美等轿车都在采用这种怠速阀。

旋转滑阀式怠速空气阀（IACV）的构造如图 3-12 所示，主要由永久磁铁、电枢、旋转滑阀和复位弹簧等组成。旋转滑阀固装在电枢轴上，与电枢轴一起转动，用以控制旁通气道的通流截面积。永久磁铁固装在外壳上，产生驱动磁场。复位弹簧的作用是在电枢线圈断电后（发动机熄火后）使 IACV 复位，旁通气道完全打开。

图 3-11　广州本田奥德赛汽车发动机的旋转滑阀式怠速空气阀

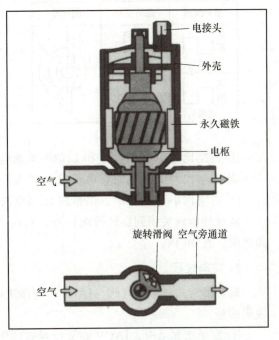

图 3-12　旋转滑阀式怠速空气阀的构造

2. 工作原理

如图 3-13 所示，电枢由铁心和绕在其上的两组绕向相反的线圈 L_1 和 L_2 组成，即 L_1、L_2 通电时，作用在电枢上的扭矩相反。L_1 和 L_2 分别由 ECU 的功率晶体管 V_1 和 V_2 控制，V_1 的控制信号反向后控制 V_2，即 V_1 导通时 V_2 截止，V_1 导通时间增加多少 V_2 的截止时间就减少多少，反之亦然。

若不计复位弹簧的扭矩，L_1 和 L_2 通电后，电枢旋转的方向和角度取决于 V_1 和 V_2 控制信号的占空比。如表 3-2 和 3-3 所示，T_1 和 T_2 分别是 L_1 和 L_2 的通断周期。

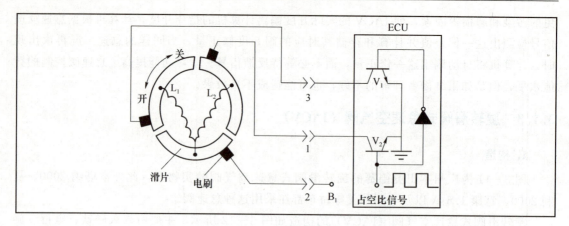

图 3 - 13　旋转滑阀式怠速空气阀的工作原理

表 3 - 2　IACV 的电枢停止转动

通断间隔	磁场强度	阀位置
通断 线圈 T_1 通断 线圈 T_2	N S N N T_1 T_2	

表 3 - 3　IACV 的电枢向 L_2 通电决定的方向上转动

通断间隔	磁场强度	阀位置
通断 线圈 T_1 通断 线圈 T_2	N S N N T_1 T_2	

① 占空比为 50％时，L_1 和 L_2 的平均通电时间相等，电枢停止转动；

② 占空比大于 50％时，电枢向 L_1 通电决定的方向上转动；

③ 占空比小于 50％时，电枢向 L_2 通电决定的方向上转动，与上述方向相反。

从旋转滑阀关闭到旋转滑阀打开，对应占空比的变化范围为 18％～82％，滑阀的偏转角度限定在 90°内。

3. 控制过程

旋转滑阀式怠速空气阀（IACV）与步进电机式怠速空气阀的控制过程基本相同，需要说明的是：

① 发动机起动时，IACV 在复位弹簧的作用下开度处于最大状态；

② 进入闭环控制的条件是：节气门位置传感器怠速触点闭合，车速低于 2 km/h，空调开关断开。

3.1.4　占空比控制阀式怠速空气阀（IACV）

占空比控制阀式怠速空气阀相当于一个由脉冲电流控制的电磁阀，如图 3 - 14 和图 3 - 15 所示。ECU 靠改变其输出占空比来改变通过 IACV 线圈的平均电流，以增大或减小电磁力来改变 IACV 的开度，怠速阀的复位由弹簧承担。占空比控制阀式怠速空气阀的控制过程与上述两种怠速空气阀基本相同，该种阀常见于日产和福特公司的车型中。

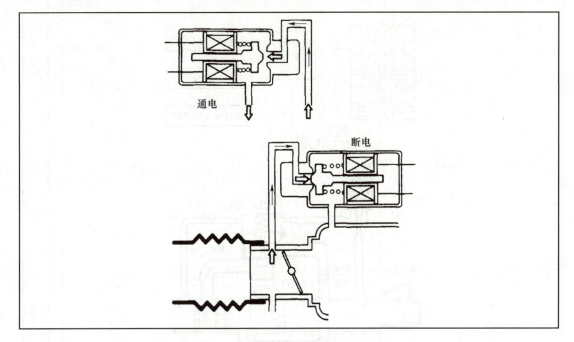

图 3 - 14　占空比控制阀式怠速空气阀的结构

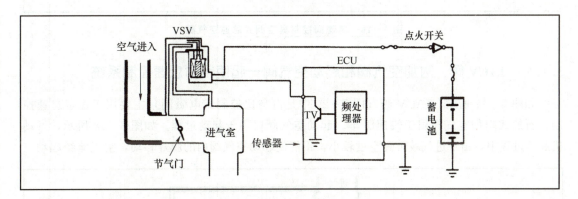

图 3 - 15　占空比控制阀式怠速空气阀的控制电路

3.1.5　电磁阀控制真空阀式怠速空气阀

如图 3 - 16 所示，电磁阀控制真空阀式怠速空气阀由两个阀组成，其中的电磁阀（VSV）与上述占空比控制阀式怠速空气阀结构相同，真空阀（ACV）为膜片驱动阀杆式结构。ECU 通过占空比改变电磁阀开度，而电磁阀开度决定了真空阀膜片上腔压力，膜片上腔压力的变化驱动阀体运动，从而改变 ACV 的开度。除了与上述各 IACV 类似的控制过程外，电磁阀（VSV）所决定的 ACV 的开闭还有如下特点：

（1）从空挡换入前进或后退挡时，只要节气门位置传感器怠速触点闭合（即未踩油门），ACV 仍会开启直到发动机转速达到设定值；反之，变速器从行进挡换入空挡后，即使节气门位置传感器怠速触点闭合，但只有当发动机转速降低至设定值时，ACV 才会开启。

（2）尾灯或后窗除雾器开启时，ACV 打开。

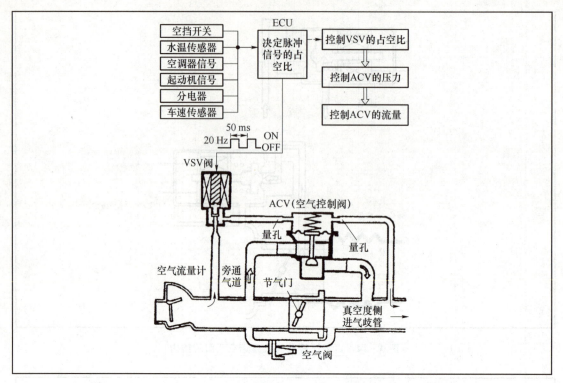

图 3-16　电磁阀控制真空阀式怠速空气阀

3.1.6　IACV 阀、附加空气阀和起动空气阀一起使用的怠速控制系统

如图 3-17 所示，IACV 阀（图 3-20 中是占空比控制式电磁阀）主要用于稳定怠速控制，石蜡式附加空气阀用于快速暖车。起动空气阀仅用于起动过程。如图 3-18 所示，发动机起动过程中，由于进气歧管真空度较小，不能使起动空气阀内的膜片移动，空气流经起动空

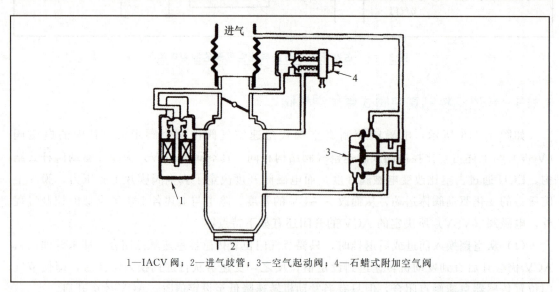

1—IACV 阀；2—进气歧管；3—空气起动阀；4—石蜡式附加空气阀

图 3-17　怠速旁通空气控制阀与起动空气阀和石蜡式附加空气阀一起使用

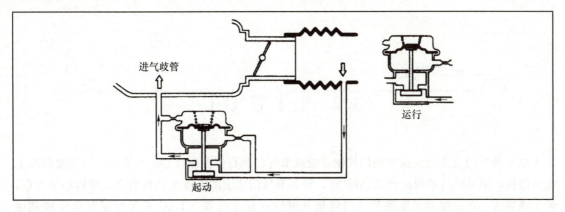

图 3 - 18　起动空气阀

气阀流入进气歧管内，从而为发动机的起动工况提供附加的空气。发动机一旦起动，较大的进气歧管真空度将使膜片向上弯曲，关闭起动空气阀。在发动机运转的任何情况下，起动空气阀一直保持关闭状态。

3.1.7　节气门直动式怠速控制系统

　　节气门直动式怠速控制系统取消了旁通气道，通过精确调节节气门在怠速范围内的开启角度来改变空气供应量，实现怠速控制。红旗、帕萨特、宝来及奥迪 A6 1.8 L 都采用了这种怠速控制系统。

　　典型的节气门直动式怠速控制系统的结构如电路分别如图 3 - 19 和图 3 - 20 所示，主要由节气门位置传感器、怠速节气门位置传感器、怠速开关、怠速直流电动机和齿轮传动机构组成。当油门踏板处于自由状态时，怠速开关闭合，节气门直动式怠速控制系统开始起作用。发动机控制

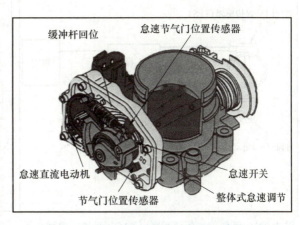

图 3 - 19　节气门直动式怠速控制系统的结构

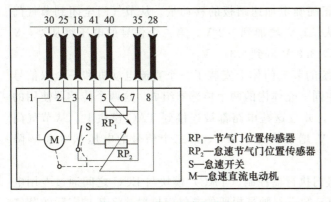

RP₁—节气门位置传感器
RP₂—怠速节气门位置传感器
S—怠速开关
M—怠速直流电动机

图 3 - 20　节气门体电路图

单元根据有关传感器的信号，驱动怠速直流电动机，经过一对齿轮减速、由扇形齿轮带动节气门摆动，使其打开或关闭相应的角度，怠速节气门位置传感器将节气门的实际开度反馈给 ECU，便于 ECU 根据发动机转速找到正确的节气门开度，以实现目标怠速控制。

　　当驾驶员踩油门时，怠速开关断开，发动机退出怠速控制。

3.2　电子节气门

电子节气门也称为无拉索油门控制系统或节气门执行器控制（TAC）系统。当驾驶员踩下油门踏板，驱动油门踏板传感器 APP 时，装在节气门体上的直流电动机就会立即转动节气门，使车辆加速。直流电动机能将节气门转到并保持在任意位置。TAC 系统根据发动机和其他系统的输入信号控制节气门的开度。一个典型的 TAC 系统由装有节气门位置传感器（TPS）和直流电动机的节气门体、加速踏板位置（APP）传感器和节气门执行器控制模块等组成，如图 3 - 21 所示。ECU 同时监控 TPS 和 APP 的多个信号，如图 3 - 22 所示。其特点如下。

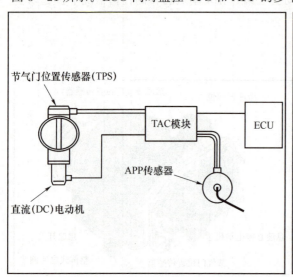

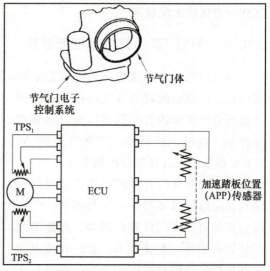

图 3 - 21　节气门执行器控制（TAC）系统的典型布置　　图 3 - 22　ECU 同时监控 TPS 和 APP 的多个信号

（1）加速踏板位置（APP）传感器被安装在加速踏板总成内，在踩下加速踏板的过程中，APP 传感器将产生 3 个信号，以正确确定加速踏板的移动量。从节气门全闭到节气门全开的过程中，第一个信号的电压将从＜1 V 增加到＞2 V。第二个信号的电压将从＞4 V 降到＜2.9 V。第三个信号的电压将从＞3.8 V 降到＜3.1 V。

（2）和一般节气门不同，TAC 系统的节气门体上安装了一个直流电动机和一个双信号节气门位置传感器，该传感器由安装在同一壳体内的两个传感器组成。这两个传感器使用的 5V 参考电路和低压参考电路彼此独立，并且这些电路都被连接到 TAC 模块上。从节气门关闭到全开，第一个信号的电压从 1 V 增加到＞3.5 V，第二个信号的电压从 3.8 V 降低到＜1 V。

（3）节气门执行器控制模块。节气门执行器控制（TAC）模块与 ECU 之间通过专用电路进行通信。它们通过监控 APP 和 TPS 知道驾驶员想要的节气门位置并将其与实际的节气门位置进行比较后，向节气门体上的直流电机输出控制信号。

3.3　巡航控制系统

3.3.1　概述

巡航控制也称定速控制，它是一种闭环控制系统。驾驶员对汽车速度进行设定后，巡航系统对汽车的实测速度做出反应，并据此调节油门，使汽车自动保持在所需速度上。反应时间对于该系统非常关键，反应慢会使车速有忽快忽慢的感觉。

巡航控制系统常用的执行器（节气门驱动装置）有电机驱动和真空驱动两种装置。

如 3.2 节所述，电子节气门即是典型的电机驱动装置，因此在这里的"巡航控制"主要是为发动机控制单元增加了一项新的功能。在很多情况下，真空驱动装置比较常用。真空驱动装置如图 3 - 23 所示，其控制方法如图 3 - 24 所示，其本体由一个密封圆筒（内有连接油门拉索的膜片）、用于平衡真空的弹簧、通进气歧管的真空电磁阀（常闭）、通大气的通风电磁阀（常开）和清除电磁阀（常开）等组成。显然，当清除电磁阀或通风电磁阀失电时，膜片右腔和大气连通，油门拉索在弹簧力和大气压力作用下，处于松弛状态，巡航控制将不起作用或表明汽车退出了巡航状态。当清除电磁阀得电关闭、真空电磁阀得电打开后，汽车进入巡航控制状态。

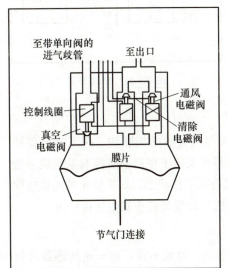

图 3 - 23　真空驱动装置

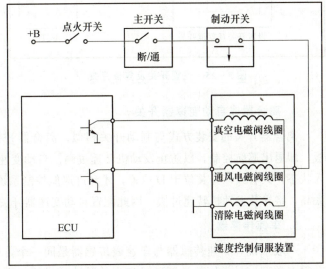

图 3 - 24　真空驱动装置的控制方法

如实际车速低于巡航车速，通风电磁阀将得电关闭，膜片在真空作用下拉动节气门，车速增加；反之，通风电磁阀将失电打开，泄放部分真空以放松节气门拉索，降低车速；当实际车速即为巡航车速或达到巡航车速时，真空电磁阀失电关闭、其余二阀得电关闭，即三阀全关，膜片在既定真空和节气门的复位力作用下静止，汽车保持在巡航速度下行驶。

发动机控制单元根据车速传感器信号，按上述模式控制各电磁阀的通断。

3.3.2　巡航控制系统的其他部件

1. 主开关和警报灯

主开关为一个简单的 ON/OFF 开关，位于仪表板下方驾驶员易于操作的位置。指示灯可与主控开关组合在一起，也可作为仪表主显示盘的一部分，但必须布置在驾驶员的视野范围内。

2. 设置开关及复位开关

有些开关安装在方向盘或转向杆上。如方向盘存在滑转，必须用卡环连接。设置按钮用来将速度输入存储器，也可用来增加汽车行驶速度和存储器内的速度设定值。恢复按钮允许汽车恢复到上次设置的速度或暂时中断控制，如图 3-25 所示。

3. 制动开关

该开关非常重要，因为如果巡航控制系统试图保持一恒定速度，这时施加制动就很危险。该开关要求很高，安装在适当的位置或作为制动灯开关的一个附件，制动开关与制动踏板联动，对该开关的调整是否正确很重要。如图 3-26 所示。

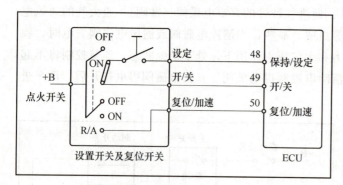

图 3-25　设置开关及复位开关　　　　　图 3-26　制动开关

4. 离合器或自动变速器开关

离合器开关的安装方式与制动开关相似。离合器开关与离合器踏板联动，踩下离合器踏板，即退出巡航控制，以防止发动机转速过高。自动变速器开关用于控制巡航控制系统能否进入状态，只有当该开关位于 D 位置，才允许巡航控制系统进入工作状态。如果设定的巡航速度太高，将导致发动机转速过快，因此配置自动变速器开关的目的就是防止发生这种情况。

5. 车速传感器

一般来说，车速传感器与车速表传感器是同一个传感器，如果不是，则车速传感器可以有很多类型，最常用的类型通过产生的脉冲信号频率进行测速，该频率与汽车速度成正比。

3.3.3　巡航控制操作

（1）当点火开关、主开关和制动开关中的任意一个开关断开时，系统都将退出巡航状态。

（2）在巡航状态踩下离合或制动踏板后又松开踏板时，清除电磁阀将得电关闭，此时如按下复位开关，真空电磁阀和通风电磁阀将得电，使汽车重新进入巡航状态并将恢复到制动前的巡航速度。也可以按下设置开关按钮使汽车以当前速度行驶。

（3）在某个设置速度下进行巡航控制时，驾驶员可持续按下设置按钮来提升汽车行驶速度，当加速到所需的速度时，再释放该按钮。如果想加速，例如超车，踩下油门踏板即可。如欲恢复原速度时，松开油门踏板，汽车则减速，直到回到上次设定速度。

（4）当主开关（速度控制开关）断开时，多数系统不能在存储器中保存速度设置。对巡航控制进行设置的条件是：

① 汽车速度高于 40 km/h；

② 速度变化小于 8 km/h；

③ 自动变速器必须放在 D 挡；

④ 制动器或离合器不工作；

⑤ 发动机转速稳定。

一旦系统被设定，速度误差就会保持在 3～4 km/h。除非主开关被切断，否则，上一次设置的速度仍保持在存储器中。

3.3.4 自适应巡航控制

传统的巡航控制虽然已经发展到一个较高程度，但不是很实用。因为在很多道路条件下驾驶员经常要取代巡航控制系统进行提速或减速。而自适应巡航控制可以自动地根据当前交通状况调整车速。图 3 - 27 所示为自适应巡航系统的工作原理，这个系统主要有三个功能包括：

① 维持驾驶员设定的车速；

② 自动调节车速并维持与前面车辆的距离；

③ 有撞车危险时发出警报。

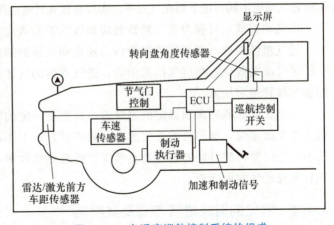

图 3 - 27 自适应巡航控制系统的组成

图 3 - 27 所示为自适应巡航控制系统的组成。相对于传统的巡航控制系统，其主要增加的部分是前方车距传感器和方向盘角度传感器。其中车距传感器是最重要的，方向盘角度的信息是为了补充前方车距传感器产生的信号。目前使用的车距传感器有两种，分别为雷达型和激光型。它们都内置了发射和接收元件，前者使用的是频率为 35 GHz 的微波；根据反射时间就能判断前方车辆的距离；后者利用激光两极真空管产生红外信号，反射信号可通过激光两极真空管侦测得到。

这两种不同的传感器具有各自的优缺点。前者不受雨雾影响，后者对于车辆前方真正的反射物更具选择性。前者对于桥及其他一般的路边目标都具有很强的反射作用，同时它也会对多岔路的反射物失去信号。因此在理想天气条件下，激光型系统似乎是最好的选择，但在天气变化后又变的不可靠。无论是哪一种前车距传感器，都必须解决安装了相同系统的车辆之间的互相干涉问题。

当前方车距传感器的信号侦测到前方有障碍时，自适应巡航控制系统会使车辆自动减速。如果系统发现在完全放下油门踏板时还不能在一定距离内使车辆停下，系统会报警，提醒驾驶员踩下制动踏板来进一步对车辆进行减速。

更先进的自适应巡航系统同时还能控制车辆的加速及制动系统。但在现有条件下，还难以得到实际应用。总之，设计自适应巡航控制的目的只是为了减轻驾驶员的负担，而不是完全地控制车辆。

3.4　谐波进气控制系统

3.4.1　概述

谐波进气控制系统是利用发动机工作时进气管道的进气动态效应来提高进气歧管绝对压力，以改善发动机不同转速下的充气效率，实现在较宽转速范围内增大发动机扭矩和功率的目的。

进气动态效应可视为进气惯性效应和进气波动效应共同作用的结果。

进气惯性效应，指利用进气管内高速流动气体的惯性作用来提高进气歧管绝对压力。

进气波动效应，指进气门关闭后，进气管内的气体往复波动，使进气门开启时得到较高的进气歧管绝对压力。

一个长度和截面面积固定的进气道，只能在一定的转速范围内有较好的动态效应。发动机工作在低速时，细而长的进气道动态效应较好；工作在高速时，短而粗的进气道流动损失较小。所以要得到良好的进气动态效应，提高充气效率，需要根据发动机转速，适时改变进气长度或进气截面面积。

3.4.2　常见的谐波进气方式及其控制

1. 奥迪 V6 发动机的谐波进气系统

图 3－28 所示为奥迪 V6 发动机进气总管的横截面和进气歧管的纵截面。在进气歧管内设置转换阀，转换阀受发动机控制单元控制。在发动机转速低于 4 100 r/min 时，转换阀处于关闭状态，进气道长而细，如图 3－28（a）所示；当转速高于 4 100 r/min 时，转换阀开启，进气道粗而短，如图 3－28（b）所示。

2. 日产发动机的谐波进气系统

图 3－29 所示为日产发动机的谐波进气系统，控制方式同上。

3. 丰田发动机的谐波进气系统

图 3－30 所示为丰田 4 气门发动机的双进气管谐波进气系统。两个进气门各配一个进气管，其中一个进气管内装有转换阀。低速时转换阀关闭，高速时转换阀开启，进气管数量是低速时的两倍。

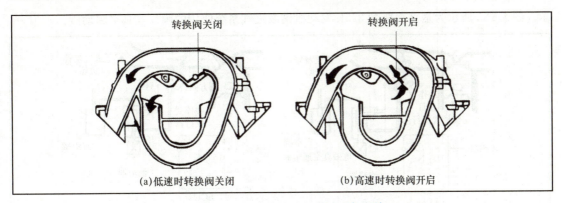

图 3 – 28　奥迪 V6 发动机谐波进气系统

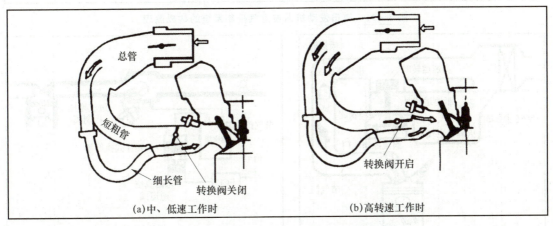

图 3 – 29　日产汽车发动机谐波进气系统的原理图

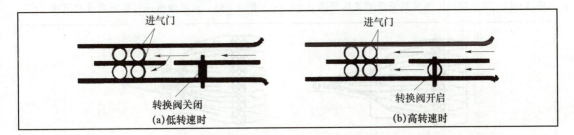

图 3 – 30　丰田双进气管谐波进气系统原理图

图 3 – 31 为丰田发动机谐波进气控制系统的构成原理。转换阀由真空膜片式推拉装置驱动，从真空罐输往膜片真空腔的真空度由发动机控制单元通过控制电磁真空阀控制。

发动机转速低于 5 200 r/min 时，ECU 使电磁真空阀失电，转换阀关闭。

发动机转速高于 5 200 r/min 时，ECU 使电磁真空阀得电，转换阀开启。

4. 丰田皇冠 2JZ-GE 发动机的谐波增压进气系统（ACIS）

丰田皇冠 2JZ-GE 发动机的谐波增压进气系统（ACIS）如图 3 – 32 和图 3 – 33 所示，其主要特点是增加了一个由膜片式真空驱动阀控制的大容量空气室。低速时真空阀关闭，进气走过较长的通道，如图 3 – 34（a）所示；高速时真空阀开启，从大容量空气室流出的空气形成气帘挡住从空气滤清器过来的气流，相当于进气短路，空气走过了较短的通道，如图 3 – 34（b）所示。图 3-35 所示为是克莱斯勒 3.5L 发动机谐波进气系统使用的膜片式真空驱动阀。

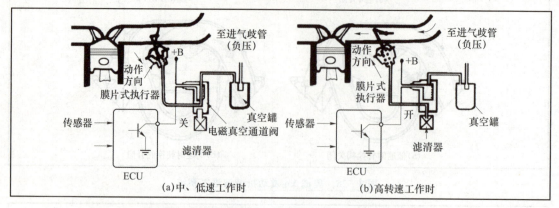

图 3-31　丰田发动机谐波进气控制系统的构成原理

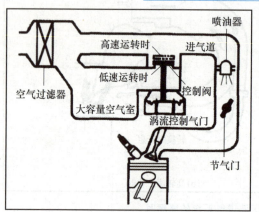

图 3-32　谐波增压进气控制系统的工作原理　　　图 3-33　谐波增压进气控制系统的组成

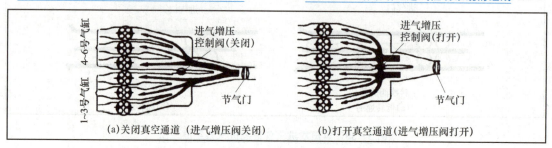

图 3-34　谐波增压进气控制系统的控制原理

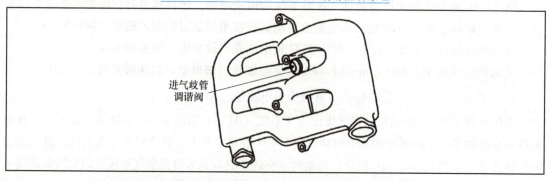

图 3-35　在克莱斯勒 3.5L 发动机上使用的膜片式真空驱动阀

3.5　进气增压控制系统

3.5.1　概述

　　发动机输出功率的大小与充入气缸的空气质量有直接关系。在压缩比和发动机排量一定的条件下，通过提高充入气缸空气的密度是提高发动机功率的有效途径。提高充入气缸空气密度常用的方法有两种分别是废气涡轮增压和机械增压。

　　废气涡轮增压是靠气缸排出的热废气的迅速膨胀快速推动涡轮机叶片旋转来带动同轴的压气机压缩进气的，基本上不消耗发动机功率，所以是一种低廉而有效的方法，被大多数增压发动机所采用，如图 3-36 所示，但由于废气需要一段时间来积累足够的能量，才能使涡轮加速旋转，所以存在"增压滞后"现象，这在发动机急加速时表现的比较明显。机械增压是通过机械传动将发动机的动力传给压气机，如图 3-37 所示，虽然消耗一部分发动机功率，但是对

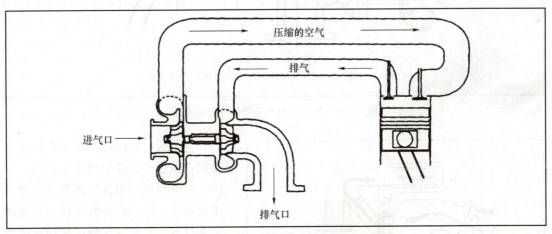

图 3-36　废气涡轮增压

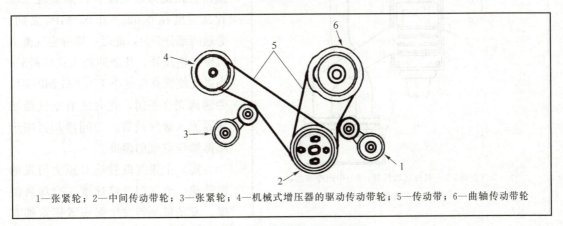

1—张紧轮；2—中间传动带轮；3—张紧轮；4—机械式增压器的驱动传动带轮；5—传动带；6—曲轴传动带轮

图 3-37　机械式增压器的传动链

驾驶员的加速意图响应快，无"增压滞后"现象。所以常用于对动力性要求较高的汽车上。

3.5.2 进气增压控制系统

早期的废气涡轮增压控制系统如图 3-38 所示，主要由废气涡轮增压器（废气涡轮、压气轮）、电磁阀、真空膜片驱动阀等组成。从气缸排出的热废气进入涡轮室后迅速膨胀，推动废气涡轮旋转而带动同轴的压气轮旋转压缩进气。从进气歧管将进气歧管绝对压力引入真空膜片室去驱动排气旁通阀，通过调节进入涡轮室的废气量将进气增压控制在设定范围内。

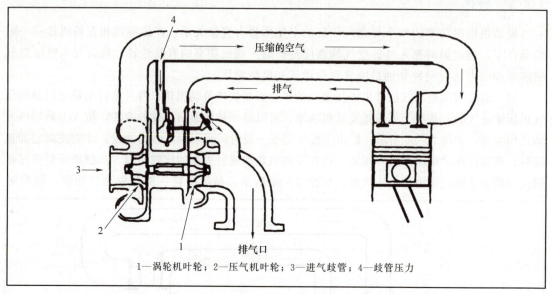

1—涡轮机叶轮；2—压气机叶轮；3—进气歧管；4—歧管压力

图 3-38 早期的废气涡轮增压控制系统

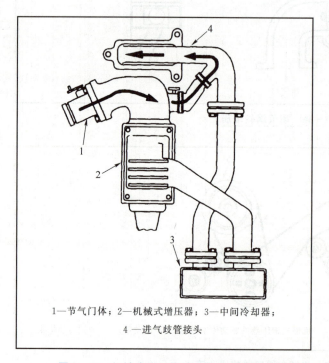

1—节气门体；2—机械式增压器；3—中间冷却器；
4—进气歧管接头

图 3-39 机械式增压器的空气旁通装置

类似地，机械增压控制系统的旁通阀也由进气歧管绝对压力控制，如图 3-39 所示。当进气歧管真空度大于或等于 0.05 MPa 的时候，旁通阀完全打开，大气空气绕过机械式增压器由旁路流入进气歧管；如果进气歧管真空度在 0.025~0.05 MPa 之间，旁通阀部分开启，此时一部分空气流入机械式增压器，其余的流入进气歧管；当进气歧管真空度小于 0.025 MPa 时，旁通阀完全关闭，此时所有空气经增压器流入进气歧管。中间冷却器用于降低增压空气的温度。

实际上进气歧管绝对压力与发动机转速、节气门开启速度、冷却液温度、发动机是否发生爆震等因素都有很大关系。如当发动机处于怠速或负荷较小时，根本不需要增压；随着节气门的开启，发动机转速越高需要的进气歧管绝对压力也越高；而进气歧管绝对压力越高，发动机爆燃的倾向也越大等。显然早期仅仅使用进气增压反馈的控制方式显然不能满足要求。

由发动机控制单元控制的废气涡轮进气增压系统如图3-40和图3-41所示，其与早期控制系统的主要不同之处在于ECU可以通过使电磁阀得失电来控制真空膜片室的真空压力，从而控制排气旁通阀的开关。通常情况下，ECU根据发动机转速确定进气歧管绝对压

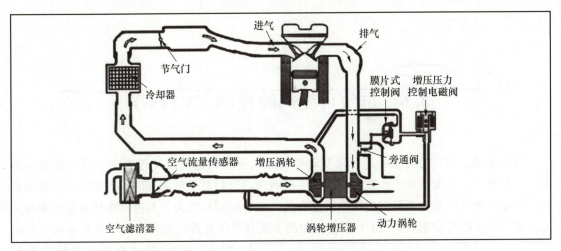

图 3-40　废气涡轮增压的原理

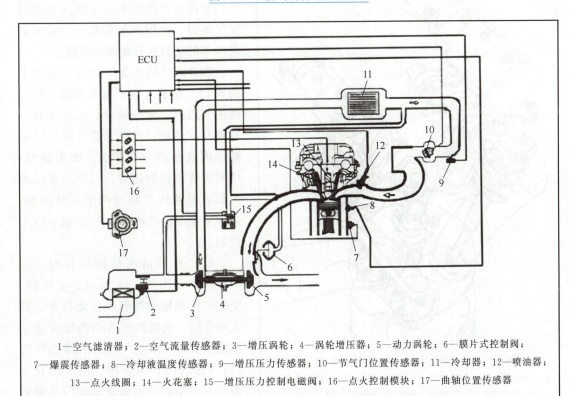

1—空气滤清器；2—空气流量传感器；3—增压涡轮；4—涡轮增压器；5—动力涡轮；6—膜片式控制阀；
7—爆震传感器；8—冷却液温度传感器；9—增压压力传感器；10—节气门位置传感器；11—冷却器；12—喷油器；
13—点火线圈；14—火花塞；15—增压压力控制电磁阀；16—点火控制模块；17—曲轴位置传感器

图 3-41　带有涡轮增压的发动机电子控制系统

力，如当转速达到 1 250 r/min 时，增压器开始工作；当转速达到 2 250 r/min 时，增压压力达到最大。此时增压器转速可达 10 000 r/min，进气歧管绝对压力可达 0.17 MPa。增压发动机一般都装有爆燃传感器，ECU 可以通过降低增压压力或打开旁通阀停止增压器工作和延迟点火提前角等方式来防止爆燃的发生。冷却器即可以增加进气密度又有助于防止爆燃。

奥迪 A6 1.8T、帕萨特 B5 1.8T、宝来及日本的本田、三菱、马自达、日产等品牌的轿车的汽油发动机都采用电子控制的废气涡轮增压系统。

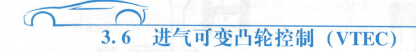

3.6　进气可变凸轮控制（VTEC）

我们知道，当气门间隙一定时，发动机的配气正时和进气门升程取决于进气凸轮的形状。一般来说，在发动机工作期间，配气正时和气门升程是不可调整的，而实际上，发动机的配气正时和气门升程不但与发动机转速有关，还与发动机负荷、车速、冷却液温度等有关系。进气可变凸轮控制（VTEC）设置至少两个具有不同升程的进气凸轮，在发动机工作过程中，ECU 随时根据有关传感器信号，变换这些凸轮来改变进气升程和配气正时，以做到最佳配气。从而提高汽车的动力性和燃油经济性。

图 3-42 所示为 4 气门发动机上的 VTEC 装置，除原有控制进、排气两个气门的一对凸轮外，还增设有一对高升程凸轮。VTEC 装置的气门摇臂也因此分成三个部分，即主摇臂、中间摇臂和辅助摇臂。三个摇臂轴的内部装有液压控制的两个正时活塞，液压系统液流的速度和方向则由 ECU 控制。

（1）发动机在低速运转时，如图 3-43 和图 3-44 所示，主摇臂、中间摇臂和辅助摇臂是彼此分开、独立动作的。此时凸轮 A 与凸轮 B 分别驱动主摇臂（主进气门）和辅助摇臂（辅助进气门）的开闭。由于凸轮 B 的升程很小，因而辅助进气门只是稍微打开。虽然此时中间摇臂已被凸轮 C 驱动，但由于中间摇臂与主摇臂、

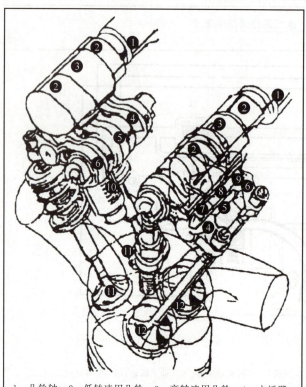

1—凸轮轴；2—低转速用凸轮；3—高转速用凸轮；4—主摇臂；5—中间摇臂；6—辅助摇臂；7—同步活塞 A；8—同步活塞 B；9—回位弹簧；10—阻挡弹簧；11—排气门；12—进气门

图 3-42　VTEC 发动机的凸轮轴

辅助摇臂是彼此分开的，故不影响两个进气门的正常开闭。主、辅进气门开度上的差异能促使进气涡流的形成，有利于低速时燃油在气缸内与空气的充分混合与雾化。

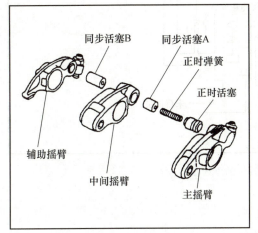

图 3-43　VTEC 机构的零件分解图

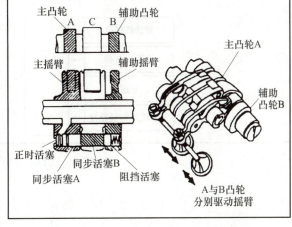

图 3-44　VTEC 低速时的工作状态

（2）当发动机转速达到某一设定转速时，ECU 使液压系统中各电磁阀动作，正时活塞在油压的作用下移动，推动 3 个摇臂内的同步活塞移动，主摇臂、辅助摇臂与中间摇臂被两个同步活塞贯穿，使三个摇臂锁成一体，如图 3-45 所示。此时由于凸轮 C 较凸轮 B 高，所以所有摇臂或进气门均由凸轮 C 驱动，从而达到改变气门正时和加大升程的目的，使之与发动机的高速工况相适应。

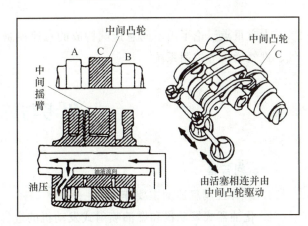

图 3-45　VTEC 高速时的工作状态

（3）当发动机转速降至设定值时，ECU 使液压系统电磁阀复位，液流反向，同步活塞在复位弹簧作用下退回原位，三摇臂又彼此分离。

图 3-46 是 VTEC 的电控原理图。ECU 综合所有传感器信号，决定 VTEC 的工作状态。当 ECU 给 VTEC 的液压电磁阀提供电流时，电磁阀打开，来自油泵的压力油通过电磁阀进入正时活塞工作腔，VTEC 机构投入工作。同时装在油路上的压力开关向 ECU 反馈信号，使 ECU 能够监控 VTEC 的工作情况。VTEC 投入工作的条件有：

① 发动机转速为 2 300～3 200 r/min（依进气歧管绝对压力而定）；

② 车速≥10 km/h；

③ 发动机冷却液温度≥10 ℃；

④ 发动机负荷由进气歧管负压判断。

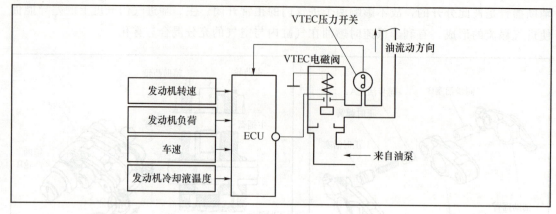

图 3 - 46　VTEC 控制系统的原理图

小　　结

本章重点讨论了由不同怠速阀构成的怠速控制系统，介绍了电子节气门及巡航、谐波进气、进气增压等控制系统。

思考与练习

一、问答题

1. 解释控制怠速的主要作用。
2. 化油器式发动机和燃油喷射式发动机的进气歧管形式有何不同。
3. 解释开环怠速控制和闭环怠速控制。
4. 常用的怠速进气量控制方式有哪些？
5. 步进电机是如何控制怠速的？
6. 解释真空驱动装置是怎样进行巡航控制的。
7. 常见的谐波进气控制方式有哪些？

二、填空题

1. 当增加进入节气门的旁通进气量时，发动机的转速_____。
2. 发动机怠速时，与节气门全开时相比，燃油压力调节器提供_____燃油压力。
3. 发动机转速较高时，进气道_____，发动机转速较低时，进气道_____，可以提高进气效率。

三、选择题

1. 当讨论怠速控制阀时，（　　）是正确的。

A. ECU 通过开启和关闭 IACV 阀控制节气门的旁通空气量

B. 在一些系统中，IACV 阀与辅助空气阀和起动空气阀一起使用

C. A 和 B 都对

D. A 和 B 都不对

2. 当讨论旋转滑阀式怠速空气阀电枢上的两个线圈时，（　　）是正确的。

A. 当一个线圈通电时，阀开口增大；另一个线圈通电时，阀开口减小

B. 观点与 A 相反

C. A 和 B 都对

D. A 和 B 都不对

3. 当讨论节气门时，（　　）是正确的。

A. 节气门直动式怠速控制就是电子节气门　　　　B. 电子节气门可以代替怠速控制

C. A 和 B 都对　　　　　　　　　　　　　　　　D. A 和 B 都不对

4. 当讨论进气增压时，（　　）是正确的。

A. 废气涡轮增压可以节省燃油　　　　　　　　　B. 机械增压不可以节省燃油

C. A 和 B 都对　　　　　　　　　　　　　　　　D. A 和 B 都不对

5. 在讨论进气可变凸轮控制时，（　　）是正确的。

A. 发动机转速高时进气提前　　　　　　　　　　B. 发动机转速高时进气凸轮行程增大

C. A 和 B 都对　　　　　　　　　　　　　　　　D. A 和 B 都不对

6. 在讨论可变进气正时控制时，（　　）是正确的。

A. 进气可变凸轮控制是改变进气正时的唯一办法　B. 还有其他办法可以改变进气正时

C. A 和 B 都对　　　　　　　　　　　　　　　　D. A 和 B 都不对

7. 在讨论巡航控制时，（　　）是正确的。

A. 巡航控制可以提高驾驶的舒适性和燃油经济性　B. 巡航控制不适合在城市内使用

C. A 和 B 都对　　　　　　　　　　　　　　　　D. A 和 B 都不对

8. 在讨论废气涡轮增压器的增压压力控制时，（　　）是正确的。

A. 当放气阀打开时，进气被旁通而绕过压气机叶轮

B. 进气歧管与放气阀膜片之间连接有一根软管

C. A 和 B 都对

D. A 和 B 都不对

9. 在讨论机械式增压器的调节时，（　　）是正确的。

A. 低速运行时，真空膜片使蝶形旁通阀开启，大量空气绕过机械式增压器而由旁路流
入进气歧管

B. 当发动机运行时，真空膜片使蝶形旁通阀开启，一部分空气被旁通到大气中

C. A 和 B 都对

D. A 和 B 都不对

10. 在讨论步进电机控制怠速时，（　　）是正确的。

A. 起动发动机时，步进电机将怠速阀开至最大

B. 关闭发动机时，步进电机将怠速阀开至最大

C. A 和 B 都对

D. A 和 B 都不对

第4章

排放控制系统

来自于汽车的主要污染物有 3 种，分别是碳氢化合物（HC），一氧化碳（CO）和氮氧化物（NO_x）。三者之和约占大气 3 种污染物总数的 50% 以上。HC 主要来自燃烧室内的未燃燃油，也有一部分来自蒸发源（如燃油箱等）；CO 是燃烧过程的副产品，是因空燃比不适当造成的；NO_x 是在燃烧室内温度超过 1 371 ℃时由氮和氧化合而成的。

目前汽车上使用的排放控制系统有燃油蒸发控制（EVAP）系统、曲轴箱强制通风（PCV）系统和燃烧排放控制系统。燃烧排放控制系统又可分为主动排放控制系统和被动排放控制系统。

1. 燃油蒸发控制系统

燃油蒸发控制（EVAP）系统是一个密闭系统。它捕获有可能从燃油箱散发到空气中的燃油蒸气（其成分是 HC）。

2. 曲轴箱强制通风系统

曲轴箱强制通风（PCV）系统把通过活塞环和气缸壁之间的间隙漏入曲轴箱内的污染物重新送到进气系统内。

3. 主动排放控制系统

主动排放控制系统能减少燃烧过程中产生的污染物，常见的有：

① 废气再循环（EGR）系统。它利用不能参与燃烧的部分废气稀释空燃混合气，从而降低 NO_x 的排放量。

② 能够改善燃烧的其他控制。如前面介绍的空燃比控制，发动机进气控制系统和点火控制等。这些控制可以减少废气中所含的 CO 和 HC。

4. 被动排放控制系统

被动排放控制系统用于净化燃烧后排出的废气，常见的有：

① 二次空气喷射系统（AIR）。系统把新鲜空气引入废气中，使废气中的 HC 和 CO 与空气中的氧气发生化学（热）反应生成无害的水蒸气和二氧化碳。

② 催化转化器（WC）。可促进上述反应的进行，并通过还原反应减少废气中的 NO_x。现在使用的大部分催化转化器可以降低 HC、CO、NO_x 的排放量，所以也称为三元催化转化器（TWC）。催化转化器和二次空气喷射系统配合使用效果较好。

随着人们环保意识的不断加强，排放标准越来越严并已经成为汽车行业采用上述系统和不断研发新技术的重要驱动力。在美国，在排放要求最低的地区销售的新车也开始陆续实施美国环保局（EPA）颁布的二级标准。这项法规也适用于小型货车和运动休闲车（SUV）。

在欧盟，多数国家目前执行的是欧Ⅳ标准。在我国，少数城市实施欧Ⅳ标准，多数城市实施欧Ⅲ或欧Ⅱ标准。

为贯彻和执行标准，各国对车辆的检测和维护都制定有强制性法规。在美国，大部分州实施 I/M240、ASM、OBDⅡ或类似的检测与维护规程。I/M240 和 ASM 是各州为遵守美国环保局法规而对汽车排放制定的定期检测与维护规定。此规定对车辆在不同车速、不同负荷下的稳态和瞬态排放进行检测，比仅在急速下检测排放要精确和严格。

第二代车载故障诊断（OBDⅡ）系统是美国为其所有汽车制造商的汽车排放监控系统的设计所制定的标准。OBDⅡ的主要目标是及时检测发动机及排放控制系统的故障，不允许因部件失效而造成排气污染增加50％或更多，使不同厂家制造的汽车遵循类似或相同的检测方法和手段。随着控制系统集成化程度的提高，利用 OBDⅡ可以检测的系统和零部件也越来越多，所以许多业内人士将其归入汽车或发动机的自诊断系统。美国在 1996 年以后生产的所有汽车上装配的 OBDⅡ系统都能够显示发动机的数据、性能及与排放控制相关的历史记录，OBDⅡ有代替 I/M 240 或 ASM 的趋势。现在越来越多的汽车制造商开始采用 OBDⅡ。

4.1　燃油蒸发控制（EVAP）系统

汽车排放物中大约有 20％来自燃油蒸发。燃油蒸发控制（fuel evaporative control，EVAP）系统能够收集和存储燃油系统（油箱）产生的燃油蒸气（HC），并适时地送入进气歧管，与空气混合后进入气缸参与燃烧。燃油蒸发控制系统包括能够释放压力和真空的燃油箱盖等油箱结构和炭罐燃油蒸发控制系统。

4.1.1　早期的炭罐燃油蒸发控制系统

如图 4-1 所示，炭罐位于发动机机舱内。从燃油箱蒸发出来的燃油蒸气经燃油箱蒸气管、燃油收集器被导入炭罐内并被吸收到活性炭颗粒表面。炭罐底部通大气，炭罐出口经节流孔或阀与进气歧管相通。发动机工作时，真空吸力将空气连同燃油蒸气经进气歧管吸入气缸参与燃烧。这一过程又称为清污。炭罐出口的控制方法决定系统控制的完善程度。最早使用大小固定的节流孔，只要进气歧管真空度存在，炭罐就处于清污状态；后来使用分段式清污阀，如图 4-2 所示，只有在发动机转速超过急速时才开始清污，有些装置还加装了温控延迟阀（TVV），只有在发动机达到正常温度时炭罐才开始清污。如果发动机在急速或处于冷机状态时清污，会产生运转粗暴、排放增加等负面效应。

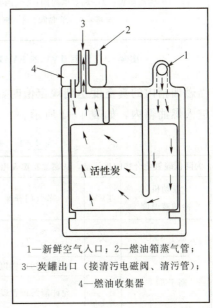

1—新鲜空气入口；2—燃油箱蒸气管；
3—炭罐出口（接清污电磁阀、清污管）；
4—燃油收集器

图 4-1　典型的炭罐装置

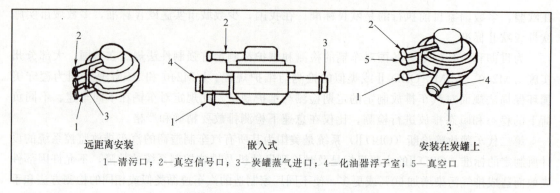

远距离安装　　　　嵌入式　　　　安装在炭罐上

1—清污口；2—真空信号口；3—炭罐蒸气进口；4—化油器浮子室；5—真空口

图 4 - 2　典型的炭罐清污阀装置

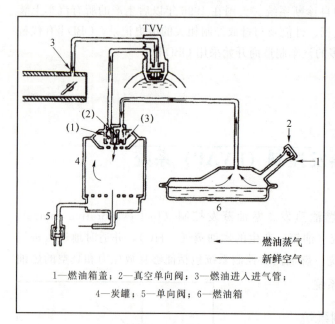

1—燃油箱盖；2—真空单向阀；3—燃油进入进气管；

4—炭罐；5—单向阀；6—燃油箱

图 4 - 3　装有 TVV 的 EVAP 系统

在装了温控阀（TVV）的 EVAP 系统中，连接在炭罐与进气歧管之间的清污软管的通断是由安装在冷却系统中的温控阀（TVV）控制的，如图 4 - 3 所示。TVV 由一个石蜡元件和一个柱塞阀组成。当石蜡热胀冷缩带动柱塞阀移动时，会开关温控阀；在炭罐的顶部有 3 个单向阀。当节气门开至不再挡着清污口，并且 TVV 打开时，炭罐顶部的单向阀（1）在真空度的作用下打开，炭罐内的燃油蒸气通过 TVV 进入进气歧管。炭罐顶部的单向阀（2）在燃油箱内蒸气压力的作用下打开，在燃油箱真空度的作用下关闭；炭罐顶部的单向阀（3）与单向阀（2）的工作方式相反。

当燃油箱内的真空度达到规定值时，安装在燃油箱的加油口盖内的真空单向阀打开，让空气进入燃油箱内，如表 4 - 1 所示。

表 4 - 1　装有 TVV 的 EVAP 系统的工作情况

为降低碳氢化合物的排放量，从燃油箱蒸发出来的燃油蒸气经过炭罐进入进气歧管，再进入气缸燃烧掉							
发动机冷却液温度	TVV	节气门开度	炭罐单向阀			燃油箱盖真空单向阀	燃油蒸气（HC）
			（1）	（2）	（3）		
低于 35℃	关	—	—	—	—	—	燃油箱内的燃油蒸气被吸入炭罐内
高于 54℃	开	允许清污位置以下	关	—	—	—	炭罐吸附的燃油蒸气被导入进气歧管内
		允许清污位置以上	—	—	—	开	
燃油箱内压力高	—	—	—	开	关	关	吸入炭罐内
燃油箱内真空度高	—	—	—	关	开	开	空气被吸入燃油箱内

4.1.2　炭罐电磁阀燃油蒸发控制系统

为准确、可靠地控制排污时机和排污量，目前普遍采用由 ECU 决策、电磁阀控制清污方式，即炭罐电磁阀燃油蒸发控制系统（EVAP）。如图 4-4 所示，原来 TVV 阀的位置装上了清污电磁阀。ECU 为清污电磁阀的电磁线圈提供接地以使其工作。当 ECU 将清污电磁阀通电打开时，进气歧管真空度把吸附在炭罐内的燃油蒸气吸入进气歧管。

ECU 使清污电磁阀打开的条件一般为：

① ECU 进入闭环控制 150 s 以后；

② 冷却液温度高于 80 ℃；

③ 传感器的怠速触点是断开的；

④ 车速≥32 km/h；

⑤ 发动机转速≥1 100 r/min 以上；

⑥ 发动机冷却液温度未超过设定值；

⑦ 冷却液液面没有过低。

只有上述条件同时满足时，ECU 才会将清污电磁线圈通电。否则燃油蒸气将被储存在炭罐中。

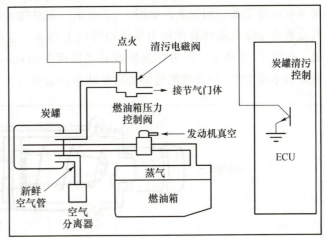

图 4-4　炭罐电磁阀燃油蒸发控制系统

4.2　曲轴箱强制通风（PCV）系统

在燃烧过程中，通过活塞环漏入曲轴箱的未燃气体和燃烧产物称为窜气，窜气的危害，包括以下两个方面。

① 窜气中的水和杂质与发动机机油一起循环，水会稀释机油。这些会加剧发动机的腐蚀和磨损。

② 高压窜气会增加施加在油底壳密封垫和曲轴油封上的气体压力。如果不释放这个压力，这个压力的增加最终会迫使这些油封处漏油。

曲轴箱强制通风系统（PCV）的主要作用是利用发动机的真空度将新鲜空气吸入曲轴箱，同时将窜气重新导入进气系统并在气缸中烧掉，以防止曲轴箱内的窜气排入大气。该系统既可以减少空气污染，还能够提高燃油经济性。

如图 4-5 所示，发动机工作时，进气歧管真空度出现在 PCV 阀处。在这个真空度的作用下，空气由空气滤清器通过

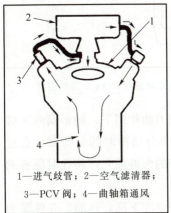

1—进气歧管；2—空气滤清器；
3—PCV 阀；4—曲轴箱通风

图 4-5　典型的 PCV 系统

清洁空气软管进入气门室罩内，并在流过气缸盖上的孔后流入曲轴箱内，与曲轴箱内的窜气相混合。混合后的气体向上流过气缸盖上的孔后到达气门室罩内然后进入 PCV 阀，当 PCV 阀打开时，混合气流入进气歧管。

此混合气会改变原有空气燃油混合气的空燃比，如可使进入气缸的可燃混合气变稀。所以要控制 PCV 阀的开度，使之与发动机的工况相适应，以免影响发动机性能。

PCV 阀是一个锥形阀，如图 4－6 所示。在发动机不运转时，在弹簧的作用下，锥形阀紧靠在阀体下部的阀壳上，如图 4－7 所示。在急速或减速期间，进气歧管真空度很高，进气歧管真空度克服弹簧作用力使锥形阀向上移动，这时，在锥形阀和阀壳之间出现一个小缝，如图 4－8 所示，因为在急速或减速期间发动机的负荷不大，因此这时的窜气量很少，只要很小的 PCV 阀开度就足够清除曲轴箱内的窜气。

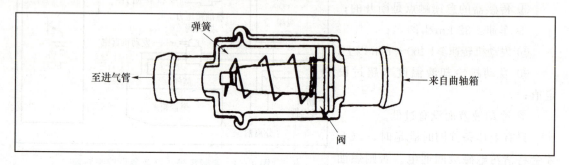

图 4－6　PCV 阀的结构图

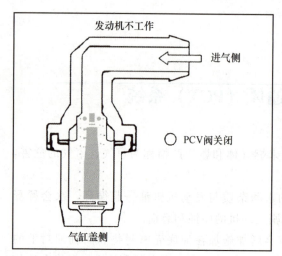

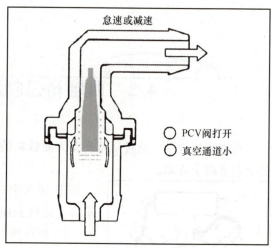

图 4－7　发动机不工作时 PCV 阀的位置　　　图 4－8　急速或者减速时 PCV 阀的位置

在部分负荷时，进气歧管真空度比急速时要低。这时在弹簧力的作用下，锥形阀向下移动，从而使锥形阀与阀座间的缝隙增加，如图 4－9 所示。因为部分负荷时的负荷要比急速时大，因此此时的窜气量也要比急速时大些。锥形阀与阀壳之间的大缝隙允许将此时所有的窜气都吸入进气歧管内。

当发动机在大负荷下工作时，节气门全开，进气歧管内的真空度下降，这时，在弹簧力的作用下，锥形阀进一步向下移动，如图 4－10 所示。这样，锥形阀和阀壳之间的缝隙就更大了。因为发动机负荷越大，窜气也会更多，因此在锥形阀和阀壳之间必须要有更大的缝隙才能将这时的窜气都吸入进气歧管内。

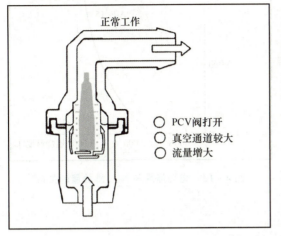

图 4-9　部分节气门开度时 PCV 阀的位置

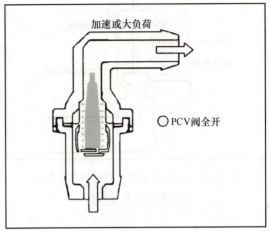

图 4-10　急加速或大负荷时 PCV 阀的位置

如果窜气量过大、PCV 阀打不开或被堵塞时，窜气可能进入 PCV 系统的专用滤清器和空气滤清器。

如果 PCV 阀被卡在全开的位置，就会有过量的空气流过此阀，这样就会造成发动机怠速运转不稳定。

当发生进气歧管回火时，锥形阀就会落在 PCV 阀座上，可以阻止回火进入发动机，否则，会发生爆炸。

4.3　废气再循环（EGR）控制系统

废气再循环（exhaust gas recirculation，EGR）系统如图 4-11 所示。EGR 的作用是把一部分排气引入进气系统中，使其和新鲜混合气一起进入气缸中参与燃烧，其主要目的是减少氮氧化合物（NO_x）的排放。

氮氧化合物（NO_x）是混合气在高温和富氧条件下燃烧时，含在混合气中的 N_2 和 O_2 发生化学反应产生的。燃烧温度越高，N_2 和 O_2 越容易反应，排出的 NO_x 也越多，如图 4-12 所示，其中 A/F 是空燃比。所以，减少 NO_x 的最好方法就是降低燃烧室的温度。

EGR 系统工作时，将一部分废气引入进气系统，与新鲜的燃油混合气混合，使混合气变稀，从而降低了燃烧速度，燃烧温度也随之下降，有效地减少了 NO_x 的生成。

EGR 的控制量用 EGR 率表示，其定义为再循环废气的量占整个进气量的百分比。由于废气再循环（EGR）会使混合气的着火性能和发动机输出功率下降，油耗和 HC 排量增加，所以必须控制 EGR 率。一般希望 EGI 阀开度与节气门开度成正比变化。但在发动机冷起动、怠速或大负荷时，须关闭 EGR 阀才不会影响发动机性能。

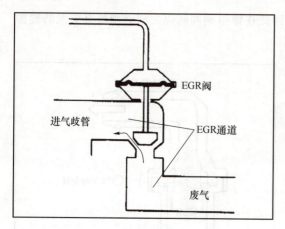

图 4-11 EGR 阀允许少量的废气从排气歧管进入进气歧管内

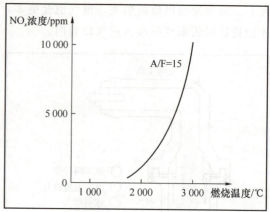

图 4-12 燃烧温度与 NO_x 排放量的关系

4.3.1 早期的 EGR 控制

不同的发动机对 NO_x 的控制要求也不同，因而所装 EGR 控制系统也不同。大多数 EGR 控制系统都是使用真空度控制的 EGR 阀调节进入进气歧管的废气量的。EGR 阀的基本结构如图 4-13 所示，膜片在真空度的作用下向上弯曲，EGR 阀打开，废气流入进气歧管。

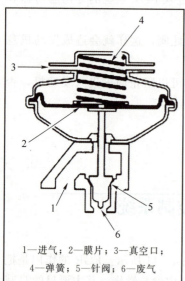

1—进气；2—膜片；3—真空口；
4—弹簧；5—针阀；6—废气

图 4-13 EGR 阀的典型结构

早期的 EGR 系统使用冷机锁止装置（如冷起动延时控制）和大负荷锁止装置（如节气门全开切断阀）分别实现冷机和大负荷工况下 EGR 阀的关闭。一些发动机则使用专门的排气背压修正阀调整或改变 EGR 阀的开度。因为发动机排气背压的大小取决于发动机转速，因此排气背压修正阀可以根据发动机转速的不同将 EGR 阀关闭或部分打开。现在排气背压修正阀已经成为 EGR 阀本身的一部分了。

4.3.2 EGR 系统的电子控制

采用电子控制是为了更精确地确定 EGR 投入工作的时机和 EGR 率。尽管在不同的发动机上的 EGR 系统中使用的控制装置可能有所不同，但它们的实际控制功能却是相同的。常见的控制方式如下。

1. 双电磁阀式 EGR 系统

如图 4-14 所示，系统由 EGR 位置传感器、通风电磁阀、控制电磁阀、ECU 等组成。安装在 EGR 阀杆上方的 EGR 位置传感器向 ECU 发送 EGR 阀开度信号。

通风电磁阀是常开电磁阀，在通电时关闭，断电时接通大气。控制电磁阀是常闭电磁阀，在通电时打开，接通真空源。大气和真空在两阀出口处混合，混合后的气体以一定压力进入 EGR 阀。ECU 根据 EGR 位置传感器等有关信号确定 EGR 开度，并分别以不同的电压信号调节两阀的开度，来获得 EGR 所需气体压力，从而改变或维持 EGR 阀的开度。

2. EGR 真空调节器（EVR）

如图 4-15 所示，在很多 EGR 系统中，ECU 操控一个常闭的 EGR 真空调节器（EVR）电磁阀（如图 4-16 所示），其作用是向 EGR 阀提供真空度。当 EVR 电磁阀不通电时，衔铁端部坐落在真空通道上，切断作用于 EGR 阀上的真空。同时，EGR 阀及其软管内的真空也通过 EVR 泄放。

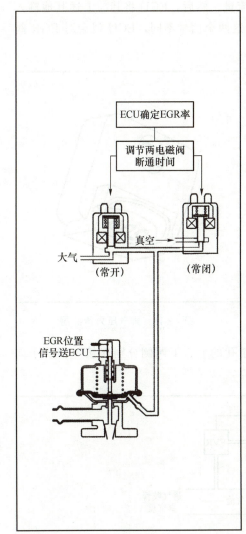

图 4-14 双电磁阀式 EGR 系统

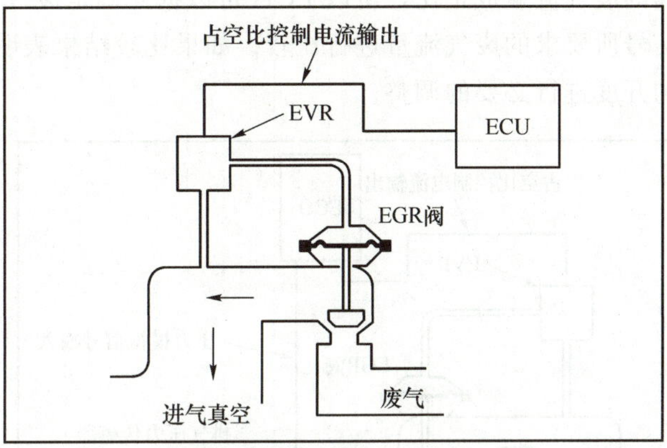

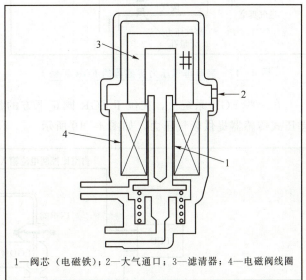

图 4-15 装有真空调节器（EVR）的 EGR 系统

1—阀芯（电磁铁）；2—大气通口；3—滤清器；4—电磁阀线圈

图 4-16 EGR 系统的真空调节器（EVR）电磁阀

当 ECU 根据有关传感器信号使 EVR 电磁阀得电时，就打开通往 EGR 阀的真空通道。ECU 向 EVR 电磁阀发送通、断脉冲，从而精确地控制作用于 EGR 阀上的真空度，并由此精确地控制发动机需要的 EGR 阀开度。

ECU 根据发动机温度、节气门位置、车速等输入信号来调节 EGR 阀的开度。如果发动机温度低于预设值或当车速很低（如怠速）及节气门接近全开（大负荷）时，ECU 不会打开 EGR 阀。当车速在巡航车速范围内，并且发动机在正常工作温度下运转时，ECU 就会打开 EGR 阀。

3. 装有排气压力传感器的 EGR 系统

装有排气压力传感器的 EGR 系统如图 4-17 所示，是在上述系统中，装上了排气压力 (PFE) 传感器（如图 4-18 所示）。在系统 EGR 阀下方的废气通道内装有一个量孔，一根细管将量孔后方的空间与排气压力传感器连接起来。因为排气压力传感器信号与流过 EGR 阀的废气流量成正比，所以 ECU 可以据此确定废气流量。然后，ECU 将其与上述其他输入信号所要求的废气流量进行比较。如果比较结果表明这两个信号不同，ECU 就会对 EGR 阀的开度进行必要的调整。

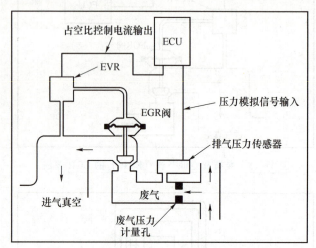

图 4-17　装有排气压力传感器的 EGR 系统　　　　图 4-18　排气压力传感器

在一些 EGR 系统上，在位于 EGR 阀正下方的量孔的上、下两侧分别连接一根管子向差压式传感器提供废气压力，如图 4-19 所示。

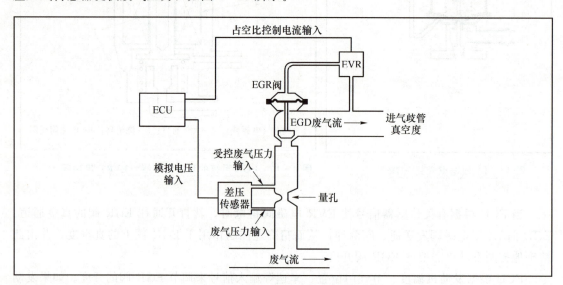

图 4-19　装有差压式排气压力传感器的 EGR 系统

4. 装有排气压力真空调节器和 EVR 电磁阀的 EGR 系统

在一些 EGR 系统中，在与 EVR 电磁阀相连的真空管路中装有排气压力真空调节器，如图 4 - 20 所示）。一个小直径的排气压力管将 EGR 阀正下方的排气通道与排气压力真空调节器连接起来。排气压力作用于排气压力真空调节器通风阀的膜片上，一根软管将节气门上方的气口与此膜片上腔连接起来。

当发动机低速运转时，排气压力很小。这时的排气压力不能使排气压力真空调节器的通风阀关闭，因此作用于 EVR 电磁阀上的真空度通过排气压力真空调节器内的通风阀泄漏掉了。当发动机在预设的转速下运转时，在作用于排气压力真空调节器膜片下方的排气压力与作用于膜片上方的真空度的共同作用下，膜片向上凸起，关闭排气压力真空调节器内的通风阀。这时，真空度通过排气压力真空调节器到达 EVR 电磁阀处，ECU 按照前面所述的方法控制 EVR 电磁阀。

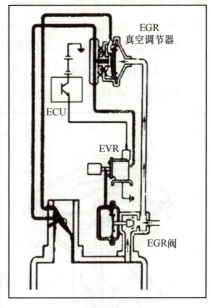

图 4 - 20　装有排气压力真空调节器和 EVR 电磁阀的 EGR 系统

4.3.3　常见的 EGR 阀

1. 正背压型 EGR 阀

在正背压型 EGR 阀的膜片中央有个通风阀，如图 4 - 21 所示。此通风阀在一小刚度弹簧的作用下保持打开状态，一条废气通道从锥形阀下端经阀杆到此通风阀处，膜片下部空间通大气。当发动机运转时，排气背压作用于通风阀上。发动机转速低时，排气背压较低，不足以关闭通风阀。当真空度作用于膜片上方的真空室时，那么这个真空度会通过通风孔泄漏，因此 EGR 阀仍保持关闭。

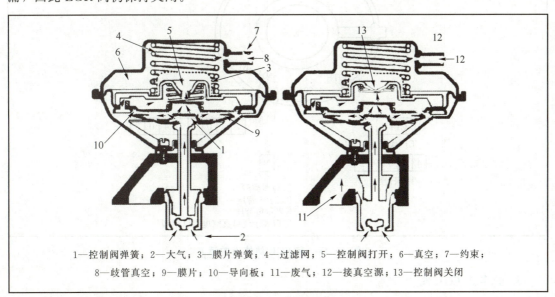

1—控制阀弹簧；2—大气；3—膜片弹簧；4—过滤网；5—控制阀打开；6—真空；7—约束；
8—歧管真空；9—膜片；10—导向板；11—废气；12—接真空源；13—控制阀关闭

图 4 - 21　正背压型 EGR 阀

当发动机转速和车速增加时，排气背压也会增加。当节气门开度达到预定值时，排气背压关闭 EGR 阀的通风孔。如果此时真空度作用于膜片上方的真空室时，膜片向上弯曲，带动 EGR 阀上升，EGR 打开。在发动机不工作时，如果外部真空源作用在正背压型 EGR 阀上，EGR 阀不会开启，这是因为此时的真空度经过通风孔泄漏了。

2. 负背压型 EGR 阀

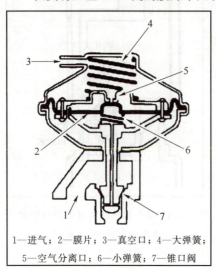

1—进气；2—膜片；3—真空口；4—大弹簧；
5—空气分离口；6—小弹簧；7—锥口阀

图 4 - 22　负背压型 EGR 阀

在负背压型 EGR 阀的膜片中央有一个常闭通风口，一条废气通道从锥形阀下端经阀杆到此通风阀处如图 4 - 22 所示。发动机转速较低时，每当有气缸点火做功后打开排气门时，在排气系统中就会出现一个高压脉冲。在高压脉冲之间是低压脉冲。当发动机转速增加时，在给定时间内的气缸发火次数增加，因此在排气系统中出现的高压脉冲越来越密集。与发动机高转速时相比，在低转速时，排气负压脉冲占主要部分。

在发动机转速和车速较低时，排气负压脉冲使通风阀保持打开状态。当发动机转速和车速上升到预定值时，排气系统的负脉冲减弱，通风阀关闭。这时，如果真空度作用于膜片上方的真空室时，EGR 阀打开。在发动机不工作时，如果外部真空源作用在负背压型 EGR 阀上，则通风阀被关闭。

正、负背压型 EGR 阀可通过 EGR 阀顶部的字母标记"N"或"P"来识别。"N"表示负背压，"P"表示正背压，如图 4 - 23 所示。

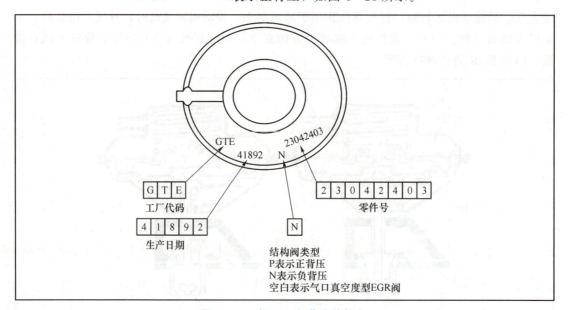

图 4 - 23　在 EGR 阀体上的标志

3. 数字式 EGR 阀

在数字式 EGR 阀内最多可以安装 3 个由 ECU 直接控制的电磁线圈，如图 4 - 24 所示。

每个电磁线圈围绕着一个活动衔铁，衔铁的锥形端落在阀孔内。当电磁线圈通电时，产生的电磁力吸起衔铁，这样废气便可以通过阀孔进入进气歧管。每个电磁线圈及每个阀孔的大小都不相同。ECU 可以通过控制一个、两个或三个电磁阀以提供对 NO_x 排放进行最优控制时所需要的再循环废气量。

4. 线性 EGR 阀

在线性 EGR 阀内装有一个受 ECU 控制的电磁阀。在衔铁的一端固定有一个锥形阀。当电磁线圈通电时，衔铁和锥形阀被吸起，废气便可以进入进气歧管内再次循环，如图 4-25 所示。在 EGR 阀内装有一个 EGR 阀位置（EVP）传感器，此传感器是一个线性电位计。此传感器产生的信号可以从 EGR 阀关闭时的约 1V 变化到 ECR 阀全开时的 4.5 V。

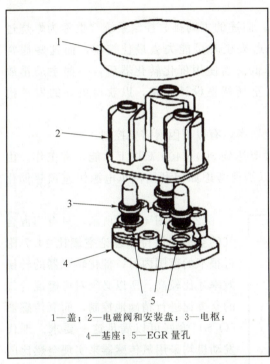

1—盖；2—电磁阀和安装盘；3—电枢；
4—基座；5—EGR 量孔

图 4-24　装有 3 个电磁阀的数字式 EGR 阀

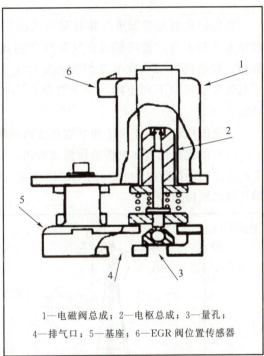

1—电磁阀总成；2—电枢总成；3—量孔；
4—排气口；5—基座；6—EGR 阀位置传感器

图 4-25　线性 EGR 阀的工作原理

ECU 应用脉宽调制原理向 EGR 电磁线圈发送通、断脉冲以精确控制衔铁位置和废气再循环量。EGR 阀位置传感器向 ECU 发送反馈信号告诉 ECU 是否精确到达 ECU 命令的 EGR 阀位置。

5. 装有排气温度传感器的 EGR 阀

在有些 EGR 阀上（特别是在符合美国加利福尼亚州标准的汽车上安装的 EGR 阀上）装有排气温度传感器。排气温度传感器的主要元件是一个电阻值随温度变化的热敏电阻。当排气温度升高时，排气温度

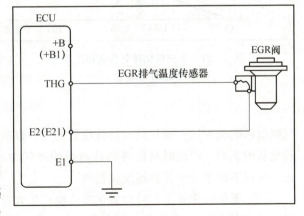

图 4-26　EGR 阀的排气温度传感器

传感器的电阻值下降。用两条导线将排气温度传感器与 ECU 相连，如图 4-26 所示。ECU 检测传感器两端的电压降。排气温度较低时，传感器电阻较大，因此 ECU 会检测到一个高电压信号；相反，排气温度较高时，传感器电阻较小，因此 ECU 会检测到一个低电压信号。

4.4 催化转化器和氧传感器反馈（闭环）控制系统

催化转化器是控制废气排放最有效的装置。前述的主动排放控制系统（也称为燃烧过程排放控制系统）使用稀混合气并且空燃比和点火正时可能失去最佳控制，而这些通常都会使发动机的功率输出及燃油经济性大大降低。当使用催化转化器后，一些主动排放控制装置就可以不再使用，发动机制造商可以重新调整设计思路，以获得更好的发动机性能。

要使催化转化器正常工作并取得较高的转化效率，有以下因素需要控制。

（1）催化转化器和氧传感器需要预热，一般要达到 300～400 ℃ 以上才能正常工作。由于在这之前已经产生约 90% 的 HC 排放物，所以需要考虑如何利用汽车电源快速预热催化转化器和氧传感器。

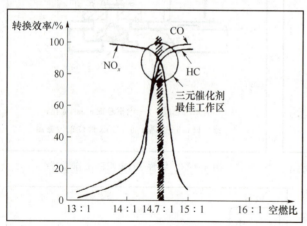

图 4-27 三元催化转化器转换效率与
空燃比的关系

（2）如图 4-27 所示，只有当混合气的空燃比保持在理论空燃比 14.7 附近很窄的范围内时，催化转化器的转换效率才比较高。所以必须对可燃混合气的空燃比进行精确地控制，而氧传感器（O_2S）恰好可以满足这一要求。现代发动机均采用氧传感器来实现空燃比的反馈控制。但是在某些发动机工况下，需要更大或更小的空燃比，此时 ECU 将退出氧传感器反馈控制。

（3）催化转化过程需要足够的空气，因此装有催化转化器的汽车上常配有二次空气喷射系统。但如果空气进入废气的时间不当会产生 NO_x。二次空气喷射系统也可以在排气阀出口处喷射空气，以减少进入催化转化器的有害气体，减轻催化转化器的负担。但此时氧传感器检测出的排气含氧量比实际情况要高，不能反映真实空燃比，所以不能进行氧传感器反馈控制。

（4）催化转化器工作时的氧化反应会产生大量的热。在正常工作期间，催化转化器内部温度将达到 500～850 ℃，一些催化转化器内装有热敏传感器，当发生过热（如 1 000 ℃）

时，仪表板上的警示灯会亮起。

（5）绝对禁止使用含铅汽油，铅会附着在催化剂上使其丧失催化作用（铅中毒）。

4.4.1　催化转化器

催化转化器安装在排气歧管与消声器之间，如图 4－28 所示。其组成还包括排气系统与车身下面之间的防热隔板及催化转化器下面的保护板，有些发动机为了减少催化转化器预热期间的排放，还在靠近排气歧管处加装了微型或预热型催化转化器。

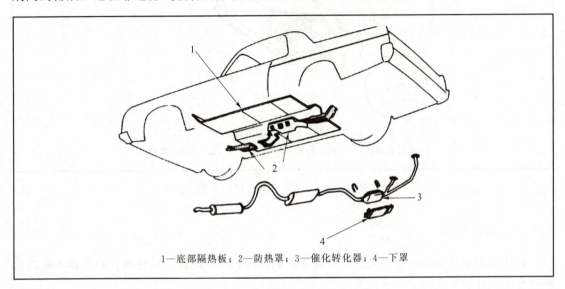

1—底部隔热板；2—防热罩；3—催化转化器；4—下罩

图 4－28　隔热板和隔热罩的安装

催化转化器中起催化作用的是铂、钯和铑。铂、钯促使 HC、CO 发生氧化反应生成 CO_2 和 H_2O，铑促使 NO_x 发生还原反应生成 N_2。含有 3 种催化剂并可以减少 HC、CO 和 NO_x 排放的催化转化器叫做三元催化转化器。只对 HC 和 CO 产生作用的催化转化器叫作氧化转化器（二元催化转化器）。

这些催化剂涂在陶瓷载体表面，常用的载体有球状陶瓷颗粒和蜂窝状的整体陶瓷体，分别如图 4－29 和图 4－30 所示。载体的结构和布置应尽可能增大废气与催化剂的接触面积。

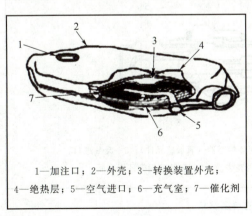

1—加注口；2—外壳；3—转换装置外壳；
4—绝热层；5—空气进口；6—充气室；7—催化剂

图 4－29　早期的球状载体催化转化器

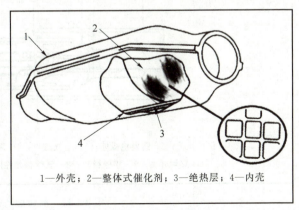

1—外壳；2—整体式催化剂；3—绝热层；4—内壳

图 4－30　整体式载体的催化转化器

在三元催化转化器内，氧化剂和还原剂是分开布置的，如图 4 - 31 所示。氧化剂布置在下游，二次空气系统把新鲜空气喷入两种催化剂之间的部位，因而有助于氧化剂工作。

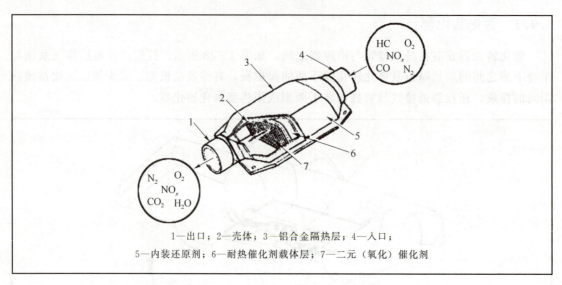

1—出口；2—壳体；3—铝合金隔热层；4—入口；
5—内装还原剂；6—耐热催化剂载体层；7—二元（氧化）催化剂

图 4 - 31　三元催化转化器的作用

4.4.2　氧传感器

氧传感器的作用是将空燃比控制在理想空燃比（14.7）附近，以使催化转化器在较高的转化率下工作。

氧传感器被旋进排气歧管上，如图 4 - 32 所示。氧含量检测元件位于氧传感器的中心，在氧含量检测元件的外面是一个钢套。钢套下端的螺纹旋入排气歧管。大气由传感器顶部的钢套或氯丁橡胶套，或通过信号线进入传感器内部的氧敏感元件的内腔。

在传感器的底部装有导流罩，这个导流罩伸进排气歧管内或在排气管内导流罩上开有很多孔，在发动机运转时，这些孔有助于废气在氧敏感元件周围连续不断产生涡流运动。

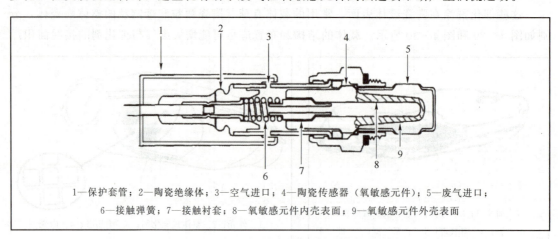

1—保护套管；2—陶瓷绝缘体；3—空气进口；4—陶瓷传感器（氧敏感元件）；5—废气进口；
6—接触弹簧；7—接触衬套；8—氧敏感元件内壳表面；9—氧敏感元件外壳表面

图 4 - 32　氧传感器的典型结构

一些氧传感器采用单线或双线制，一条信号线将氧含量检测元件与 ECU 连接起来，第二条引线为地线。大多数氧传感器有 3 条或 4 条引线，多出来的引线与传感器内的电热元件连接，如图 4 - 33 所示。由于氧敏感元件只有在温度达到 300～400 ℃ 以上时才能产生正常信号，因此装在传感器内部的加热元件可以使氧敏感元件快速热起，并在长期怠速运转期间有助于传感器保持较高的温度。当点火开关闭合时，电压从点火开关加到传感器的加热元件上。另外，这个加热器还有助于烧掉传感器上的沉积物。加热型氧传感器可以安装在排气系统中离发动机较远的地方。

常见的氧敏感元件有两面涂有铂催化剂的氧化锆管或氧化钛管状陶瓷体。

1）氧化锆型氧传感器

如图 4 - 34 所示，在一定的温度和催化剂作用下，只要氧化锆内外两侧存在一定的氧浓度差，其内侧与地就会产生电位差，且浓度差越大，电位差也越大。由于其内侧处于大气中，氧的含量相对稳定，而外侧处于废气中，其含氧量总是少于大气，混合气的稀或浓决定了废气中含氧量的高或低，从而使氧传感器输出的电压或低或高。实验证明，当空燃比在 14.7 左右变化时，氧传感器的输出电压将从接近 0 V 突变至接近 1V，如图 4 - 35 所示。ECU 即根据此电压特性，不断改变喷油器的喷油脉宽，将空燃比控制在 14.7 附近。

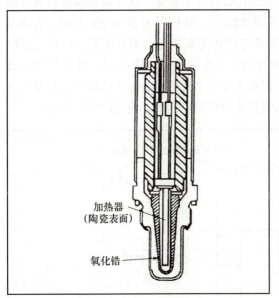

图 4 - 33　带加热器的氧传感器

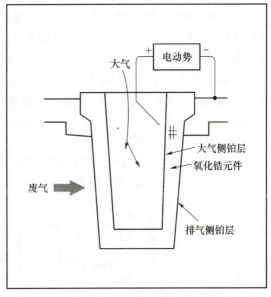

图 4 - 34　氧化锆式氧传感器的工作原理

2）氧化钛式氧传感器

其结构与氧化锆式氧传感器类似，但其氧敏感元件的制作材料为二氧化钛。氧化钛型是氧敏感电阻型的传感器，而氧化锆式氧传感器是电压型的传感器。

ECU 向氧化钛式氧传感器提供蓄电池电压，在该电路中还串联有一个电阻器用来分压。当空燃比由浓变稀时，二氧化钛的电阻值即发生变化，且不需要加热元件。当空燃比较浓时，二氧化钛的电阻值较低，此时传感器将向处理器提供较高的电压信号。如果空燃比较稀，则二氧化钛的电阻值会变大，从而使传感器送往处理器的电压值变低，如图 4 - 36 所示。

在发动机冷起动后，氧化钛式氧传感器几乎能够立即向 ECU 提供令人满意的信号，因此这种传感器能够改善发动机暖机期间对空燃比的控制能力。

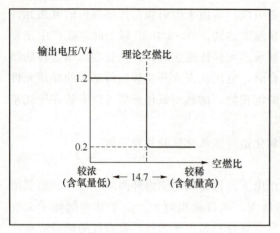

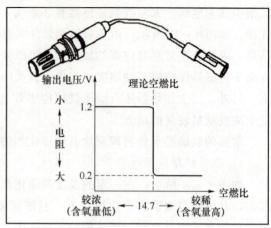

图 4 - 35　空燃比与氧传感器输出电压的关系　　　图 4 - 36　氧化钛式氧传感器的电阻与电压信号

4.4.3　氧传感器反馈（闭环）控制

　　如上所述，氧传感器的输出电压信号在理论空燃比处有一个突变。ECU 将此反馈信号与储存在其内部的标准数据对比，如果反馈信号提示空燃比偏小，则 ECU 将减少喷油时间，否则增大喷油时间。如图 4 - 37 所示，如果周期不变，随着空燃比逐渐接近（不可能等于）理论空燃比，氧传感器输出高电压的时间与输出低电压的时间也越来越接近，ECU 用于修正空燃比的系数也越来越小。这些都表明混合气被有效地控制在理论空燃比附近。另外也说明，凡是发动机需要偏离理论空燃比运行的工况是不允许进入氧传感器反馈控制的，包括以下几个方面：

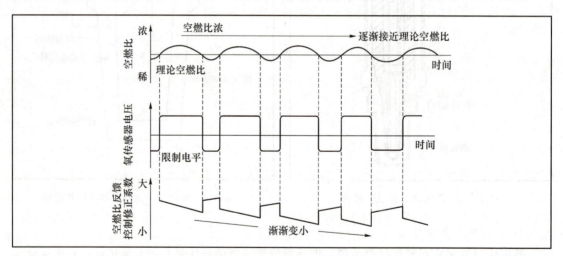

图 4 - 37　空燃比反馈控制过程

　　（1）起动、暖车和氧传感器温度未达到工作温度时；

　　（2）节气门急开、全开时；

　　（3）从氧传感器送来的空燃比过浓信号持续时间大于规定值，如＞10 s；

　　（4）节气门急关、断油时；

　　（5）从氧传感器送来的空燃比过稀信号持续时间大于规定值，如＞4 s；

　　（6）氧传感器失效或其配线发生故障时。

4.5　二次空气喷射系统

　　二次空气喷射系统将一定量的新鲜空气引入排气管或三元催化转化器中，使排气中的 HC 和 CO 进一步氧化燃烧，转化成 H_2O 和 CO_2，因而减少了有害排放。

　　如图 4-38 所示，二次空气喷射系统有以下三种工作模式。

　　(1) 旁通模式。从滤清器或滤网进来的新鲜空气又回到大气，二次空气没有被使用。

　　(2) 上游喷射模式。从滤清器或滤网进来的新鲜空气被引入排气歧管（三元催化器前）。

　　(3) 下游喷射模式。从滤清器或滤网进来的新鲜空气被引入三元催化器中的空气室中。

　　二次空气喷射系统的工作模式取决于发动机工况，由发动机控制单元根据有关传感器信号控制切换。

　　按照空气喷射动力的不同，系统可分为泵式二次空气喷射系统和脉冲式二次空气喷射系统。

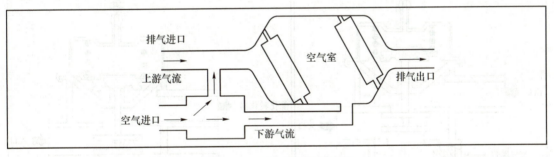

图 4-38　二次空气喷射系统

4.5.1　泵式二次空气喷射系统

　　多数二次空气喷射系统都采用泵供气，如图 4-39 所示。空气泵可以是安装在发动机前端，由曲轴、皮带传动的机械泵，也可以是自由安装的电动泵，如图 4-40 所示。在空气泵的前端装有一个离心过滤式风扇，进入空气泵的空气中的杂质在离心力的作用下被分离出去，空气从空气泵流入旁通阀，如图 4-41 所示，旁通阀能够将空气送回大气或导入换向阀，如图 4-42 所示，换向阀能够将空气导入排气歧管或导入催化转化器。

　　ECU 通过开关电磁阀来接通或者切断旁通阀或换向阀的真空供应，从而使系统在 3 种模式之间转换。单向阀用来阻止当排气压力大于喷管压力时的废气倒流和排气管回火。

4.5.2　泵式二次空气喷射系统的工作模式

1. 旁通模式

　　旁通阀电磁阀得电，真空度作用于旁通阀上，于是大气口被打开，而通往换向阀的出口被

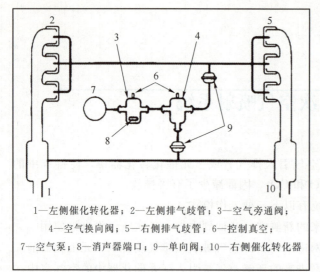

1—左侧催化转化器；2—左侧排气歧管；3—空气旁通阀；
4—空气换向阀；5—右侧排气歧管；6—控制真空；
7—空气泵；8—消声器端口；9—单向阀；10—右侧催化转化器

图 4-39　泵式二次空气喷射系统

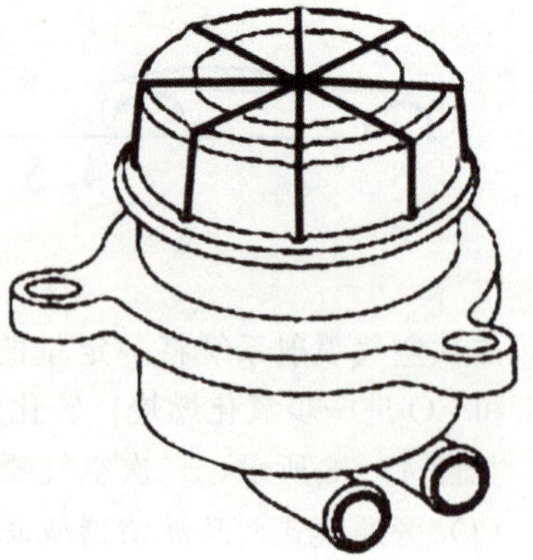

图 4-40　电动空气泵

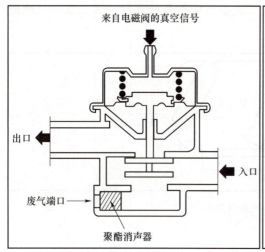

图 4-41　旁通阀

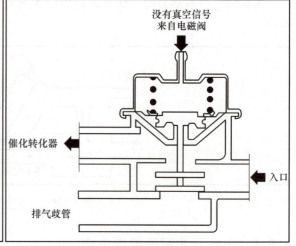

图 4-42　空气换向阀

关闭，二次空气又被导回大气。此种情况又可分为：

（1）在空燃比较小时。ECU认为汽车正处于减速期间或者系统发生故障。

（2）在冷起动和暖机前期。当发动机冷却液的温度低于设定温度时，系统会一直处于旁通模式。有些发动机在ECU的内部有一个定时器，它可记录自发动机起动以来的时间长度。在预设的时间内，二次空气将一直处于旁通模式。

2. 上游喷射模式

旁通电磁阀和换向电磁阀都得电，真空度作用于旁通阀和换向阀，旁通阀关闭大气口而打开通往换向阀的出口，换向阀关闭下游出口（通往三元催化器）而打开上游出口（通向排气歧管），二次空气流入排气歧管。

发动机热起动或冷却液温度达到设定值时，系统将工作在上游喷射模式1～3 min，在控制排放的同时使氧传感器快速加热，以便快速进入氧传感器闭环控制。

应该注意的是，上游喷射模式会导致排气中的氧含量增加。所以 ECU 在激活上游喷射模式的同时，会自动进入燃油喷射的开环控制模式。在这种模式中，ECU 会忽略氧传感器的输入信号。

3. 下游喷射模式

旁通电磁阀得电，换向电磁阀断电。旁同阀如上所述，换向阀关闭上游出口而打开下游出口，二次空气流入三元催化转化器。

在大部分工况下，二次空气喷射系统都处于下游喷射模式。发动机充分暖机（冷却液达到设定值）后，混合气必然会变稀，这样在燃烧后的排气中 HC 的含量将大大减少，没有必要让二次空气系统继续工作在上油喷射模式。另外此时氧传感器已达到工作温度，所以 ECU 会自动地将系统切换到下游喷射模式，以帮助三元催化转化器进行氧化反应。同时燃油喷射系统也转入氧传感器闭环控制。

因为二次空气从三元催化器的中部导入，避开了还原反应，所以不会增加 NO_x 的排放。

4.5.3　脉冲式二次空气喷射系统

同泵式二次空气喷射系统相比，脉冲式二次空气喷射系统不需要气泵，而是依靠当排气脉冲压力小于大气压力时的真空将空气吸入排气歧管，因此有助于提高燃油经济性。如图 4 - 43 所示，空气来自空气滤清器，ECU 开关电磁阀，电磁阀接通或切断脉冲阀的真空通道，脉冲阀通过单向阀与排气歧管或三元催化转化器连接。当发动机以较低转速运转时，排气压力小于大气压力，如此时脉冲阀是打开的，空气便由滤清器通过脉冲阀和单向阀进入排气歧管或三元催化转化器。任何情况下，排气压力大于大气压力时，单向阀都能够阻止废气进入脉冲阀，如图 4 - 44 所示，但同时也没有新鲜空气进入排气歧管或三元催化转化器。

脉冲式二次空气喷射系统的工作模式与泵式二次空气喷射系统类似，只是排气低压脉冲时间随发动机转速的提高而缩短，脉冲式二次空气喷射系统在发动机转速较低时，降低 HC 排放的效果较好。

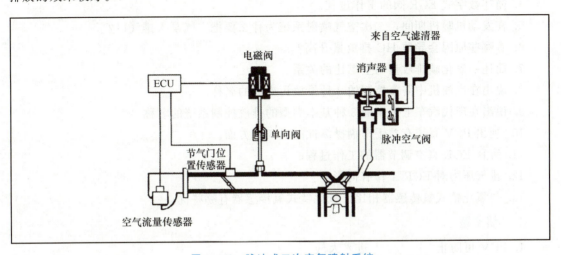

图 4 - 43　脉冲式二次空气喷射系统

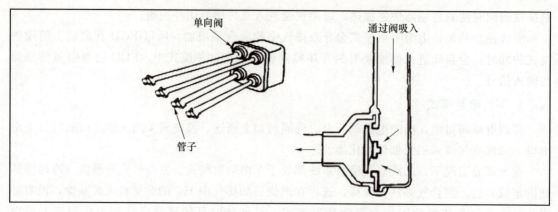

单向阀

通过阀吸入

管子

图 4-44 脉冲式二次空气喷射系统的单向阀

小　　结

本章重点围绕尾气排放讨论了废气再循环（EGR），三元催化转化器和氧传感器反馈控制系统及二次空气喷射，简述了燃油蒸发控制系统和曲轴箱强制通风系统。

思考与练习

一、问答题

1. 为什么在怠速时只需较小的 PCV 阀开度就足够了？

2. 简述炭罐电磁阀是怎样工作的。

3. 在双电磁阀式 EGR 系统中，EGR 阀是如何被打开的？

4. 简述数字式 EGR 阀的工作过程。

5. 在发动机暖机期间，二次空气喷射系统为什么要把空气泵入排气口？

6. 有哪些原因会导致 HC 排放量升高？

7. 简述一氧化碳排放量与空燃比的关系。

8. 说出在汽油机中需要控制的 3 种排放污染物的名称。

9. 说出在现代汽车上采用的 3 种基本类型的排放控制系统的名称。

10. 列出 PCV 系统有益于车辆操纵性能的 3 个方面。

11. 解释 EGR 真空调节器的工作过程。

12. 排气压力对 EGR 工作有何影响？

13. 与氧化锆式氧传感器相比，氧化钛式氧传感器有哪些优点？

二、填空题

1. PCV 可防止_____进入大气。

2. 在有些系统中，爆燃传感器的信号通过_____传给 ECU。

3. 对于负背压 EGR 阀来说，如果阀杆内的排气压力通道被堵塞，通风阀将_____
____。

4. 在脉冲式二次空气喷射系统中，单向阀可防止_____通过金属容器和空气管进入空气滤清器内。

5. 在二次空气喷射系统中，当发动机处于正常工作温度时，空气泵泵出的空气被导入_____内。

6. HC 排放可能来源于废气和_____。

7. 稀混合气造成 HC 排放_____。

8. CO 排放量_____是空燃比的良好评价指标。

9. 燃烧温度较高时，容易形成_____排放物。

10. NO_x、HC 及 CO 被催化转化器内的_____转化为无害气体。

三、选择题

1. 当讨论 PCV 阀的工作情况时，（　　）是正确的。

A. PCV 阀的开度在节气门部分开度时比怠速时要小

B. PCV 的开度在节气门全开时比部分开度时要小

C. A 和 B 都对

D. A 和 B 都不对

2. 当讨论装有排气压力反馈式电子（PFE）传感器的 EGR 系统时，（　　）是正确的。

A. PFE 传感器将进气歧管压力信号传送到 ECU

B. 如果实际的废气流量与所要求的废气流量不同，ECU 会校正 EGR 废气流量

C. A 和 B 都对

D. A 和 B 都不对

3. 当讨论排气压力传感器时，（　　）是正确的。

A. 排气压力传感器被连接在进气歧管与 EGR 电磁线圈之间

B. 当发动机转速较低时，排气压力传感器会切断作用于 EGR 阀上的真空度

C. A 和 B 都对

D. A 和 B 都不对

4. 当讨论燃油蒸发控制（EVAP）系统时，（　　）是正确的。

A. 只有冷却液温度高于某一设定值时，ECU 才会让清污炭罐电磁阀工作

B. 只有当车速高于某一设定值时，ECU 才会让清污炭罐电磁阀工作

C. A 和 B 都对

D. A 和 B 都不对

5. 当讨论尾气排放时，（　　）是正确的。

A. 空燃混合气越浓，CO 排放量越大　　　B. 空燃混合气越稀，CO 排放量越大

C. A 和 B 都对　　　　　　　　　　　　D. A 和 B 都不对

6. 当讨论尾气排放和气缸回火时，（　　）是正确的。

A. 气缸回火会导致 HC 排放量大大增加　B. 气缸回火致使 CO 排放量大大增加

C. A 和 B 都对　　　　　　　　　　　　D. A 和 B 都不对

7. 下列选项中正确的是（　　　）。

A. EGR 通风电磁阀是常开的

B. EGR 控制电磁阀是常开的

C. A 和 B 都对

D. A 和 B 都不对

8. 下列选项中正确的是（　　　）。

A. 空气换向阀将二次空气要么导入排气歧管内，要么导入催化转化器内

B. 在减速期间，可将二次空气导入大气中

C. A 和 B 都对

D. A 和 B 都不对

第5章
自诊断系统

一般来说，计算机控制系统都具有自诊断功能，这是因为一是系统本身比较复杂，二是计算机与传感器和执行器之间的联系与机械传动不同，比较抽象。所以采用以前维修非计算机控制发动机的方法维修日益电子化的发动机将十分困难。所谓发动机的自诊断，是指在发动机起动和运转过程中，或在诊断输入自测试模式时，计算机自动检测包括本身在内的发动机电子控制系统的状况，如果发现问题，会确定该问题为永久性故障还是间歇性故障，并在其存储器中设置、存储相应的故障码，或同时输出报警信息。

永久性故障是指在系统自测试过程中发现的系统某处出现的故障。间歇性故障表示一个故障曾经发生过（如由于连接不良引起间歇性的短路或断路），但是在自测试过程中没有发生。非易失性存储器 RAM 会储存间歇性故障码，直到点火开关打开/关闭循环一定的次数（具体次数由相应车型确定）。如果故障在这段时期不再出现，则该间歇性故障码将从计算机存储器中清除，而永久性故障码则不会被清除。

不同厂商或同一厂商的不同车型发动机的自诊断系统可能不同，这给维修和管理带来不少麻烦。许多国家或地区都在积极促进这些系统的标准化。如美国规定，自 1996 年起在美国销售的汽车其自诊断系统必须符合 OBD Ⅱ。OBD Ⅱ即车载诊断系统Ⅱ。是美国为完善对汽车排放的监控在 20 世纪 80 年代制定的 OBD Ⅰ基础上进行重大修改而成的车载诊断系统标准。许多国家或地区已经采用或正在采用这一标准或类似标准。许多汽车厂商纷纷改进原有的自诊断系统，使其既满足自身特点又符合 OBD Ⅱ的要求。

本章将重点讲述 OBD Ⅱ，鉴于目前我国的大多数城市尚未对汽车的自诊断系统做出规定，在一定时期内，许多在用车辆仍采用厂商各自的自诊断系统，为此在第 8 章将介绍一些典型的车载自诊断系统。

如果某些传感器故障会使发动机停转，ECU 将启用备用功能，使有关执行器切换到设定的工作模式，以维持发动机运转。这种功能也称为跛行功能或回家功能。

5.1 OBD Ⅱ的基本要求

对符合 OBD Ⅱ汽车的基本要求包括如下几个方面。（其中，SAE 是美国汽车工程师协

会的缩写）

① 在位于驾驶员侧的仪表板下面安装有符合 SAE J1962 的 16 端子的诊断插座（DLC）。

② 故障码（DTC）的结构和含义统一并符合 SAE J2012。

③ 汽车和诊断仪之间采用符合 SAE J1850 或 ISO 9141 的标准通信协议。

④ 符合 SAE J2190 标准的诊断测试模式。

⑤ 符合 SAE J1979 标准，适用于各种车型和可以在各种模式下使用的通用诊断仪。

⑥ 汽车信息必须自动传输至诊断仪。

⑦ 已存储的故障码必须能够用诊断仪清除。

⑧ 能够将故障发生时的瞬间工况记录下来并存储到存储器中。

⑨ 只要汽车出现故障并影响排放时，便能存储一个故障码，如果汽车排放超过美国联邦试验规范（FTP）的排放标准的 1.5 倍时，自诊断系统还必须点亮故障指示灯（MIL）（如图 5-1 所示）。

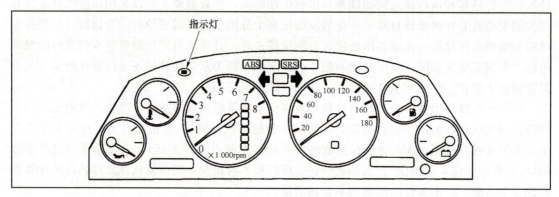

图 5-1 标准故障指示灯

⑩ 电控系统的所有部件必须使用符合 SAE J1930 的专业名称、缩写和定义。

为此，许多厂商还需要增加和完善一些软件和硬件，包括：

① ECU 具有 16 或 32 位的处理器和扩展存储器，以便能够处理 1.5 万个新的标定常数，增加对影响排放的系统和元件的监控。

② 增加 EEPROM 或取代 ROM，必要时可以通过 DLC 修改或恢复控制程序和数据。

③ 使用高精度的曲轴（凸轮轴）位置传感器，用于监测缺火。

④ 在催化转化器后安装加热式氧传感器，用于监测催化转化器的转化效率，如图 5-2 所示。

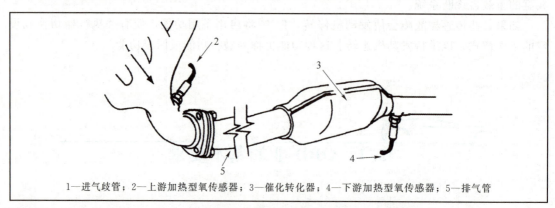

1—进气歧管；2—上游加热型氧传感器；3—催化转化器；4—下游加热型氧传感器；5—排气管

图 5-2 在催化转化器上、下游配有加热型氧传感器的 OBD Ⅱ 系统

⑤ 在 EGR 排气侧安装差压传感器、增加 EGR 位置传感器等，用于检测 EGR 流量。

⑥ 通过燃油蒸气流量传感器、清污电磁阀检测燃油蒸气的排放利用情况。改进油箱加油口盖，检测燃油蒸发的泄漏情况。

⑦ 同时使用进气歧管绝对压力传感器和空气流量传感器。

⑧ 用顺序燃油喷射代替其他燃油喷射方式。

5.2　OBD Ⅱ 的监控功能

1. 催化转化器的效率

在催化转化器后增加一个加热式氧传感器（也称为下游氧传感器），供 ECU 监测催化转化器的净化效果或转化效率。

如果催化转化器工作正常，则上游氧传感器信号有波动，而下游氧传感器信号则相对较平坦，如图 5-3 所示。一旦下游氧传感器的信号与上游氧传感器读数接近，就说明催化转化器净化效果变差，ECU 即设置一个故障码（DTC）。如果该故障在 3 个行驶周期中都发生，MIL 灯就会点亮。

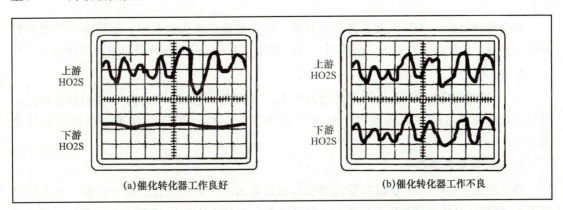

(a)催化转化器工作良好　　　　　　(b)催化转化器工作不良

图 5-3　催化转化器工作良好和不良时的氧传感器信号

下游氧传感器（HO2S）的加热器只有在发动机暖机后才开始工作，以防止水在陶瓷上凝结引起 HO2S 陶瓷载体的破裂。HO2S 用的是镀金的端子和插座，并且上游和下游氧传感器有不同的线束插接器。

2. 发动机缺火

如果某个气缸缺火，未燃烧的碳氢化合物（HC）会进入催化转化器。当催化转化器把这些过量的 HC 转化成二氧化碳和水时会过热，催化转化器里的蜂窝式陶瓷载体也会熔结成实心的大块。此时，催化转化器不仅不能再有效地降低排放，而且会阻塞排气管路，引起发动机运转故障。

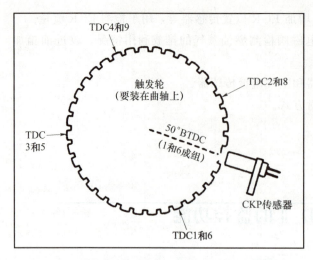

图 5-4　用于缺火监测的高数据率曲轴位置传感器

气缸缺火监控需要高数据率的曲轴位置传感器（如图 5-4 所示），通过测量每个气缸每次点火时曲轴的加速情况以确定各缸对发动机功率的贡献。当某缸缺火时，它不为发动机提供动力，此时的曲轴加速就会比不缺火时要缓慢。

OBD Ⅱ 允许 2% 左右的随机缺火率，并将缺火分为 A、B、C 三个等级。

（1）A 型缺火会瞬间导致催化转化器损坏。在超过 200 r/min 的时间段内，当检测到气缸缺火率在 2%～20% 时，ECU 会停止缺火气缸的燃油供给，同时持续点亮 MIL。但是当发动机在大负荷下工作时，ECU 将不会关闭缺火气缸上的喷油器，但会使 MIL 灯闪烁。

（2）B 型缺火会使排放超出标准的 1.5 倍。在超过 1 000 r/min 的时间段内，如果检测到气缸缺火率超过 2%～3%，ECU 会设置一个故障码。若在后续的第二个行驶周期中也检测到这个故障，则持续点亮 MIL。

（3）C 型缺火会产生一个需要维修（I/M）的故障。MIL 仅点亮而不闪烁。

缺火监控程序具有学习功能，以补偿因制造误差和元件磨损而造成的发动机性能的变化。

需要强调的是，ECU 只能监测是否缺火，并不能确定缺火的原因。而燃油系统或机械系统故障也可能影响正常点火。必要时，可以使排气不通过催化转化器以进行对比测试。

3. 燃油系统

ECU 在闭环控制期间，连续监测燃油修正。当燃油系统故障导致 ECU 进行燃油修正的时间过长，且该故障在连续的两个行驶周期内都发生时，ECU 会设置一个故障码并点亮 MIL。

4. 加热型氧传感器

当空燃比变化时，ECU 监控器监测氧传感器输出电压随之变化的响应时间（电压信号频率）。例如，氧传感器输出电压在 10s 内应该在 0.45V 上下变化 10 次以上，反应迟缓的氧传感器不能满足空燃比控制的需要。系统在每个行驶周期对所有的加热型氧传感器（HO2S）检测一次，上游和下游传感器分别进行独立的测试。

5. EGR 系统

ECU 使用不同的方法来确定 EGR 是否正常运行。如检测 EGR 通道内的温度，若高温说明有废气存在；通过操控 EGR 阀，根据进气歧管绝对压力（MAP）信号的变化，检测 EGR 是否正常运行。

EGR 常用一个差压传感器，如图 5-5 所示，当 EGR 阀关闭且无排气流过时，差压传感器两根软管内的压力应该是相同的，否则 EGR 阀处于开启状态。在一定转速范围和节气门开度条件下，差压传感器的输出信号有一个期望值，ECU 将检测到的差压传感器信号值与其内存的期望值相比较，就能检测出 EGR 流量。如果流量异常，则 ECU 会设置一个故障码。如果故障在两个行驶周期中都发生，MIL 会点亮。

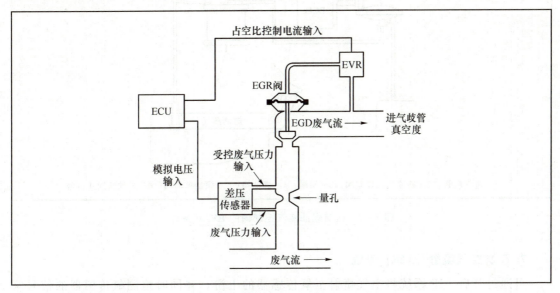

图 5-5　带差压反馈传感器的 EGR 系统

6. 燃油蒸发 (EVAP) 排放系统

ECU 可以通过多种方法监控燃油箱的保压能力和从燃油箱、炭罐分离燃油蒸气的能力。如在炭罐清污电磁阀和进气歧管之间安装清污流量传感器，ECU 在每个行驶周期监测其信号一次，以确定是否有燃油蒸气流过电磁阀进入进气歧管，如图 5-6 所示。ECU 还可以通过安装在炭罐和进气歧管之间的控制阀（如图 5-7 所示）监控流入进气歧管的燃油蒸气。

还有一些汽车配备了增强型燃油蒸发系统监控装置，以检测 EVAP 系统的泄漏和受阻情况。如燃油蒸发系统泄漏或燃油箱加油口盖丢失都会使 MIL 点亮。

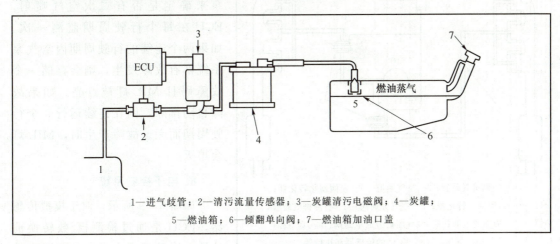

1—进气歧管；2—清污流量传感器；3—炭罐清污电磁阀；4—炭罐；

5—燃油箱；6—倾翻单向阀；7—燃油箱加油口盖

图 5-6　带清污流量传感器的 EVAP 系统

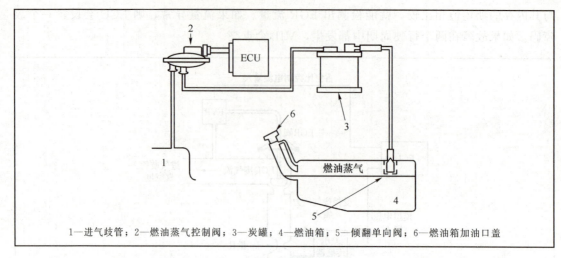

1—进气歧管；2—燃油蒸气控制阀；3—炭罐；4—燃油箱；5—倾翻单向阀；6—燃油箱加油口盖

图 5 - 7　带有燃油蒸气控制阀的 EVAP 系统

7. 二次空气喷射（AIR）系统

可通过开启 AIR 系统将空气喷射至氧传感器的上游，并同时检测氧传感器的信号来实现对 AIR 的监控。监控过程可以按先被动测试再主动测试的方式进行。被动测试时，从起动到闭环控制的过程中，空气泵是开启的，一旦氧传感器（HO2S）的温度达到能产生电压信号时，ECU 应接收到低电压信号，否则进行主动测试。在闭环控制条件下的主动测试期间，ECU 不断地将通往排气歧管的 AIR 气流关闭或开启，并检测催化转化器上游 HO2S 的电压和短期燃油修正值。当通往排气歧管的 AIR 气流被打开时，氧传感器的电压应该降低，短期燃油修正应为浓混合气。如果两个连续的行程循环内 AIR 系统都未通过主动测试，ECU 会点亮 MIL 并存储一个故障码。

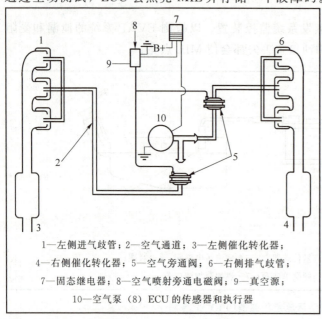

1—左侧进气歧管；2—空气通道；3—左侧催化转化器；
4—右侧催化转化器；5—空气旁通阀；6—右侧排气歧管；
7—固态继电器；8—空气喷射旁通电磁阀；9—真空源；
10—空气泵（8）ECU 的传感器和执行器

图 5 - 8　电动空气泵系统

在如图 5 - 8 所示的 AIR 系统中，ECU 通过监测继电器和空气泵来确定是否有二次空气喷射。ECU 在每个行驶周期监测一次。如果两个连续的行驶周期内空气泵系统都有故障发生，则会存储一个故障码且 MIL 灯被点亮。如果故障自动排除，则在连续运行 3 个行驶周期而无该故障产生时，MIL 灯会熄灭。

8. 电子控制系统

如图 5 - 9 所示，对于模拟传感器，ECU 是通过检测模/数转换前信号电压是否超出设定的范围来检查元件或电路故障的。

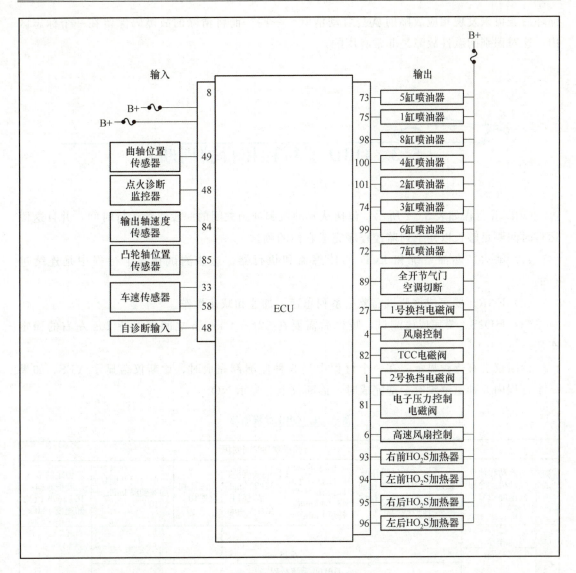

图 5-9　电子控制系统

对于数字（频率）传感器，ECU 将被检测的传感器信号频率和用其他传感器信号的计算结果相比较，来判断元件或电路是否存在故障。

ECU 通过检查怠速转速是否为根据各输入信号所确定的转速来监控用于控制怠速电机的输出信号。

ECU 通过监测电磁阀、继电器等的执行电压来判断各执行器是否工作。如果执行器是关闭的，则电压为高，否则电压应为低。

用符合 OBD Ⅱ 标准的诊断仪的准备功能可以将 ECU 的监控状态显示出来。如果汽车的运行时间、工作状况和其他参数不足以让监控程序完成测试，诊断仪会指示该监控程序还没完成，不能进行检测。

OBD Ⅱ 标准定义了暖机循环，即在某一次发动机熄火后的一段时间内，发动机重新运转，并且冷却液温度至少会升高 22 ℃ 并达到至少 88℃。大多数的故障码在经过 40 个暖机循环后若再未发现相应故障时就会自动清除。一些厂商将清除的故障码保留在一个标志区内，这对识别间歇性故障是非常有用的。

5.3　OBD Ⅱ行程和行驶周期

OBD Ⅱ行程如表 5-1 所示，包括从发动机起动到关闭的一段连续运行时间，并且这段运行时间要足够长以使下列监控程序完成它们的测试。

（1）缺火、燃油系统和 ECU 的传感器和执行器。这些测试在整个行程中是连续进行的。

（2）EGR。要完成该测试需要一系列怠速、加速和减速操作。

（3）HO2S。要完成该测试，暖机后需要在 32～64 km/h 之间能保持 20s 左右的稳定车速。

诊断仪上有行程显示。在一个行程中当 5 种监测都完成时，诊断仪会显示 YES。如果一个行程内 5 种监测没有全部完成时，诊断仪上会显示 NO。

表 5-1　OBD 行程循环

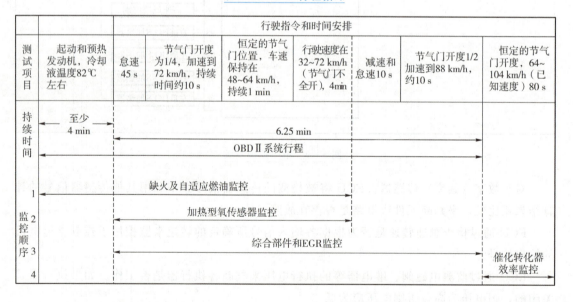

行程是以 OBD Ⅱ的行驶周期为基础的。OBD Ⅱ行驶周期是指从发动机起动开始，包括用来验证一种故障症状或验证修理工作所需要的特定的工况及其运行时间。行驶周期（如表 5-2所示）基本上包括暖机、巡航、加速和减速 4 种工况及每种工况所需要的时间。最小的行驶周期是从发动机起动开始，直到 ECU 进入闭环控制后汽车所经历的工况。

表 5 - 2　OBD Ⅱ 的行驶周期（诊断时间表，总时间为 12min）

测试项目	HO2S 加热器，缺火，AIR，燃油修正，清污	缺火，燃油修正，清污	缺火，EGR，AIR，燃油修正，HO2S，清污	EGR，燃油修正，清污	缺火，燃油修正，清污	催化转化器监控，缺火，EGR，燃油修正，HO2S	EGR，清污
执行操作	急速 2.5 min，空调和后窗除霜器开启，冷起动，ETC＜50 ℃	加速到 88 km/h，节气门半开，空调关闭	3 min，稳定车速 88 km/h 巡航行驶	减速至 32 km/h（松离合器，不制动）	加速至 96 km/h，节气门开度为 3/4	稳定车速 96 km/h 巡航行驶	减速，不制动，结束循环

5.4　OBD Ⅱ 的诊断插座

坐在驾驶员座椅上时，诊断插座（DLC）应当很容易触及，如图 5 - 10 所示。所有的 DLC 应安装在仪表板左侧和距右侧中心 300 mm 之间的某个位置。DLC 不能隐藏在仪表板后面，而且应当不需要任何工具就能接触到。诊断插座（DLC）的端子分成两行排列，且标号是连续的。16 个端子中的 7 个已由 OBD Ⅱ 标准定义（如图 5 - 11 所示）。剩下的 9 个端子可由各制造商用来满足他们自己的需要和要求（如表 5 - 3 所示）。

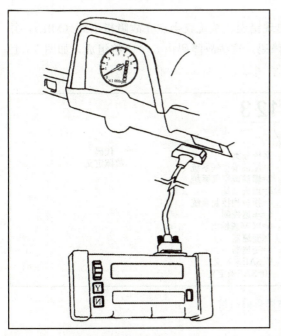

图 5 - 10　诊断仪与 DLC 的连接

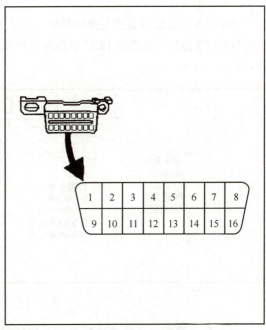

图 5 - 11　诊断接头

表 5 - 3　OBD Ⅱ 诊断接头端子功用表

端子	功　　　用	端子	功　　　用
1	生产厂家自行设定	8	生产厂家自行设定
2	总线正级（BUS＋），SAE J1850	9	生产厂家自行设定
3	生产厂家自行设定	10	总线负极（BUS－），SAE J1850
4	底盘接地	11～14	生产厂家自行设定
5	信号接地（信号回流）	15	L 线，ISO － 9141
6	生产厂家自行设定	16	蓄电池正极
7	K 线，ISO-9141		

此外，还有以下几点应该注意：

① 不能试图通过跨接 OBD Ⅱ 系统诊断插座（DLC）的任何端子在仪表板上或用其他指示灯显示故障码；

② 一些汽车同时装有 OBD Ⅱ 诊断插座和用于自己诊断仪的插座；

③ 当汽车上有一个 16 端子的诊断插座时，这并不一定表示该车已装有 OBD Ⅱ 系统；

④ 任何符合 OBD Ⅱ 要求的诊断仪都能连接到 DLC 且能存取诊断数据流。

5.5　OBD Ⅱ 的故障码

OBD Ⅱ 不停地监控着整个排放系统，如果出现错误，系统就会点亮故障指示灯（MIL），并且当检测到故障时，就会在 ECU 中储存一个故障码。这些故障码由 5 个字符组成，如图 5 - 12 所示。

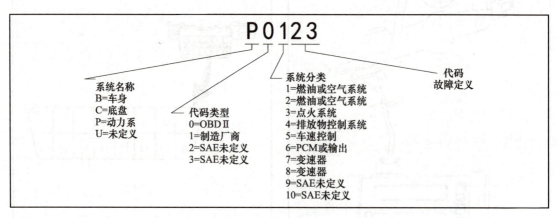

图 5 - 12　故障码的结构

第 1 个字符指出了故障码所属的一般区域。

第 2 个字符是用来说明最后的两位故障码的类型。0 表示为 OBD Ⅱ 定义的代码，1 表示为厂商专用码。

第 3 个字符表明了故障码所属的子系统。

第 4 和第 5 个字符进一步指出故障出现的区域。

SAE 定义的 OBD Ⅱ 故障码的含义如表 5 - 4 所示。

表 5 - 4　SAE 定义的 OBD Ⅱ 故障码说明

代码	代码定义	代码	代码定义
P0100	空气流量传感器线路故障	P0152	前副氧传感器信号电压过高
P0101	急速时空气流量传感器电压不良	P0153	后氧传感器信号变化率太慢
P0102	空气流量传感器信号太低	P0154	前副氧传感器线路断路
P0103	空气流量传感器信号太高	P0155	后氧传感器加热线路短路
P0105	大气压力传感器信号不良	P0158	后副氧传感器信号电压过高
P0107	进气歧管绝对压力传感器信号太高	P0160	后副氧传感器信号线路不良
P0108	进气歧管绝对压力传感器信号太低	P0161	后副氧传感器线路受干扰
P0110	进气温度传感器线路故障	P0171	氧传感器信号电压过低
P0111	进气温度传感器信号不良	P0172	氧传感器信号电压过高
P0112	进气温度传感器线路短路	P0174	后氧传感器信号电压过低
P0113	进气温度传感器线路短路	P0175	后氧传感器信号电压过高
P0115	冷却液温度传感器线路故障	P0201	第 1 缸喷油器线路故障
P0116	冷却液温度传感器信号不正确	P0202	第 2 缸喷油器线路故障
P0117	冷却液温度传感器线路断路	P0203	第 3 缸喷油器线路故障
P0118	冷却液温度传感器断路	P0204	第 4 缸喷油器线路故障
P0120	节气门位置传感器信号不良	P0205	第 5 缸喷油器线路故障
P0121	节气门位置传感器调整不当	P0206	第 6 缸喷油器线路故障
P0122	节气门位置传感器信号太低	P0207	第 7 缸喷油器线路故障
P0123	节气门位置传感器信号太高	P0208	第 8 缸喷油器线路故障
P0125	发动机无法达到闭环工作	P0300	发动机有间歇性失火
P0130	主氧传感器信号电压过高或过低	P0301	第 1 缸有间歇性失火
P0131	氧传感器信号电压过低	P0302	第 2 缸有间歇性失火
P0132	氧传感器信号电压过高	P0303	第 3 缸有间歇性失火
P0133	主氧传感器信号电压变化不灵敏	P0304	第 4 缸有间歇性失火
P0135	主氧传感器加热线路不良	P0305	第 5 缸有间歇性失火
P0136	副氧传感器信号电压过高或过低	P0306	第 6 缸有间歇性失火
P0137	副氧传感器信号电压过低	P0307	第 7 缸有间歇性失火
P0138	副氧传感器信号电压过高	P0308	第 8 缸有间歇性失火
P0140	副氧传感器线路短路	P0320	发动机转速信号不良
P0141	副氧传感器加热信号短路	P0321	曲轴位置传感器信号不良
P0150	后氧传感器信号电压过高或过低	P0325	前爆燃传感器信号不良
P0151	前副氧传感器信号电压过低	P0330	后爆燃传感器信号不良
P0335	起动或运转中未收到曲轴传感器信号	P0605	主电脑 ROM 记忆不良

续表

代码	代码定义	代码	代码定义
P0336	曲轴传感器和凸轮轴传感器信号不良	P0703	制动灯开关信号不良
P0402	EGR 阀怠速时漏气	P0705	挡位开关信号不良
P0403	EGR 控制系统线路不良	P0707	挡位开关信号过低
P0420	三元催化转换器不良或后氧传感器不良	P0708	挡位开关信号过高
P0421	三元催化转换器不良	P0712	变速器油温传感器搭铁故障
P0422	三元催化转换器不良	P0713	变速器油温传感器断路
P0430	后催化转换器不良	P0720	变速器输出轴转速传感器信号不良
P0440	炭罐堵塞或控制不良	P0740	液力变矩器离合器电磁阀不良
P0443	炭罐电磁阀线路不良	P0741	液力变矩器离合器电磁阀不良或卡在全开位置
P0444	炭罐电磁阀信号过低	P0743	液力变矩器离合器电磁阀控制线路不良
P0445	炭罐电磁阀信号过高	P0750	换挡电磁阀 A 不良
P0550	车速信号始终收不到	P0751	换挡电磁阀 A 卡在全开位置
P0501	实际车速在 29 km/h 以上，但无车速信号	P0753	换挡电磁阀 A 短路或断路
P0502	已挂入挡且发动机转速在 3 000 r/min 以上，但无车速信号	P0755	换挡电磁阀 B 不良
P0505	怠速步进电机故障	P0756	换挡电磁阀 B 卡在全开位置
P0510	节气门位置传感器不良	P0758	换挡电磁阀 B 短路或断路
P0770	液力变速器离合器电磁阀不良	P0773	液力变矩器离合器电磁阀短路或断路

5.6　OBD Ⅱ 的测试模式

符合 OBD Ⅱ 的诊断仪应能接受以下测试模式。

1. 模式 1

模式 1 是参数标识模式（PID）。它允许调用、查阅一些特定的 ECU 输入和输出数据、计算结果及系统状态信息。

2. 模式 2

模式 2 是冻结数据帧访问模式。它允许调用、查阅来自特定的与排放有关的数据。这些数值表示发现故障并在存储器中保存故障码时发动机的工作状况。一旦故障码和一组冻结的数据帧被存放到存储器中，它们就会一直保存在存储器中，即使再有与排放相关的其他故障码存入也不会被擦除。这些可储存的冻结数据帧的数量是有限的，如在 1996 年的通用汽车车型中，允许储存的数量是 5 帧。

冻结数据帧又称为信息捕捉（快照）。这是系统在点亮故障指示灯（MIL）时记录所有传感器和执行器数据的一种能力。一些厂商扩展了这项功能，使它包括了存储器内的所有故障记录，而不仅仅只是和排放相关电路有关的故障。

冻结数据帧（快照）的最基本优点是可以查看设置故障码时的工作条件。这对于诊断一些间歇性故障尤其有用。一旦设置了一个故障码，所有相关的系统数据都会被保存在内存中。这样就可以查看在故障码设定时传感器数据和执行器的动作，有助于确定故障产生的原因。

缺火故障是例外的，其数据会覆盖任何其他类型故障的数据，且只能用诊断仪清除。当用诊断仪清除故障码时，也自动清除了所有与该故障码相关的冻结数据帧。

3. 模式 3

模式 3 允许诊断仪获得已存储的故障码。当诊断仪发出模式 3 的请求后，诊断仪上会显示故障码或故障码的文字描述，或同时显示出来。

4. 模式 4

模式 4 是 ECU 的复位模式。它允许诊断仪将 ECU 中所有与排放相关的诊断信息全部清除。一旦 ECU 被复位，ECU 便会储存一个检查维修就绪码。此模式常用于行程测试开始前。

5. 模式 5

模式 5 是氧传感器监测。该模式给出了氧传感器故障可能的范围，和测试中氧传感器的实际输出和工作条件。这些信息有助于确定催化转化器的有效性。

6. 模式 6

模式 6 是输出状态模式。该模式允许使用诊断仪控制系统的执行器工作或停止工作。如可以使散热器风扇停止，然后分别控制执行器工作，以观测各执行器在高温条件下的工作情况。

5.7　常用的 OBD Ⅱ 术语

OBD Ⅱ 标准规定，对于发动机和排放控制系统有关的所有电子系统及有关零部件，都必须使用相同的名称和缩写。表 5-5 列出了常用的 OBD Ⅱ 术语和曾使用的名称。

表 5-5　常用的 OBD Ⅱ 术语

术语	缩写	术语	缩写
加速踏板	AP	歧管差压	MDP
空气滤清器	ALC	歧管表面温度	MST
空调	A/C	歧管真空区	MVZ
大气压力	BARO	质量空气流量	MAF
蓄电池正极电压	B+	多点燃油喷射	MFI

术语	缩写	术语	缩写
凸轮轴位置	CMP	车载诊断	OBD
化油器	CARB	开环	OL
连续燃油喷射	CFI	氧化催化转化器	OC
增压中冷器	CAC	氧传感器	O2S
闭环	CL	驻车挡/空挡位置	PNP
节气门全关位置	CTP	周期性捕集氧化器	PTOX
离合器踏板位置	CPP	动力转向压力	PSP
曲轴位置	CKP	动力控制模块	PCM
诊断插座	DLC	可编程只读存储器	PROM
诊断测试模式	DTM	脉冲式二次空气喷射	PAIR
车身稳定控制系统	DTC	随机存取存储器	RAM
分电器点火	DI	只读存储器	ROM
早期燃油蒸发系统	EFE	继电器模块	RM
可擦除可编程只读存储器	EEPROM	诊断仪	ST
电子点火	EI	二次空气喷射	AIR
发动机冷却液液位	ECL	顺序多点燃油喷射	SFI
发动机冷却液温度	ECT	维修提醒指示灯	SRI
发动机控制模块	ECM	烟雾限制器	SPL
发动机转速	RPM	增压器	SC
可擦除可编程只读存储器	EPROM	增压器旁通阀	SCB
蒸发排放	EVAP	系统准备状态测试	SRT
废气再循环	EGR	温控真空阀	TVV
风扇控制	FC	3 挡	3GR
电可擦除可编程瞬时只读存储器	FEEPROM	三元催化转化器	TWC
可擦除可编程瞬时只读存储器	FEPROM	三元＋氧化催化转化器	TWC＋OC
4 挡	4GR	节气门体	TB
燃油泵	FP	节气门体燃油喷射	TBI
发电机	GEN	节气门位置	TP
接地	GND	变矩器离合器	TCC
加热型氧传感器	HO2S	变速器控制模块	TCM
急速空气控制	IAC	挡位	TR
急速控制	ISC	涡轮增压器	TC
点火控制模块	ICM	车速传感器	VSS
间接燃油喷射	IFI	电压调节器	VR
惯性燃油切断	IFS	体积空气流量	VAF
进气温度	IAT	暖机升温氧化催化转化器	WU-OC
爆燃传感器	KS	暖机升温三元催化转化器	WU-TWC
故障指示灯	MIL	节气门全开	WOT

5.8　自诊断系统的局限性

不管是 OBD Ⅱ还是其他自诊断系统，实际上只能有效地检测到计算机（电子）控制系统的故障，并不能监测所有发动机电路和机械系统。自诊断系统设置的故障码并不一定表示真实的故障源，多数情况下仅表示故障源与故障码有一定关联。另外，还有一些自诊断系统检测不到的故障（有故障而无故障码），要诊断其故障源，还须按照发动机的常规诊断方法和本书有关各章所述的内容进行诊断。

5.9　自诊断系统的备用功能

如图 5-13 所示，备用电路是在 ECU 内并列于主控电路的一套集成电路，由自诊断系统控制开启。即当诊断程序监测到可能中断发动机工作的故障时，便将程序切换到备用电路，同时点亮 MIL。发动机喷油器，点火系统在后备功能预设参数的控制下维持工作，虽然发动机不再正常工作，但是不至于抛锚，所以又称为"回家功能"或"跛行功能"。

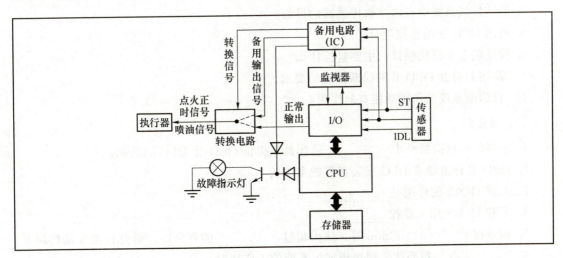

图 5-13　后备系统的原理图

备用电路根据起动（ST）信号和怠速（IDL）触点状态，选择设定的参数。以日产汽车发动机为例，备用电路工作时的参数如表 5-6 所示。

表 5-6　日产汽车发动机备用系统的参数

	起动 STA 闭合	急速触点 IDL 闭合（急速）	急速触点 IDL 断开（非急速）
喷油持续时间/ms	12.0	2～3	4.1
喷油频率		1 次/转	
点火提前角	上止点前 10°	上止点前 10°	上止点前 20°
闭合时间/ms		5.12	

小　结

本章详细描述了自诊断系统 OBD Ⅱ，并说明了自诊断系统的功能和局限性。

思考与练习

一、问答题

1. OBD Ⅱ 系统和其他系统在硬件上有何不同？

2. 说明 OBD Ⅱ 系统的基本要求。

3. OBD Ⅱ 系统有何局限性？

4. 解释 OBD Ⅱ 系统的行程和行驶周期。

5. 简述在 OBD Ⅱ 系统中是如何检测发动机缺火的。

6. 简述 A 型缺火和 B 型缺火之间的区别。

7. 简述排气系统中有两个氧传感器的目的。

8. 列出 OBD Ⅱ 的监控项目。

9. 简述前 5 个监控项目，主要监控什么？

10. 简述对符合 OBD Ⅱ 的诊断插座的要求。

11. 自诊断系统的备用功能有何作用？

二、填空题

1. 一些诊断仪需要一个_____适配器来提供 OBD Ⅱ DLC 的功能。

2. OBD Ⅱ 标准要求 DLC 安装在驾驶室内的_____。

3. 上游 HO2S 的作用是_____。

4. 下游 HO2S 用来监控_____。

5. 如果在_____r/min 时，缺火超过_____的百分比，则为 B 型发动机缺火。

6. _____监控系统监测炭罐清污系统的工作情况。

7. 监控系统采用_____和_____测试来检测空气喷射的效率。

8. 燃油监控功能检测_____燃油修正和_____燃油修正。

9. OBD 表示_____、_____、_____。

10. 在 OBD Ⅱ 系统中，当排放超过该车型排放标准的_____倍时故障指示灯就会点亮。

三、选择题

1. 在讨论 OBD Ⅱ 系统时，（　　）是正确的。

A. 如果故障引起的排放水平超过该车型排放标准的 2.5 倍，ECU 就会点亮故障指示灯（MIL）

B. 如果缺火情况可能会造成发动机或催化转化器损坏，则 ECU 会使故障指示灯闪烁

C. A 和 B 都对

D. A 和 B 都不对

2. 在讨论对催化转化器效率的监控功能时，（　　）是正确的。

A. 如果催化转化器不能适当地减少排放，下游 HO2S 的电压会频繁增加

B. 如果催化转化器效率监控系统中的一个故障在 3 个行驶周期中都产生，那么故障指示灯就会点亮

C. A 和 B 都对

D. A 和 B 都不对

3. 在讨论缺火监控功能时，（　　）是正确的。

A. 在检测 A 型缺火时，监控功能检测气缸缺火的时间是发动机转速超过 500 r/min

B. 在检测 B 型缺火时，监控功能检测气缸缺火的时间是发动机转速超过 500 r/min

C. A 和 B 都对

D. A 和 B 都不对

4. 在讨论 OBD Ⅱ 系统时，（　　）是正确的。

A. 这些系统在催化转化器下游装有两个加热型氧传感器来监测催化转化器的工作情况

B. ECU 通过检测排气温度来检测是否有缺火现象的发生

C. A 和 B 都对

D. A 和 B 都不对

5. 在讨论 OBD Ⅱ 的指导方针时，（　　）是正确的。

A. 需要一个可用于所有汽车的标准诊断仪，而不管汽车的制造商和车型如何都能用

B. 在 ODB Ⅱ 系统中，DLC 需要有一个标准的安装位置

C. A 和 B 都对

D. A 和 B 都不对

6. 在讨论 OBD Ⅱ 氧传感器时，（　　）是正确的。

A. 在混合气从浓到稀变化时，下游氧传感器信号应有明显的跃变

B. 在混合气从浓到稀变化时，上游氧传感器信号应有明显的跃变

C. A 和 B 都对

D. A 和 B 都不对

7. 在讨论 EVAP 系统监控时，（　　）是正确的。

A. 它检测系统保持真空状态的能力

B. 它检测从活性炭罐排除燃油蒸气的能力

C. A 和 B 都对

D. A 和 B 都不对

8. 在讨论监控系统时，（　　）是正确的。

A. 燃油系统监控功能检测长期和短期的燃油修正

B. 加热型氧传感器检测系统检测混合气由稀到浓和由浓到稀的响应时间

C. A 和 B 都对

D. A 和 B 都不对

9. 在讨论综合检测系统时，（　　）是正确的。

A. 它检测各种输入电路

B. 它检测各种输出电路

C. A 和 B 都对

D. A 和 B 都不对

10. 在讨论 OBD Ⅱ 系统的 DLC 时，（　　）是正确的。

A. 它必须放在发动机室内

B. 它至少有 16 个接线端

C. A 和 B 都对

D. A 和 B 都不对

第6章

电子 控制 系统

在前面的内容中，已经分别介绍了电子部件在发动机各系统中的作用。所有的电子部件都以同样的方式工作，其故障特点和诊断维修也存在很多相同之处。若将分别在发动机各系统中起作用的电子部件看作一个系统，就是本章要介绍的电子控制系统。任何电子控制系统可以看成由传感器、含有计算机微处理器的电子控制单元（ECU）和执行器组成。按照发动机工况的需要，电子控制系统有时按开环方式工作，有时则按闭环方式工作。不同制造商对发动机电子控制单元的称谓可能不同，SAE（美国汽车工程师协会）J1930 和 OBD Ⅱ标准将此术语缩写为 ECM，将动力控制单元缩写为 PCM，我国目前还多习惯于缩写为 ECU。本章从维修需要出发，简要介绍发动机电子控制系统的一些基本原理和组成。其中，除曲轴（凸轮轴）位置传感器等和系统关联性强的传感器在前面随系统讲述外，点火和燃油喷射等系统共用的多数传感器将在本章讲述。

6.1　电子控制系统的组成和工作原理

以广州本田雅阁发动机的电子控制系统为例，典型的系统组成如图 6 - 1 所示，图 6 - 2 所示是系统传感器的布置图。

和一般的控制的计算机类似，电子控制单元（ECU）根据编程和内存数据，处理来自发动机各处的传感器信号和操作指令，并向发动机工作系统的执行器发出控制信号。其基本工作过程由以下 3 个部分组成。

1. 输入

传感器采集并向 ECU 输入电压信号。输入信号可能是传感器采集到的，也可能是操作人员发出的指令信号。

2. 处理

ECU 对输入信号进行处理。包括隔离干扰信号、将模拟信号转换成数字信号（A/D 转换）、把数字信号加工成计算机可以接受的形式、计算机将这些输入信号与其内存中设定的指令和数据进行对比或计算，并存储一些必要的输入和输出信号。

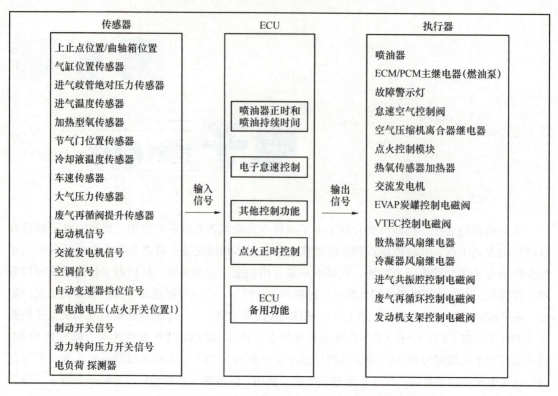

图6-1 广州本田雅阁发动机电子控制系统的组成

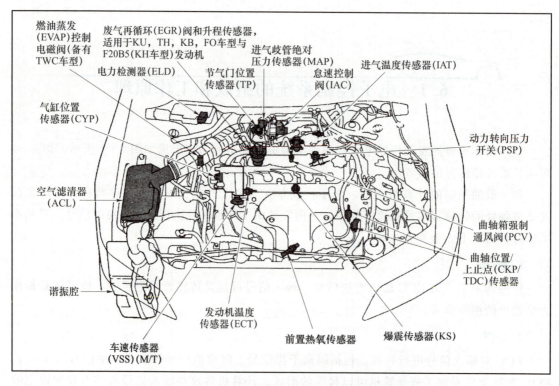

图6-2 本田雅阁发动机电子控制系统传感器布置图

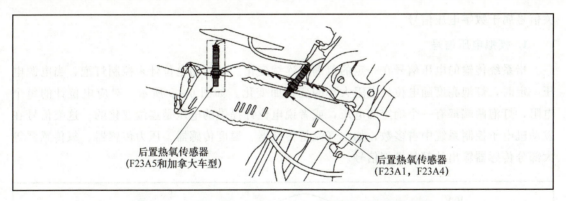

后置热氧传感器
(F23A5和加拿大车型)

后置热氧传感器
(F23A1, F23A4)

图 6 - 2　本田雅阁发动机电子控制系统传感器布置图（续）

3. 输出

ECU 将计算机微处理器输出的信号进行放大并适时控制执行器工作或供显示设备显示。

如果 ECU 的控制信号总是根据执行器此前的执行情况的反馈信号做出，则说明发动机电子控制系统工作在闭环控制方式，如图 6 - 3 所示。如果 ECU 的控制信号不考虑此前的执行情况，则工作在开环控制方式，如图 6 - 4 所示。

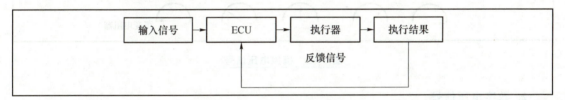

图 6 - 3　闭环控制方式

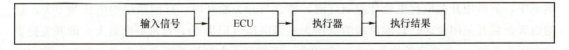

图 6 - 4　开环控制方式

反馈是指 ECU 输出指令执行结果的有关数据又作为输入信号输入 ECU 的过程。通常有两种反馈形式。一种是由传感器检测和反馈 ECU 输出指令的执行结果。如氧传感器向 ECU 的燃油喷射控制模块反馈实际的混合气浓度（空燃比大小）。另一种是当执行器被激活的同时，由执行器本身反馈给 ECU 的电压信号。如点火模块反馈给 ECU 的点火信号。如果 ECU 没有接收到正确的反馈信号，那么它就会设置故障码。

6.2　电压信号

电子控制系统中传输的电压信号有两种形式，分别为模拟电压信号和数字电压信号。开关信号属于数字电压信号。

1. 模拟电压信号

指系统传输的电压信号在一定的范围内连续变化。如使用电位计来控制灯泡，当电源电压一定时，灯泡亮度随电位计电阻大小的变化而变化。如图6-5所示。对应电位计的每个电阻，灯泡两端都有一个确定的电压，或者说电位计提供的电压是连续变化的。这类信号在发动机电子控制系统中占多数，如空气流量传感器、温度传感器、压力传感器、氧传感器等大部分传感器输出的都是模拟信号。

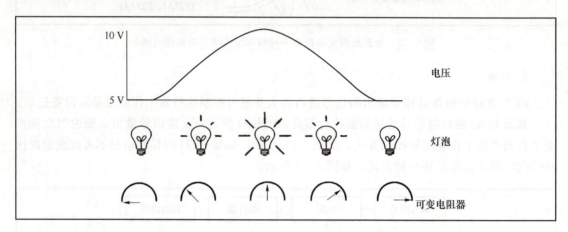

图6-5 模拟电压信号

2. 数字电压信号

指系统所传输的电压信号只有高电压（如1 V）和低电压（如0 V）两种状态。在上述例子中，如果用开关取代电位计控制灯泡，那么当开关断开时，灯泡两端的电压为0 V，灯泡熄灭；当开关闭合时，灯泡两端的电压为电源电压（记为1），灯泡亮度最大。即开关提供的电压非0即1。如果开关快速地断开和闭合，则相当于在灯泡两端产生有非0即1的数字电压信号，如图6-6所示。

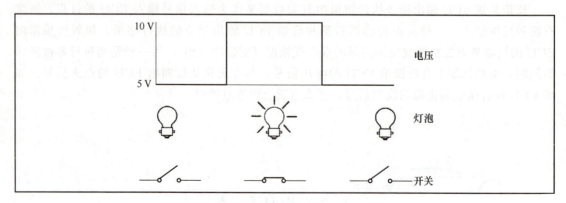

图6-6 数字电压信号（方波）

一些位置传感器（如曲轴位置传感器）和所有的开关型传感器（如起动、转向、离合、空调等开关）输出都是数字信号。一些ECU输出的控制信号（如点火、喷油等）也是数字信号。在计算机微处理器内含有大量的微型开关，这些开关每秒可产生很多数字电压信号。数字电压信号用来控制系统中的各种继电器和电子零部件。计算机可以通过改变数字信号高电压或低电压的持续时间来对燃油喷射系统的喷油量及点火系统初级电流等进行精确控制。

6.3　传感器

在某个系统中使用的每一个传感器都有其具体的任务，有些传感器仅用于所在的系统，如爆燃传感器用于点火系统。大部分传感器为多个系统所共用，如进气歧管绝对压力传感器和转速传感器既用于燃油喷射系统又用于点火系统，只是不同的传感器对系统的影响程度有所不同，各传感器从不同角度向 ECU 提供车辆运行的整体状况。尽管传感器的工作原理和结构各不相同，但从信号产生的方式上看，传感器可以分为参考电压型传感器和产生电压型传感器。

1. 参考电压型传感器

ECU 向传感器提供固定的参考电压信号，当被测对象变化时，传感器能相应改变这一电压信号并向 ECU 输出。ECU 向传感器提供的参考电压信号一般为 5～9 V。发动机中除了氧传感器、霍尔传感器和电磁式传感器外，目前使用的大部分都是参考电压型传感器。

2. 产生电压型传感器

自身能够产生向 ECU 输出的电压信号，所以又称为有源传感器。

6.4　电子控制单元（ECU）

ECU 主要由输入电路、微处理器（CPU）、存储器和输出电路组成，如图 6－7 所示。其工作过程如下。

1. 由输入电路对输入信号进行处理

（1）放大。一些输入传感器（如氧传感器）产生的电压信号还不到 1 V。因此，在将这类信号送往微处理器（CPU）之前必须先进行放大。信号放大是通过装在 ECU 内部的输入信号处理芯片的放大电路来完成的。

（2）模/数（A/D）转换。必须将模拟信号转换为数字信号才能被微处理器（CPU）使用。这一工作是由 ECU 输入信号处理芯片内的模/数（A/D）转换器完成的，如图 6 - 8 所示。

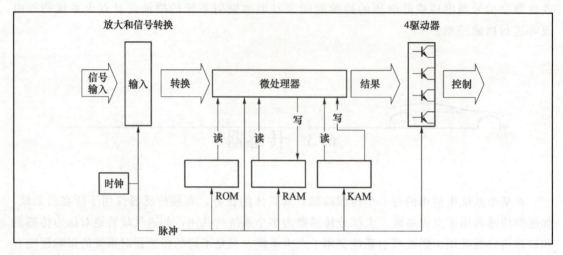

图 6 - 7　电子控制单元（ECU）的组成

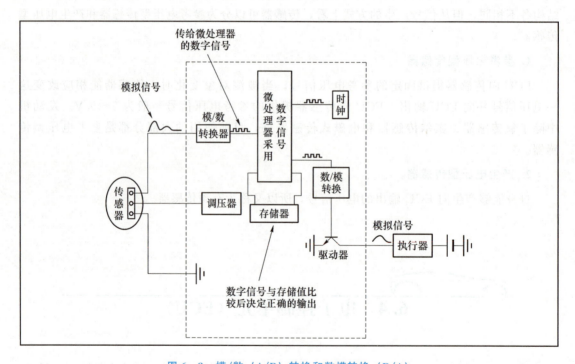

图 6 - 8　模/数（A/D）转换和数模转换（D/A）

2. 微处理器（CPU）

微处理器（CPU）在各种存储器的支持下，统一指挥各组成部分，完成对输入信号的运算并做出决策。

3. 存储器

发动机工作时，ECU 接收来自各种传感器的大量信息，但微处理器（CPU）不能立即处理所有的信息，有些信息也不会马上使用。于是，CPU 会将这些信息暂存于随机存取存储器（RAM）的指定地址单元，以便需要时调用。

在只读存储器（ROM）内存储着指挥电子系统工作的程序及与各种运行工况相关的理论空燃比和点火提前角等标准信息。各传感器告诉微处理器（CPU）有关发动机运行工况的信息。微处理器（CPU）从存储器中读出这些标准信息，并将其与传感器的输入信号相比较。然后，微处理器（CPU）做出相应的决定并控制喷油器和点火模块等的工作。

1）随机存取存储器（RAM）

储存在 RAM 内的信息是可以随时改变的。微处理器（CPU）可以向 RAM 内写入信息，也可以读取 RAM 内的信息，还可以随时擦除 RAM 内的信息。随机存取存储器可分为易失性存储器和非易失性存储器。

当点火开关断开时，易失性存储器会擦除已存储在其内部的信息，非易失性存储器仍会保存已存储在其内部的信息。但当 ECU 的供电回路被切断时，非易失性存储器内存储的信息也会被擦除。非易失性存储器常用来存储 ECU 的学习数据。

2）只读存储器（ROM）

微处理器（CPU）可以从只读存储器（ROM）中读取信息，但不能向 ROM 写入信息，也不能将 ROM 中的信息擦除。信息在芯片生产过程中已被固化进 ROM 中。即使断开蓄电池接线端子处的电缆，ROM 内的信息也不会被删除。

3）可编程只读存储器（PROM）

在一些 ECU 上装有一种可插拔的可编程只读存储器（PROM），这种存储器可以和 ECU 分开进行维护。在 PROM 中存储有一些与车型有关的专用的程序，如点火提前控制程序，这是为每一种车型的特殊要求设计的。例如，点火提前控制程序会随变速器或后桥传动比的不同而变化。

在一些 ECU 上还装有电可擦除可编程只读存储器（EEPROM）。生产厂商可以很容易地向这类存储器芯片内重新写入程序。此类芯片一般不能与 ECU 分开进行维护。

6.5　ECU 的学习功能

微处理器（CPU）能从过去的经验中进行学习，并将学习得出的数据保存在非易失性存储器中，供以后使用，这样，当发动机由于磨损、老化、更换或清洗零部件后，仍可在一定程度上维持发动机的正常性能。然而也正是因为这个学习功能，使 ECU 在如下情况时，要恢复发动机正常工作，必须花费短时间的学习过程，包括：

① 在 ECU 的蓄电池电源被断开以后；

② 当电子控制系统的某个部件被更换、断开或清洗后；

③ ECU 被装在新车上时。

在这个自学习过程中，发动机可能会发生喘振、急速偏高或有功率损失等现象。一般来说，自学习的平均时间将持续 8～10 km 的行程。

其中燃油喷射量的学习功能有两种，分别为短期燃油修正和长期燃油修正。短期燃油修正是指计算机根据氧传感器和/或其他传感器的信号，立即做出的燃油量修正。此修改是暂时的并不存储在存储器中。长期燃油修正是基于短期燃油修正的反馈做出的。此修正是长久的并存储在非易失性存储器中。

6.6 执行器

在电子控制系统中，直接接受并执行 ECU 指令的部件是执行器。执行器通常是电磁阀、开关、继电器、电动机或其他电磁部件。许多情况下，执行器并非 ECU 的最终控制目标。如在废气再循环中，真空控制电磁阀接受 ECU 的指令后，切断或接通真空通道，从而控制 EGR 阀的打开或关闭。

计算机微处理器的指令信号不能直接控制执行器，必须经过位于 ECU 内或外部的输出电路（驱动器）放大或/和同步处理，才能去控制执行器工作。

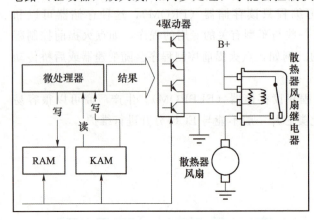

图 6 - 9 ECU 内的输出驱动器通常为执行器的电磁阀和继电器提供接地线

输出驱动器常被用来控制执行器的接地电路，如图 6 - 9 所示。驱动器可以通过持续接地或断开，以保持执行器处于得电或断电状态。也可以以脉冲的形式使执行器处于循环得电和断电状态。

以发动机散热器风扇的控制为例，说明驱动器与执行器之间的关系。计算机根据发动机冷却液温度传感器等的信号，对起动或关闭散热器风扇运转模式做出选择，同时向控制散热器风扇继电器的输出驱动器发送信号，输出驱动器给继电器提供或断开接地线，从而将蓄电池与散热器风扇电动机之间的电源电路接通或断开，风扇开始运转或停止。

许多执行器不但要求能够接通或断开电源，还要求能够控制运动距离（或旋转角度）、工作速度或工作时间，如怠速控制阀、喷油器、某些车型的点火初级电流。微处理器（CPU）可以调节其输出给驱动器的脉冲宽度（脉宽调制）或脉冲频率，来改变驱动器为执行器提供接地的平均时间。脉宽是指在一次通断过程中执行器保持接通状态的时间长度。用脉宽调制的方法实现对执行器的控制，又称为对执行器的占空比控制。占空比是微处理器（CPU）输出一个周期脉冲内通电时间占整个时间的百分比。如果在一次通、断过程中，执行器被接通的时间占 25%，则称此执行器的占空比为 25%。

例如，计算机能够根据车内环境光线的强度，通过对作用于灯泡两端的电压进行脉宽调制（占空比控制），对车内仪表板的显示亮度进行调节。增加脉宽（占空比）使灯泡变亮，反之则使灯泡变暗，如图 6-10 所示。

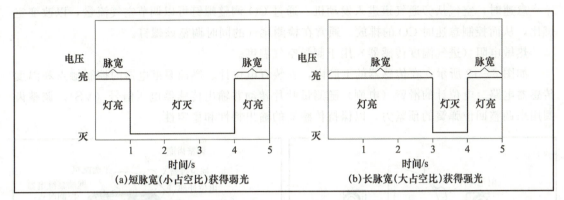

(a)短脉宽(小占空比)获得弱光　　　　　　(b)长脉宽(大占空比)获得强光

图 6-10　用脉宽调制（占空比控制）方法控制灯的亮度

对于那些不能用数字信号控制的执行器来说（如 EGR 数字阀），ECU 必须将微处理器（CPU）的数字指令重新变回模拟信号。这一转换通过数/模（D/A）转换器来完成，如图 6-8 所示。

显示部件（如数字式仪表板上的各种传感器指示、发动机检查灯（CHECK ENGIN）等）也是一种执行器，它们既不需要进行数/模转换也不需使用输出驱动器，可以由微处理器（CPU）直接进行控制。这是因为显示电路可以对数字信号进行解码，解码后的信息可由显示部件显示。可以用来制作显示部件的电子元器件有发光二极管（LED）、液晶显示器（LCD）及真空荧光显示器（VFD）。

6.7　空气流量传感器

空气流量传感器安装在空气滤清器和节气门之间的进气管上，以便测量进入发动机气缸的所有空气流量，并转换成电压信号送给 ECU，作为 ECU 决定喷油量和点火正时的基本信号之一。

空气流量传感器按检测空气流量的参数不同，可以分为体积流量型和质量流量型；按结构不同可以分为叶片式、卡门涡旋式和热式；热式又可分为热线式和热膜式。叶片式和卡门涡旋式属于体积流量型传感器，要求得空气质量流量还需同时检测进气温度；而热式属于质量流量型传感器，不需要检测进气温度。

6.7.1　叶片式空气流量传感器

1. 结构

如图 6-11 和图 6-12 所示，叶片式空气流量传感器分为上下两个腔，下腔有主气道和

171

旁通气道，在主气道内，测量叶片的转角和空气流量成正比，当空气推力和弹簧的复位力相等时，测量叶片即处于相对静止位置。当空气流量和压力急剧变化时，阻尼叶片可以保持测量叶片转动平稳，从而稳定空气流量传感器的输出电压。

急速时，空气从旁通气道进入发动机。通过 CO 调整螺钉可以调节空气流量，以改变空燃比，从而控制急速时 CO 的排放。通常在检测尾气的同时调整该螺钉。

热敏电阻（进气温度传感器）用于测量空气温度。

如图 6 - 12 所示，在传感器的上腔内，安装有电位计、燃油泵继电器的控制触点和温度传感器电路。电位计的滑臂（电刷）随测量叶片转动并输出传感器电压信号（VS）。调整齿圈用来调整回位弹簧的预紧力，以保持传感器的输出特性和稳定性。

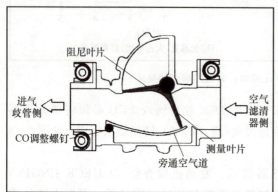

图 6 - 11　下腔（叶片部分）的结构

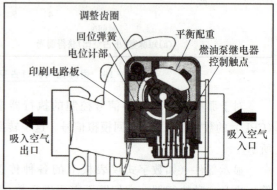

图 6 - 12　上腔电位计和燃油泵继电器的控制触点

2. 工作原理

传感器电路如图 6 - 13 所示。当发动机关闭时，叶片复位带动电位计的滑臂，使燃油泵继电器的控制触点（E_1 和 F_C）断开；当发动机转动时，电位计的滑臂脱离此控制触点，使触点闭合，燃油泵工作。

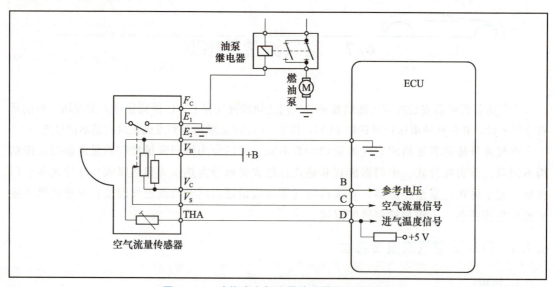

图 6 - 13　叶片式空气流量传感器的工作原理

当发动机进气量变化使叶片转动时，V_C 与 V_S 间的电阻与空气流量成反比，所以电压 U_S 和 U_S/U_B 也与空气流量成反比。ECU 根据 U_S/U_B 计算空气流量的大小。使用 U_S/U_B 作为空气流量传感器的输出信号的目的在于：当加给电位计的电源电压 U_B 发生变化时，U_S/U_B 仍保持不变，即传感器的输出电压不受电源电压的影响。如果将 V_C、V_S、V_B 及其电阻与 E_2 交换位置，则传感器的输出 U_S/U_B 与空气流量成正比。

6.7.2　卡门涡旋式空气流量传感器

如图 6 - 14 所示，在卡门涡旋式空气流量传感器的进气管道中间设有流线形或三角形的涡流发生器，当空气流经涡流发生器时，在其后部会产生卡门式的空气涡流。单位时间内通过涡流发生器后方某点的涡流数量与空气流速成正比。因此，通过测量单位时间内涡流的数量就可计算出空气流速，再乘以空气通道的有效截面积，就可以算出空气的体积流量。

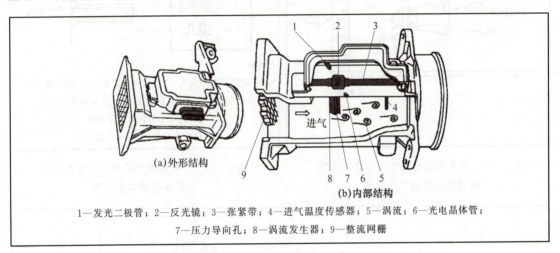

1—发光二极管；2—反光镜；3—张紧带；4—进气温度传感器；5—涡流；6—光电晶体管；
7—压力导向孔；8—涡流发生器；9—整流网栅

图 6 - 14　卡门涡旋式空气流量传感器

根据检出涡流方式的不同，卡门涡旋式空气流量传感器有反光镜检出式和超声波检出式两种。

1. 反光镜检出式

如图 6 - 15 所示，反光镜检出式卡门涡旋式空气流量传感器上腔由反光镜、发光二极管和光电晶体管及其电路组成。发光二极管发出的光束被反光镜反射到光电晶体管上，使光电晶体管导通，输出电流信号，再转换成电压信号。反光镜安装在很薄的金属簧片上，由于下腔发生空气旋涡而产生的空气压力变化通过导向孔传至金属簧片及反光镜上，反光镜随其振动，其振动频率与单位时间内产生的旋涡数量相同。所以被反光镜反射的光束及由此产生的光电晶体管回路的电流和输出电压也以相同的频率变化，并且频率与空气流量成正比。ECU 根据传感器输出电压信号的频率即可确定空气流量的大小。

2. 超声波检出式

如图 6 - 16 所示，在涡旋发生器后空气流动的垂直方向上安装有超声波信号发生器，在其对面安装超声波接收器。信号发生器向接收器发出相同频率的超声波，因受卡门涡旋造成的空气密度变化的影响，接收器接收到的超声波频率将随卡门涡旋频率的变化而变化，从而反映出空气流量。

图 6 - 17 所示为卡门涡旋空气流量传感器与 ECU 的连接电路。其中 C 端子为发光二极管电源输入端，E 端子为光敏晶体管的信号输出端。

图 6 - 18 所示为卡门涡旋式空气流量传感器的输出信号，其频率随进气流量的增加而提高。

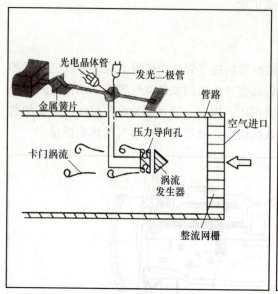

图 6 - 15 反光镜检出式卡门涡旋式空气流量传感器的工作原理

1—超声波发射探头；2—涡流稳定板；3—超声波信号发射器；4—涡流发生器；5—往发动机方向；6—卡门旋涡；7—与涡流对应的脉冲信号；8—超声波接收探头；9—接 ECU

图 6 - 16 超声波检出式卡门涡旋式空气流量传感器工作原理

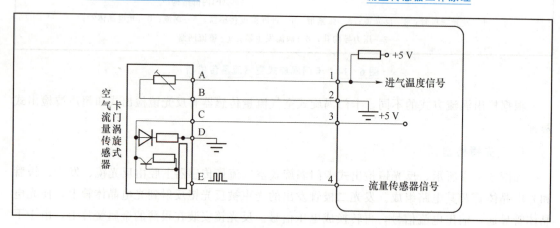

图 6 - 17 卡门涡旋式空气流量传感器与 ECU 的连接电路

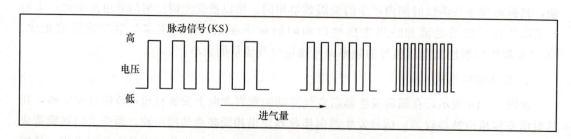

图 6 - 18 卡门涡旋式空气流量传感器的检测信号

图 6-19 所示为丰田凌志 LS400 汽车发动机使用的卡门涡旋式空气流量传感器。

图 6-19　凌志 LS400 卡门涡旋式空气流量传感器

6.7.3　热线式空气流量传感器

1. 结构

热线式空气流量传感器如图 6-20 和图 6-21 所示，主要由主气道、旁通气道和控制盒组成。在主气道或旁通气道内设置有能感知空气流量的热线，在其前端设置有能够测量进气温度的补偿电阻（冷线），热线和冷线的电阻随温度而变化。控制盒内有用来向热线供应电流并产生输出信号的混合集成电路。混合集成电路 A 主要由惠斯顿电桥和自洁电路组成。

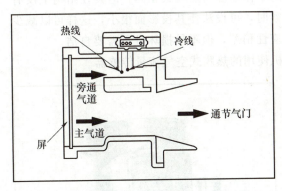

图 6-20　热线式空气流量传感器（旁通测量式）

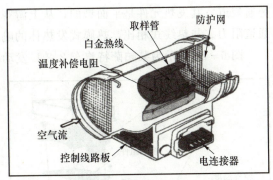

图 6-21　热线式空气流量传感器（主流测量式）

2. 工作原理

惠斯顿电桥如图 6-22 所示，混合集成电路 A 向热线供应的电流始终能保证热线和冷线的温度之差为一设定值，一般为 100～200 ℃。当空气流量增大时，热线温度降低，电阻发生变化，电桥失去平衡，为恢复电桥平衡（维持热线和冷线的温差），混合集成电路 A 向热线供应的电流增大；反之，则减小。而此电流也在精密电阻 R_A 上引起同样的电压变化。所以精密电阻 R_A 上的电压降即为热线式空气流量传感器的输出信号电压。

图 6-23 所示为热线式空气流量传感器与 ECU 之间的连接电路。

为保持热线清洁，每当发动机熄火、点火开关关闭时，ECU 向传感器发出自清信号，大电流在瞬间通过热线，使其得到清洁。

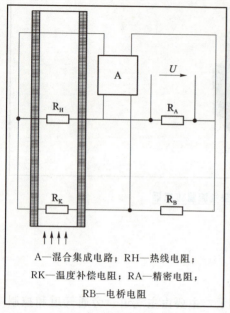

A—混合集成电路；RH—热线电阻；
RK—温度补偿电阻；RA—精密电阻；
RB—电桥电阻

图 6-22 热线式空气流量传感器的工作原理

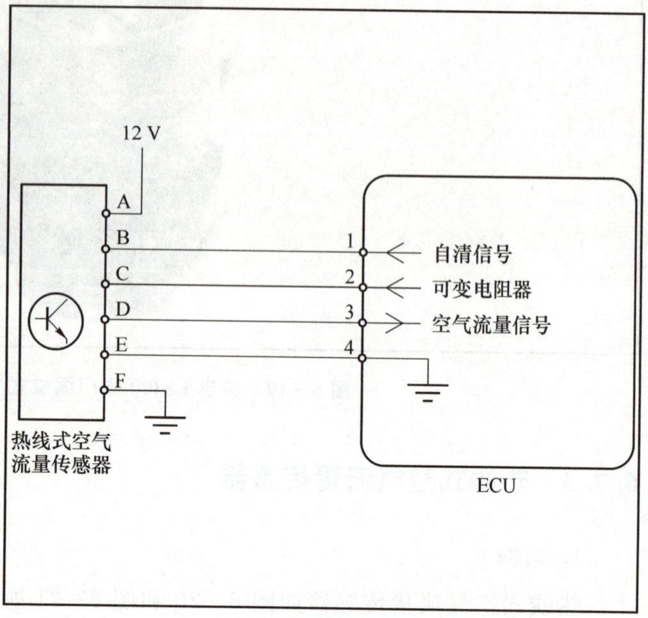

图 6-23 热线式空气流量传感器与 ECU 的连接电路

6.7.4 热膜式空气流量传感器

如图 6-24 所示，热膜式空气流量传感器的工作原理与热线式相同。但其在结构上没有旁通气道，其发热元件是平面型的，从上游观察时，可设法使其投影面很小，这样可以减少通道阻力。与热线式相比，热膜式发热体的响应性稍差，但不易损坏且不需要自洁。

图 6-25 所示为某帕萨特汽车 2.8 L 发动机使用的热膜式空气流量传感器。

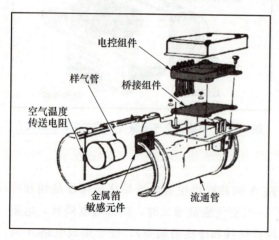

图 6-24 热膜式空气流量传感器的结构

图 6-25 某帕萨特汽车 2.8 L 发动机使用的
热膜式空气流量传感器

6.8 进气歧管绝对压力（MAP）传感器

在稍早一些时期的发动机上，主要通过测量进气压力来确定空气流量。通常从进气歧管绝对压力（MAP）传感器引出的软管接在节气门体之后，一些 MAP 传感器安装在发动机电子控制单元（ECU）里。由于空气的质量流量不但和空气的压力有关，还与空气的温度有关，所以采用 MAP 传感器的发动机在检测进气压力的同时，还需要检测进气的温度。常用的 MAP 传感器有半导体压敏电阻式和电容式两种。

6.8.1 半导体压敏电阻式进气歧管绝对压力传感器

如图 6-26 所示，半导体压敏电阻式 MAP 传感器由制在硅膜片上的半导体压敏电阻组成的电桥和信号处理集成电路组成。把硅膜片的一面抽成真空，另一面导入进气歧管的气体压力。硅膜片受到的压力不同，半导体压敏电阻的阻值也不同，所以电桥的输出电压也不同，如图 6-27 所示。典型的半导体压敏电阻式 MAP 传感器产生的电压信号在 1～1.5 V 之间变化。

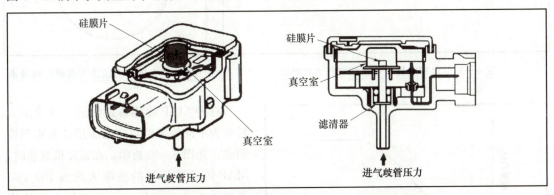

图 6-26 半导体压敏电阻式进气歧管绝对压力传感器

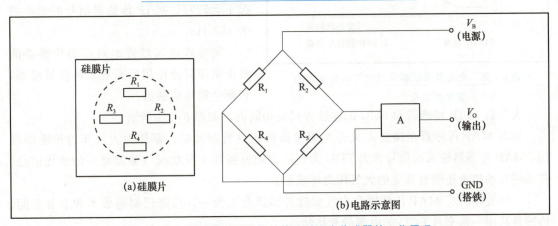

图 6-27 压敏电阻式进气歧管绝对压力传感器的工作原理

177

半导体压敏电阻式进气歧管绝对压力传感器尺寸小，精度高、响应性好，成本较低，所以得到了广泛的应用。

6.8.2 电容式进气歧管绝对压力传感器

典型的电容式进气歧管绝对压力传感器如图 6-28 和图 6-29 所示，电容被从进气歧管引来的气体所包围，当进气歧管压力变化时，电容值就跟着变化。电容连接在混合集成电路的振荡电路中，当电容发生变化时，振荡回路输出电压的频率就会跟随变化，且与进气歧管压力成正比。

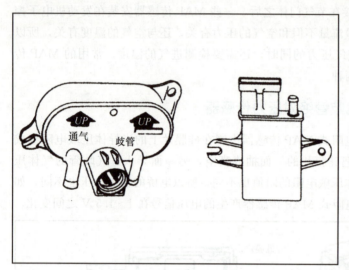

图 6-28　电容式进气歧管绝对压力传感器　　　图 6-29　电容式压力传感器结构简图

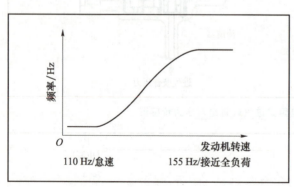

图 6-30　电压信号的频率随进气歧管压力的
变化而变化

这种 MAP 传感器是将进气歧管压力转变为不同频率的数字电压信号来实现检测的。如图 6-30 所示，在发动机怠速时，MAP 传感器信号的频率大约为 109 Hz；而发动机在节气门全开或接近全开的情况下运转时，MAP 传感器信号的频率约为 153 Hz。

电容式进气歧管绝对压力传感器的输出电压只能使用厂家规定的仪器检测，否则会损坏传感器。

大多数 MAP 传感器和 ECU 的连接方式是相同的，如图 6-31 所示。

很多 MAP 传感器在接通点火开关而发动机还没有起动时，都作为大气压力传感器使用，MAP 传感器输入的信号告诉 ECU 大气压力随海拔和大气状况（如湿度）的变化信息。在某些发动机上还装有独立的大气压力传感器。

一些发动机将 MAP 传感器和空气温度传感器合二为一，以降低制造成本和节省空间。传感器共用一条来自 ECU 的电源线和接地线。

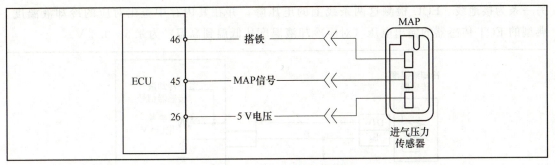

图 6 - 31　MAP 传感器和 ECU 的连接方式

6.9　发动机冷却液温度（ECT）传感器

　　ECU 的许多控制决策需要知道冷却液的温度，如在发动机起动、暖机过程中，ECU 主要根据冷却液温度确定喷油量和点火提前的，当冷却液温度较高时，为避免发生爆震，要减小点火提前角。又如，在冷却液温度较低时，废气再循环（EGR）、冷却风扇不工作等。冷却液温度传感器是发动机最重要的传感器之一。

　　如图 6 - 32 所示，ECT 传感器一般通过螺纹连接安装在气缸体或气缸盖上，传感器下端的感温部分浸没在发动机的冷却液中。感温部分通常由热敏电阻承担，热敏电阻的阻值可以随温度的升高增加或减小，ECT 传感器常使用后一种，如图 6 - 33 所示。譬如在 −40 ℃时，热敏电阻的阻值为 270 kΩ，而在 120 ℃ 时的阻值为 1.25 kΩ。如果向热敏电阻供电，则当阻值增加或减小时，热敏电阻的电压降也将随之增大或减小。ECT 传感器与 ECU 之间用两条导线相连，如图 6 - 34 所示，其中一条既是 ECU 的供电线也是传感器的输出电压信号线，

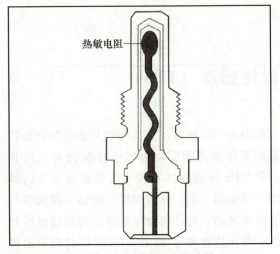

图 6 - 32　热敏式温度传感器

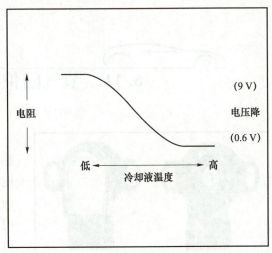

图 6 - 33　冷却液温度传感器的电阻与电压降的关系

另一条为接地线。ECU 检测这两条线上的电压降，并在其内存中查出对应的冷却液温度。典型的 ECT 传感器的输出电压（对应冷却液温度从低温到高温）为 4.5～0.3 V。

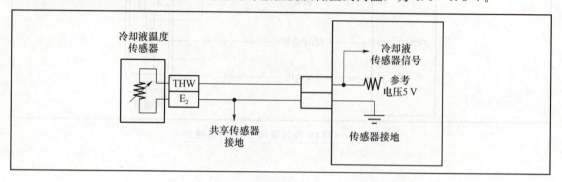

图 6-34　冷却液温度传感器与 ECU 之间的连接

6.10　进气温度（IAT）传感器

进气温度低时进气密度大，对于使用 MAP 传感器和体积型空气流量传感器的发动机来说，意味着在相同的空气压力和流量下，进气温度越低，空气的质量流量也越大。因此 ECU 需要根据进气温度修正喷油量，以得到正确的空燃比。所以使用上述传感器的发动机同时也需要使用进气温度（IAT）传感器。

进气温度（IAT）传感器可以固定在进气歧管上，也可以安装在空气滤清器或空气流量传感器内。其工作原理和与 ECU 的连接方式和发动机冷却液温度传感器相同。

6.11　节气门位置传感器（TPS）

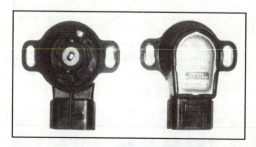

图 6-35　节气门位置传感器

如图 6-35 所示，TPS 和叶片式空气流量传感器的工作原理相同，由电位计检测节气门开度，但 TPS 传感器体积较小，安装在节气门体内节气门轴的末端，其滑动臂（电刷）跟随节气门轴同步转动，转动的角度和速度转换成电压和电压的变化速度传至 ECU，ECU 据此判断出操作者的意图并计算出所对应的发动机负荷。TPS

传感器信号是 ECU 确定喷油量、点火正时、怠速转速和尾气排放的一个重要的参考信号。在某些工况下（如急加速或急减速时），ECU 完全根据 TPS 信号做出增加或减少（断油）喷油量的决定。

TPS 有线性输出和开关量输出两种形式，多数车型使用前一种。

6.11.1　线性输出型节气门位置传感器

典型的线性输出型 TPS 如图 6 - 36 所示。除滑动臂及其触点和电阻片之外，还有怠速触点（IDL 端），在节气门关闭时，该触点在滑动臂作用下保持闭合，以告诉 ECU 发动机处于怠速工况，此时 TPS 传感器的输出电阻是 1 kΩ，输出电压小于 1 V。随着节气门开启，输出电压（VTA 端）也直线增加，直到节气门全开，TPS 传感器的输出电阻达 4 kΩ，输出电压达 4.5 V，如图 6 - 37 所示。

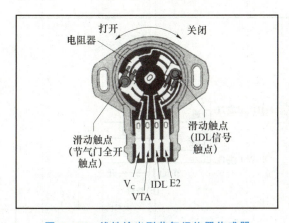

图 6 - 36　线性输出型节气门位置传感器

图 6 - 37　线性输出型 TPS 的输出电压

线性输出型 TPS 与 ECU 的连接如图 6 - 38 所示，需要说明的是，V_c 端是 ECU 向传感器提供的参考电压，通常为 5V，E_2 端为传感器输出信号提供搭铁。

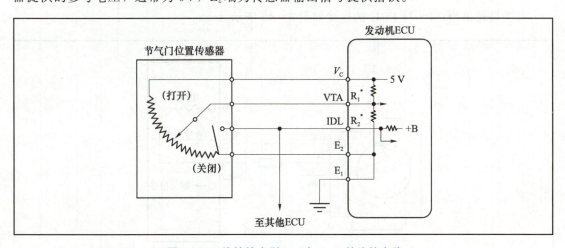

图 6 - 38　线性输出型 TPS 与 ECU 的连接电路

在某些 TPS 上的长形安装孔用来调整传感器。当需要调整 TPS 时，可拧松安装螺栓，转动 TPS，直至在发动机怠速时 TPS 产生的电压信号达到规定电压值为止。但在很多 TPS

上没有传感器调整装置。

6.11.2 开关量输出型节气门位置传感器

开关量输出型 TPS 传感器又称为节气门开关。典型的开关量输出型 TPS 如图 6-39 所示，主要由随节气门同步转动的凸轮，受凸轮驱动的活动触点和怠速触点（IDL）、全负荷触点（PSW）、ECU 提供的参考电压输入触点 E（共 3 个静触点）组成。当节气门在全关闭位置时，活动触点和怠速触点 IDL 闭合，IDL 和 E 连通，输出高电位。当节气门脱离全关闭位置时，活动触点使 E 和怠速触点 IDL 断开，输出低电位。当节气门开到一定角度及以上时（如大于或等于 55°），活动触点和全负荷触点（PSW）闭合，PSW 和 E 连通，输出电位由低电位变为高电位。根据以上电位的变化，ECU 就可以判断节气门开度并做出控制决策。

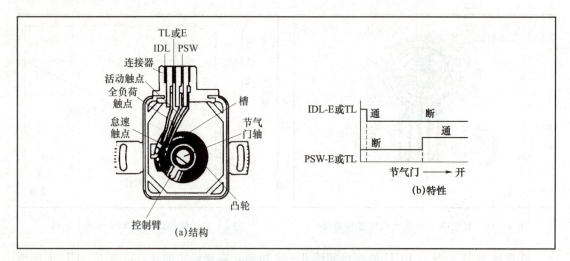

图 6-39 开关输出型 TPS 的结构与电压输出信号

开关量输出型 TPS 与 ECU 的连接如图 6-40 所示。

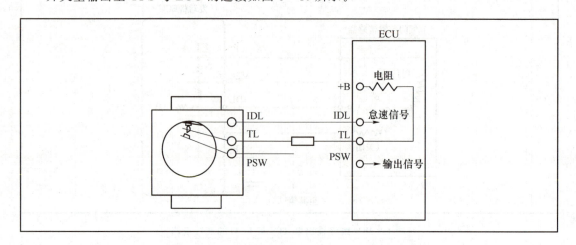

图 6-40 开关量输出型 TPS 与 ECU 的连接电路

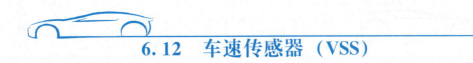

6.12　车速传感器（VSS）

车速主要用作 ECU 的参考信号，某些情况下也会成为 ECU 的主要信号，如使用 VSS 信号来锁止液力变矩器离合器并控制巡航操作。

车速传感器有两种类型，一种装在速度表软轴内或装在变速器驱动桥上的安装孔内，由软轴驱动磁铁转动，传感器线圈产生与车速成正比的交流电压信号；在另外一种型式中，软轴驱动的磁铁具有多个磁极，磁极外缘有一对簧片触点。磁铁旋转时，在磁极接近和离开簧片触点的过程中，会使触点开闭一次。如果在两触点上加上参考电压，则每次开闭时都会向 ECU 传送一个信号。

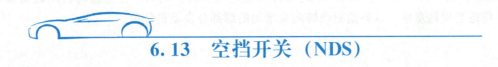

6.13　空挡开关（NDS）

ECU 根据 NDS 信号判断发动机是否处于怠速，在一些发动机中，当 ECU 接到挂挡信号时，会自动增加喷油量。

空挡开关（NDS）由变速器的变速杆驱动。当变速杆处于驻车挡（P）或空挡（N）时，NDS 闭合；当变速杆处在前进挡或倒挡（R）时，NDS 打开。伴随 NDS 的关闭和打开，ECU 会收到 1 V 和 5 V 的电压信号。

6.14　制动开关

制动开关信号由踩下或踩下然后放开制动踏板时产生。ECU 用制动开关信号控制怠速、EGR 阀操作、液力变矩器离合器的分离或退出巡航控制状态、改变点火正时等。

6.15　空调（A/C）开关

通常空调控制系统被集成在 ECU 中，当空调压缩机离合器吸合或脱离时，该电路上的开关向 ECU 传送一个电压信号，ECU 据此提高或降低怠速。

6.16　动力转向（PS）开关

动力转向（PS）开关告知 ECU 动力转向泵何时运转。例如，在怠速时转动转向盘时，ECU 将适当提高怠速，以补偿驱动转向泵增加的那部分发动机负荷。

6.17　发电机输出电压监控

ECU 随时监视发电机的输出电压，并通过控制充放电系统和改变发动机输出功率来不断地对发电机负荷进行补偿和调整。

小　　结

本章将各系统传感器、执行器和 ECU 看作一个单独系统加以讨论，以求对本书电控系统核心部分有一个综合了解。

思考与练习

一、问答题

1. 比较数字电压信号和模拟电压信号的异同点。

2. 简述只读存储器（ROM）芯片在汽车 ECU 中的功能。

3. 简述可编程只读存储器（PROM）与电可擦除只读存储器（EEPROM）之间的区别。

4. 说明 ECU 在什么情况下需要一个自学习过程。

5. 简述 ECU 输出驱动器是如何操控大多数执行器的。

6. 简述在什么情况下氧传感器会产生高电压，在什么情况下会产生低电压。

7. 线性输出型节气门位置传感器与开关量输出型节气门位置传感器有何不同？

8. "脉宽"的含义是什么？

9. 简述热线式空气流量传感器的工作原理。

10. 空挡开关在打开和闭合两种情况下分别向 ECU 输送什么样的电压信号？

二、填空题

1. ECU 的大多数输入传感器产生_____电压信号。

2. 数字电压信号被称为_____信号。

3. 术语"二进制"的意思是指_____。

4. 随机存储器可分为_____和_____存储器。

5. _____的意思是有关 ECU 指令执行结果的数据又作为输入信号送回 ECU。

6. 当空燃比较稀时，氧传感器产生的电压_____。

7. 如果冷却液温度升高，那么发动机冷却液温度（ECT）传感器上的电压_____。

8. 进气歧管绝对压力（MAP）传感器的 3 条引线分别是接地线、信号线和_____线。

9. 在叶片式空气流量（MAF）传感器中，电位计的电刷与_____联动。

10. 在一些热线式空气流量传感器中，当点火开关_____时，其自洁电路被激活。

三、选择题

1. 当讨论电压信号时，（　　）是正确的。

A. 模拟电压信号是连续变化的

B. 大多数输入传感器产生模拟电压信号

C. A 和 B 都对

D. A 和 B 都不对

2. 当讨论电压信号时，（　　）是正确的。

A. 数字电压信号不是高电平便是低电平

B. 数字信号必须先转换为模拟信号才可以供 ECU 使用

C. A 和 B 都对

D. A 和 B 都不对

3. 当讨论两种卡门涡旋式空气流量传感器时，（　　）是正确的。

A. 反光镜检出式输出的是模拟信号，输出电压越高，空气流量越大

B. 超声波检测式输出数字信号，输出信号的频率越高，空气流量越大

C. A 和 B 都对

D. A 和 B 都不对

4. 当讨论输入信号放大时，（　　）是正确的。

A. 所有传感器产生的信号都必须被放大

B. 随机存储器（RAM）芯片能够放大输入信号

C. A 和 B 都对

D. A 和 B 都不对

5. 当讨论模拟信号向数字信号转换时，（　　　）是正确的。

A. 模拟输入信号在只读存储器（ROM）中被转换为数字信号

B. 模拟信号向数字信号（A/D）的转换是由保持记忆存储器完成的

C. A 和 B 都对

D. A 和 B 都不对

6. 当讨论 ECU 存储器芯片时，（　　　）是正确的。

A. 微处理器可以将信息写入 RAM 内

B. 微处理器可从 RAM 中读取信息

C. A 和 B 都对

D. A 和 B 都不对

7. 当讨论 ECU 存储器芯片时，（　　　）是正确的。

A. 微处理器可擦除 ROM 内的信息

B. 当点火开关断开时，ROM 内的信息被擦除

C. A 和 B 都对

D. A 和 B 都不对

8. 当讨论输入传感器时，（　　　）是正确的。

A. 发动机冷却液温度传感器的电阻随冷却液温度的升高而增加

B. 发动机冷却液温度传感器上的电压降随冷却液温度的升高而下降

C. A 和 B 都对

D. A 和 B 都不对

9. 当讨论输入传感器时，（　　　）是正确的。

A. 节气门位置传感器产生的电压信号的增加与节气门开度有关

B. 节气门位置传感器产生的电压信号告知 ECU 打开节气门的速度

C. A 和 B 都对

D. A 和 B 都不对

10. 当讨论热线式空气流量传感器时，（　　　）是正确的。

A. 传感器控制模块可改变热线的温度

B. 传感器控制模块将热线温度维持在规定的温度

C. A 和 B 都对

D. A 和 B 都不对

第7章

点火系统的诊断维修

导入案例

　　某顾客抱怨他的汽车运行不良，不发火并且动力有损失。他感到很不解，因为他刚刚对他的爱车进行了第一次的预防性维护，更换了火花塞及点火系电缆。他坚持认为他正确地进行了维护工作。故障一定出现在其他系统中。由于故障是在该顾客维护车辆以后才发生的，所以从检测火花塞和点火线圈开始检修故障。顾客的维护工作从表面上看来进行得很仔细、很整洁。维修人员拔出一个火花塞，并对其进行检查。火花塞间隙适当，很干净，并且安装得还行，但不是很牢固。电缆的质量不是很好，但安装和布线方面都做得很仔细、很整洁。经进一步检查发现，在一个地方用一些绝缘胶布将3条点火线圈缠在一起，这样看起来很整洁、很牢固，但却可能引起交叉感应点火现象。正在点火的火花塞导线内的次级高电压会在与它平行的导线内感应出电压，从而致使某个火花塞不按正常顺序点火。维修人员拆除了绝缘胶布，并按照维修手册上的要求重新布线。之后进行试车证明就是这个故障。将火花塞导线整洁地缠绕起来进行布线看起来也许很好，但可能会使发动机的性能出现问题。

　　点火系统同时涉及机械和电子部件，故障现象比较丰富，本章以分电器点火系统的故障诊断为主要内容，除分电器外，多数内容也适用于无分电器点火系统。当ECU无故障码而故障确实存在，或故障码不反映真实的故障时，自诊断方法即失去了有效性。此时只要确认故障出自点火系统，使用本章提供的诊断程序和检测方法就能够较快地缩小范围，最终找到故障零件。点火系统的诊断检测可以使用许多种工具和仪器，由于汽车用示波器能够形象地观察到故障，还能同时显示多路波形，具有万用表的功能和越来越小的体积。所以本章主要以使用示波器为主讲述点火系统的故障检测。

7.1 故障诊断概述

任何点火系统的故障都可以分成公共故障和非公共故障两类。公共故障是指那些影响所有气缸点火的故障。非公共故障是指那些影响一个或几个气缸的故障。这两类故障分别由点火系统的公共部件和非公共部件引起对于分电器点火系统，以分电器分火头和分电器盖内的各个火花塞线接线柱为参照，以前为公共部件，以后为非公共部件。对于无分电器点火系统，则要看它的具体分火方式，一般包括点火模块以前的为公共部件。任何点火系统的点火开关、保险元件、总线路、公共搭铁和爆震传感器等都属于公共部件。公共故障常表现为发动机不起动、发动机爆燃或缺乏动力。非公共故障常表现为发动机工作不平稳。

用逐缸火花检查或逐缸真空检查，可以快速识别点火系统的故障类别。逐缸火花检查时，只要有一缸火花正常，则可说明是非公共故障，否则为公共故障。逐缸真空检查常用于4缸发动机。在怠速工况下，将真空表连接到发动机的进气歧管，如果是非公共故障，则真空表读数不正常时间占总测量时间的比例就是故障气缸数。

对于非公共故障，如果故障气缸压力、喷油等正常，则检测应该从次级电路开始，即火花塞及其导线、分电器盖、无分电器点火系统的点火线圈等非公共部件。对于公共故障，检测应该从初级电路开始，即电源供给及搭铁、分电器点火系统的点火线圈、分电器传动结构、曲轴（凸轮轴）位置传感器、点火模块、ECU 及其电源和搭铁等公共部件。没有必要任何时候都检测所有的零部件，正确确定检测区域和检测顺序能够提高诊断效率。

如果确认是点火系统引起发动机动力不足或爆燃，此时应检测爆燃传感器、火花塞导线布置、基本点火正时系统、点火模块、曲轴位置传感器、ECU 及其和正时有关的输入和输出等。

7.2 直观检查

任何点火系统的故障检测都要首先从直观检查开始。包括如下几个方面。

1. 点火线圈及其高压导线的连接

高压导线应该被紧紧地压在分电器盖上和点火线圈接线柱上及火花塞上。检查高压导线是否破裂，其绝缘体是否磨损，高压导线两端的橡胶套是否有裂纹，是否变硬变脆等。如果出现这些迹象，应更换导线和橡胶套。如果在高压导线处残留有白色或灰色的粉状物，则说明导线的绝缘体出了问题。如果可以听到火花爆裂声或可以看到这种火花（电晕效应），则应更换火花塞导线。有些制造商推荐成套更换火花塞导线。

必须按照点火顺序和制造商的维修手册连接火花塞导线，如图 7-1 所示。

相邻发火的两缸的火花塞导线应该相互交叉布置而不是彼此平行布置。平行布置的火花塞导线彼此会在对方的导线内感应出电压，从而可能使火花塞在错误的时刻发火。

应检查点火线圈外壳是否有裂纹、漏油或者点火线圈中央接线柱处是否有漏电迹象。

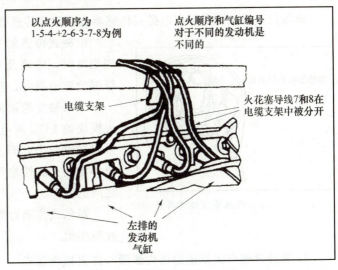

图 7-1 火花塞导线的布置

2. 初级电路导线的连接

应该检查点火系统初级电路导线的接头是否清洁，连接是否牢固，特别是电子控制或计算机控制的点火系统。电子电路工作时只需要极低的电压。腐蚀或灰尘引起的电压降会导致运行故障。若导线接头锁止片丢失，则会导致在振动或者温度变化时发生间歇性点火故障。

在发动机运转的时候，可以通过轻轻敲击，拖拽和摇晃导线的方法来检查被怀疑有问题的接头连接是否牢固。在发动机熄火的时候，拆开怀疑有问题的接头，检查它们是否太脏或腐蚀。按照制造商维修手册的建议清理接头。

检查点火开关要在发动机运转时轻轻摇晃点火钥匙及其连接导线。点火开关的铆钉松动或接触不良会使火花输出不稳定。

潮湿也是电子元件、导线、连接及搭铁发生故障的原因。可以采用局部加湿的办法重现故障。

3. 搭铁线路

在忘记连接搭铁线，将搭铁线错误地连接在一些非金属和金属上等情形下，电流试图经过另一条回路逆流到蓄电池。这会使这条回路运行不稳定或引起元件损坏；也可能使传动系统的精密部件受热变形。搭铁松动或丢失可能导致使点火模块烧毁、发动机性能不稳定或点火系统间歇性工作等故障。

4. 电磁干扰

电磁干扰可能导致 ECU、点火模块（ICM）等电子系统紊乱，甚至错误地触发传感器信号，使执行元件动作，有可能导致发生间歇性故障。汽车的高压导线、点火线圈、交流发电机绕组等都能产生这种电磁波。为此，需要将连接到计算机的传感器导线布置在远离电磁干扰源的地方或采取屏蔽措施。有时稍微改变布线位置，就能够避免电磁干扰。

5. 点火模块

点火模块采用晶体管作为控制开关。无论控制模块安装在何处，为了把其中的热量传导出来，都应该紧紧地安装在干净的表面上，并在其安装面涂导热硅润滑脂。

6. 传感器

曲轴位置传感器多采用电磁式传感器或霍尔式传感器。常装在分电器轴上或曲轴上。

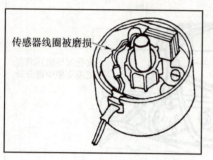

图 7-2　检查传感器的线圈导线

电磁式传感器更为常用一些。当触发轮损坏或出现裂纹时，应该及时更换。如果传感器线圈引线的绝缘部分被磨损时，它们会被接地，如图 7-2 所示。

如果触发轮被磁化，则会干扰传感器线圈送到点火模块或 ECU 的电压信号。采用塞尺检查触发轮，如果存在磁引力，则更换之。务必按照制造商的维修手册，使用非磁性塞尺检查并调整传感器线圈与触发轮之间的间隙。

霍尔式传感器发生的故障和电磁式传感器发生的故障相似。

7. 无分电器点火系统的点火线圈和点火模块总成

在无分电器点火系统中，检查点火线圈和点火模块总成时重点要检查点火模块和点火线圈的连接。检查各点火线圈处的高压导线接头，如果高压导线松动，要进一步检查接线端子是否有烧蚀现象。检查接线端子的电阻。拆下点火线圈包，查看点火线圈下方及点火模块导线如图 7-3 所示。导线松动或损坏，电插头接触不好都会导致点火线圈产生烧蚀现象。

如果直观检查找不出明显的故障，下一步就要使用仪器进行精确的测试检查。其中示波器和数字式万用表最为常用。

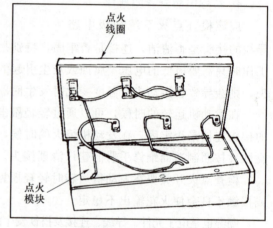

图 7-3　在无分电器点火系统中检查点火线圈与点火模块总成

7.3　分电器点火系统的快速诊断

尽管计算机控制取消了分电器控制点火提前角时所用的离心提前装置和真空提前装置等很多机械零件，但是仍然由分电器负责向各个气缸分配火花。分电器由发动机内的传动系统驱动，传动零件的磨损、变形会降低点火提前角的控制精度。

随着轴套的磨损，分电器轴将会偏离中心旋转，这样就会改变分火头和分电器盖间及转子和传感器线圈之间的间隙。如果轴套磨损成椭圆状，那么以上两种间隙将随分火头转动而变化，或者说随点火顺序而改变。

　　由于在分火头和分电器盖之间存在异常空气间隙，所以两者之间可能产生电弧。这将导致分火头尖端及分电器盖接线柱损坏。因间隙增大而增加的电阻会导致气缸不发火。

　　现以发动机不能起动为例，说明故障诊断过程。

　　（1）确认故障确实出自点火系统。用测试火花塞逐缸代替被测火花塞，如图 7-4 所示。运转发动机，观察测试火花塞的火花情况。如果火花不正常或没有火花则说明点火系统存在故障，否则需检查燃油喷射系统或进气系统。

　　（2）对点火系统所有零部件直观检查，如前所述。

　　（3）如果所有气缸都没有火花或火花不正常，应该对点火线圈、分电器、点火模块、ECU 及其输入传感器等进行替换检查。

　　（4）如果某气缸没有产生火花，则这个火花塞、火花塞导线或分电器盖出现故障。如果检查出火花塞没有问题（注意：若火花塞安装转矩不当，则会增加电路电阻），则根据发火顺序尝试另一条火花塞

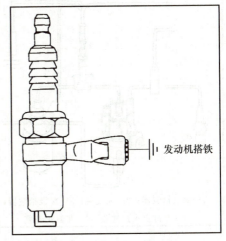

图 7-4　测试用火花塞

导线，如果有足够的火花产生即表明点火线圈工作正常。否则，就在点火线圈接线柱处检查点火线圈的输出情况。如果有火花产生，则可能是分电器盖或者分火头的问题。否则，需要检测初级电路。

　　（5）把 12 V 的测试灯或闭合角测定仪连接到点火线圈的负接线柱（转速表），并起动发动机。如果此时经过点火模块的点火初级回路是断开的，测试灯应该发光，否则则表明在初级绕组内或在点火开关与蓄电池接线柱之间的电路中存在断路。如果此时经过点火模块的点火初级回路是接通的，测试灯应该不发光，否则则表明在点火模块内部或点火模块与点火线圈之间的导线中存在断路。

　　（6）运转发动机，同时观察测试灯。如果测试灯闪烁，则触发点火的传感器和点火模块没有问题。否则，如果传感器测试没有问题，则可能是点火模块存在故障。在测试传感器之前，应接通点火开关，检查点火线圈初级绕组正接线柱处的电压。

　　在克莱斯勒电控发动机上，电流必须通过自动切断（ASD）继电器才能到达点火线圈初级绕组正极接线柱和电动燃油泵。如果 ASD 继电器出现故障，则点火线圈初级绕组正极接线柱处的电压可能为零。ASD 继电器是由 ECU 控制的，点火开关打开的时候，继电器会暂时闭合 1s，此后如果没有起动发动机，则继电器会断开。

7.4　用示波器测试次级和初级电压并分析故障

　　标准的示波器有 4 条测试引线与点火系统连接，如图 7-5 所示。

示波器显示的典型的次级电压波形如图 7-6 所示。出现在初级电路波形中的大多数问题在次级电路波形中也可以看见。

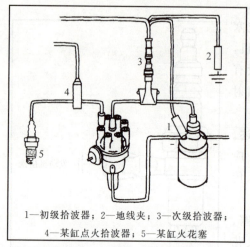

1—初级拾波器；2—地线夹；3—次级拾波器；
4—某缸点火拾波器；5—某缸火花塞

图 7-5　示波器的拾波器与点火系统的典型接法

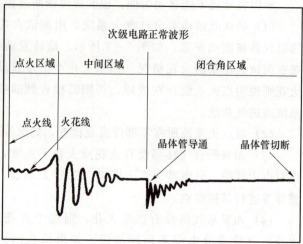

图 7-6　典型的次级电压波形

如图 7-7 所示，可以将次级电压波形分为 4 个阶段。

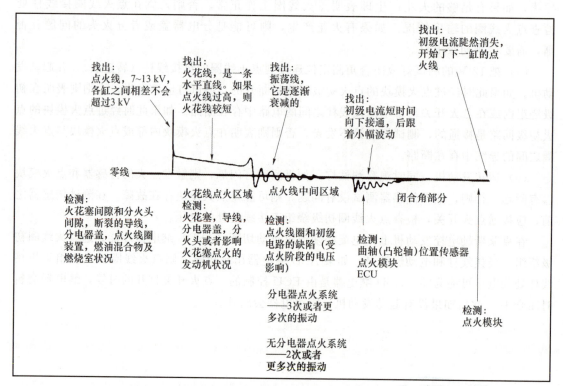

图 7-7　次级电路单缸电压波形的详解

1. 点火线即点火电压

如图 7-7 所示，位于左侧的垂直线表示点火电压，称为点火线。点火线圈的电压要能克服次级电路中的所有电阻，并达到点火电压。一般需要 7～13 kV，各缸相差不得超过 3 kV。

2. 火花线长度即火花实际持续的时间

一旦克服了次级电路的电阻，火花就会跳过火花塞间隙形成电流。火花线从点火线开始，向右侧延伸，一直到点火电压降到使电流流过火花塞间隙所需的电压值以下为止。此过程中，火花一直在泄放点火线圈次级绕组中积聚的电压。

火花线的斜度越陡，则克服次级电路电阻所需要的电压越高，火花线的长度也越短。换句话说，如果点火电压比正常需要的电压高，则燃烧时间将缩短。如果点火电压比正常需要的电压低，则燃烧时间将增加。

点火系统的阻力因素通常来自次级电路，如火花塞，火花塞导线，分电器盖，分火头，点火线圈等。火花塞间隙过大、火花塞导线损坏，分电器盖和分火头之间的间隙不当都将使所需的点火电压成比例增加。此外，气缸内部的阻力因素（包括压缩情况，混合气浓度及温度）也会导致点火电压和火花持续时间的改变。

大多数汽车发动机点火系统的火花持续时间约为 1.5 ms。若火花持续时间太短（如小于或等于 0.8 ms），则不能使混合气完全燃烧，使污染和功率损失增加。这表明火花塞脏污，缸内压缩压力低，或者火花塞电极的间隙太小。若火花持续时间太长（如大于或等于 2 ms），则会导致火花塞的电极永久损坏。火花持续时间一般被测量两次，一次在发动机起动期间，一次在发动机运转期间。

3. 振荡区域

当点火线圈的电压降到维持火花所需的电压以下时，便进入了点火线圈的振荡区域。此过程中，点火线圈释放完剩余电压。

常采用测试用火花塞来测试点火系统的点火能力。正常情况下，点火线的电压应该超过 35 kV，并且始终如此。否则，可能意味着初级电路电压低于正常可用电压、点火模块的内阻可能较高、点火线圈或其导线可能有故障，需要进一步测试以找出具体问题。点火线后面的波动越大，则说明点火线圈储存的能量也越大，一般分电器点火系统波动 3 次以上，无分电器点火系统应波动 2 次以上。

4. 闭合角区域

当点火模块接通初级电路时，波形稍向下弯，随后是几个小幅的振荡，表明点火线圈内开始建立磁场。直到初级电流再次被切断，闭合角区域结束。

某些电子点火系统使用固定闭合角，而大多数电子点火系统有可变闭合角功能。如果发动机工况变化时，这些闭合角没有变化，则必须更换 ECU。

和次级波形类似，正常的初级电压波形也可以分为 4 个阶段，如图 7-8 所示。

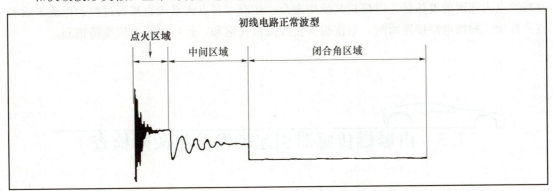

图 7-8　典型的初级电压波形

在正常的闭合角阶段，当点火模块接通初级线圈时，波形应该有一个明显的急剧转折。如果信号在这里存在斜坡或噪声，则说明某些因素正在阻止电路瞬时接通；如果有不稳定的脉动，如图 7-9 所示，则可能是由下列因素引起的。

① 分电器轴套、驱动齿轮磨损，点火传感器触发轮安装不牢靠。

② 凸轮轴轴向间隙过大，其传动链轮磨损。

③ 正时链条或齿形带被拉长。

以上情况将使点火能量变得不稳定，造成发动机工作粗暴、不稳定，动力下降，加速性能不良并发生回火。

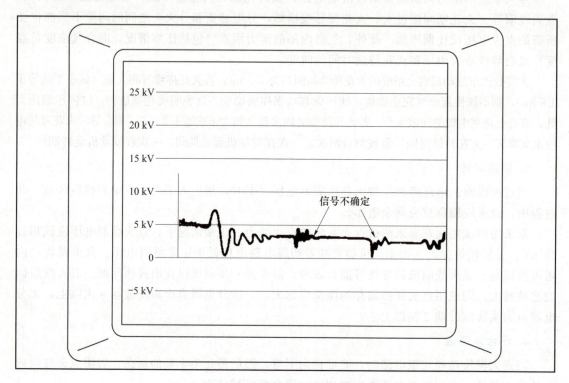

图 7-9 晶体管接通信号不稳定

一些先进的点火系统可以通过改变闭合角区域（改变右边的转折点）来改变初级电流，实现对闭合角的动态控制。即只有在需要的时候才允许点火线圈达到完全饱和状态，其作用是减少点火线圈的发热量，以延长其使用寿命。还有一些点火系统直接通过控制电流来改善点火性能。初级电路接通瞬间，电流很大使线圈很快饱和，此后以小电流维持饱和。

7.5 由爆燃传感器引起的发动机故障检查

大部分发动机点火系统使用爆燃传感器来延迟点火提前角。使用爆燃传感器允许 ECU

将点火提前角设置得尽可能的早。如果爆燃传感器出现故障，可能致使发动机因点火时刻没有提前而缺乏动力，或者因点火时刻过早而产生严重的爆燃。以某发动机为例，应该按以下程序检查点火系统，如图 7 - 10 所示。

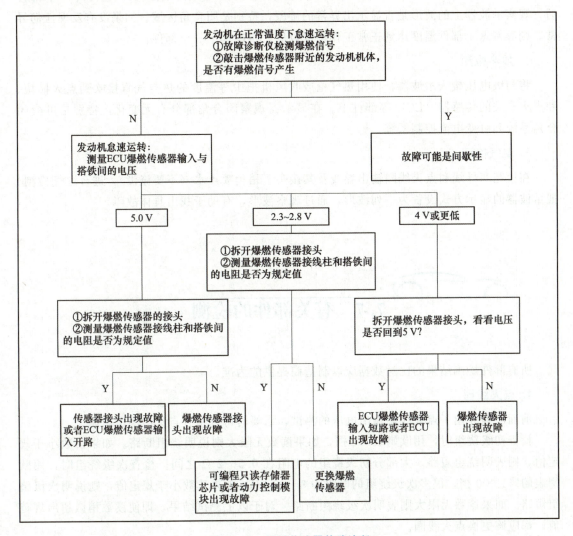

图 7 - 10 爆燃传感器故障诊断

7.6 用模拟环境测试诊断间断点火故障

如果确定间断点火的故障是在某些极热、极冷或极端潮湿情况下发生的，则对部件（重点是电子部件）可以进行以下所达的模拟环境测试。如果没有示波器，则可以通过感觉故障是否重现来确定故障部件。

1. 冷却检测

设置示波器为并列波形方式（能同时观察所有气缸的点火波形），使用液体冷却剂逐个冷却点火系统的主要部件，如点火模块，传感器线圈及一些主要连接头。在冷却一个部件后，观察示波器上的波形是否显示出异常的迹象，特别是闭合角区域。如果没有发现任何异常，则等待这个部件温度达到正常工作温度以后，再冷却下一个部件。

2. 加热检测

将初级电压接入示波器，使用热气枪或吹风机把中等温度的热空气直接吹到点火模块、和点火有关的传感器、ECU 等部件上。在显示器观察闭合角部分有无变化，特别是可变闭合角系统和可变电流控制系统。

3. 湿气检测

在火花塞导线和点火线圈输出导线及其接头上稍稍喷点水（不要淹没），进行湿气检测。把示波器的显示方式设置为平列波形，通过观察波形，有助于找出具体故障。

7.7　有关部件的检测

所有部件检测结果的比对数据应以制造商提供的为准。

1. 点火线圈

前面已经介绍了点火线圈输出电压的测试，需要时可以检查点火线圈的电阻。

检查初级绕组时，用欧姆表×1 挡，如果读数无限大则说明绕组断路。如果读数小于规定值，则表明绕组短路。大部分初级绕组的电阻在 0.5～2 Ω 之间。检查次级绕组时，用欧姆表的×1 000 挡，很多次级绕组的电阻为 8～20 kΩ。如果读数小于规定值，则说明次级绕组短路。如果读数无限大则表明次级绕组断路。对于以上测试结果，即使读数稍微超出规范值，都应该更换点火线圈。

2. 点火模块

采用欧姆表检测点火模块接地是否良好。欧姆表的两个表笔分别与控制模块的接地端子和发动机搭铁相连接。若读数为零则表明接地良好。

检测点火模块故障最有效的方法是采用点火模块测试仪。主要检查模块接通与断开初级电路的能力。但是大多数点火模块测试仪是针对特定品牌的点火模块和特定点火系统的控制模块而设计的。如果没有所需要的测试仪，则在认定是点火模块故障之前，先检测其他部件。因为点火模块的可靠性是很高的，它们也是最昂贵的点火系统部件之一。

3. 电磁式曲轴（凸轮轴）位置传感器

大部分发动机的点火系统采用电磁式曲轴（凸轮轴）位置传感器。可以用铜制（无磁性）塞尺放到触发轮轮齿与传感器线圈之间来测量空气间隙，如图 7-11 所示。

如果空气间隙需要调整，可以松开传感器线圈的固定螺钉，移动传感器线圈直到获得制造商规定的空气间隙为止。然后，重新拧紧传感器线圈的固定螺钉到规定的转矩。另外一些传感器线圈被铆接到安装板上，这些传感器线圈因此不能调整其空气间隙。

另外，分电器轴套磨损也会改变传感器线圈的空气间隙。

可以用数字式万用表测试传感器线圈的电阻和交流电压输出。在进行电阻测试时，要断开点火模块或模块接头处的传感器线圈导线。把数字式万用表的两个表笔分别连到传感器线圈导线的两端。标准的电阻值，在 $150\sim1\,500\,\Omega$ 之间。

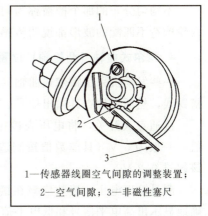

1—传感器线圈空气间隙的调整装置；
2—空气间隙；3—非磁性塞尺

图 7-11　传感器线圈空气间隙的调整

将数字式万用表的一个表笔从传感器线圈的导线上移开，把它接到分电器壳体上，观察读数。万用表应该显示断路，这说明从传感器线圈绕组到分电器壳体之间没有短路。

把万用表选择开关调到交流电压挡，测量传感器的输出电压。转动发动机，每当触发轮轮齿通过传感器线圈时，都会有感应电压输出，一般标准电压为 $250\sim500\,mV$。

如果用示波器观察会更方便。正常工作的电磁式曲轴位置传感器的波形如图 7-12 所示。仔细检查波形中是否有噪声和干扰脉冲。

波形形状将随触发轮上槽的位置和数量的不同而变化。图 7-13

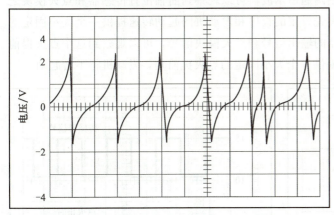

图 7-12　电磁式曲轴位置传感器的正常波形

中的触发轮有 9 个槽。其中有 8 个槽均匀布置，剩下的一个槽被布置在靠近 8 个槽其中之一的位置，其波形如图 7-14 所示。

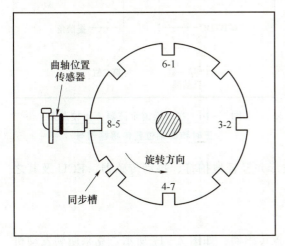

图 7-13　曲轴位置传感器的 9 槽触发轮

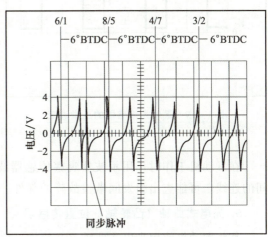

图 7-14　9 槽触发轮曲轴位置传感器的波形

197

不均匀分布的那个槽被称为同步槽，有时使用凸轮轴位置传感器实现其功能。任何与触发轮构造不匹配的波形都说明传感器或其线路存在问题。

4. 霍尔式曲轴（凸轮轴）位置传感器

一些发动机采用霍尔式曲轴（凸轮轴）位置传感器。首先检查霍尔式传感器的电源线和搭铁线，然后再检查其输出信号。

接通点火开关，将电压表接在电压输入端和搭铁之间。电压表上应该显示规定的电压值，一般为 5 V（具体数值按制造商提供的资料）。同时测量搭铁端的电压降，通常不应该超过 0.2 V。

测量输出电压，读数应该在接近 0 V 到 9～12 V 之间波动。此时如果用示波器会更准确地显示出高电平信号和低电平信号。

同样，如果使用示波器监测霍尔式传感器的工作情况会更方便。

正常情况下，示波器上应该显示数字波形，如图 7-15 所示。脉冲之间的间隔、每个脉冲的形状和幅度都应该是相同的。利用两通道示波器可以观察到曲轴位置传感器和点火模块之间的关系。在起动期间，模块会根据预先设定的程序和发动机的起动转速提供一个大小固定的点火提前角。通过观察曲轴位置传感器的输出信号和点火模块信号，可以观察到这个点火提前角，如图 7-16 所示。如果模块没有提供一个大小固定的点火提前角，发动机将不会起动。

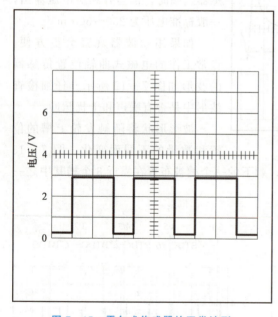

图 7-15　霍尔式传感器的正常波形

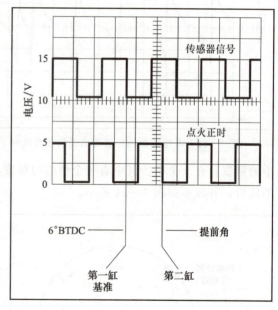

图 7-16　在双通道示波器上比较点火
正时和曲轴位置传感器信号

在发动机工作时，用示波器观察传感器波形并轻轻地拍打、抖动传感器、ECU 及其之间的连线，可能查出引发间歇性故障的部件。

5. 光电式曲轴（凸轮轴）位置传感器

某些发动机使用光电式曲轴（凸轮轴）位置传感器。如图 7-17 所示，克莱斯勒发动机分电器内安装有光电式传感器。接通点火开关，在分电器的 4 芯接头中，橘黄色电源线和搭铁线之间的电压一般为 9.2～9.4 V。

黑色/淡蓝色搭铁线和发动机搭铁间的电压降应该小于 0.2 V。灰色/黑色的参考传感器导线或棕褐色/黄色的同步传感器导线的输出电压一般在 0～5 V 之间变化。

6. 分电器

分电器内除了传感器线圈、触发轮外，还有分电器轴、轴套等。这些零件一旦出现故障，多数制造商规定或建议更换分电器。如果必须修理分电器时，一定要按制造商的工艺规范拆卸、检查和安装分电器。拆卸分电器要做正时记号。

图 7-17　克莱斯勒光电式传感器分电器的 4 芯接头

7.8　无分电器点火系统的故障诊断特点

在无分电器点火系统中，火花分配和点火正时是由计算机控制的。其中基本点火正时不能调整。传感器发送曲轴位置信号到 ECU。ECU 根据这个信号和其他传感器输入的信号控制点火模块的动作。点火模块控制初级点火电路和火花塞发火。在这种系统中，发动机的每一个气缸用一个点火线圈或者每两个气缸共用一个点火线圈。在后一种形式中，每一个点火线圈使两个火花塞同时发火。发火时，一个火花塞所在的气缸正处于压缩行程，而另一个火花塞所在的气缸正处于排气行程。因此，无分电器点火系统的故障诊断有如下特点。

(1) 自诊断系统可以在更大程度上帮助诊断故障，应注意随时应用。

(2) 点火线圈故障可能影响两个气缸。要用示波器同时观察这两个气缸的点火波形。

(3) 注意区分公共故障和非公共故障。公共故障通常由点火模块，曲轴（凸轮轴）位置传感器，ECU 及它们之间的连接件故障引起。非公共故障通常由点火线圈，火花塞线及火花塞故障引起。

(4) 当发生不能起动的故障时，要从直观检查开始诊断。然后用测试火花塞测试火花强度。如果火花明亮、强烈，则说明次级输出电压状况良好。如果火花很弱甚至根本没有火花，则应该检查初级电路。另一种快速测试初级点火电路触发工作情况的方法是检查喷油器脉冲。把喷油器测试灯连接到喷油器接头上，在发动机转动的时候观察测试灯。如果测试灯闪烁，则表明初级触发电路正在起作用，故障很有可能出在次级系统中。否则，很可能是曲轴（凸轮轴）位置传感器出了故障。

(5) 在很多电子点火系统中，传感器和触发轮之间的空气间隙不可调节，如果间隙已经变化，又不可调节时则应予更换。

(6) 如果凸轮轴位置传感器的安装位置利用了原分电器孔，则安装时应校正基本正时。

案例分析

一位顾客抱怨装配有电子点火系统的旁蒂克汽车存在失速故障。当就此问题询问车主时，他说当在城市中驾车时发动机会停转，但这种情况每周仅发生一次。进一步询问车主得知，发动机可在停转 5～10 min 后再次起动，并且车主说发动机看起来好像在溢油。

维修人员对车上的电子点火系统进行了电压测试，电阻测试，并用示波器进行了诊断。但并没有发现系统存在故障，且发动机工作正常。又检查了燃油泵的压力和燃油滤清器内的杂质，但这些零部件都没发现问题。因此只能告诉顾客在症状不出现时很难诊断出问题出在哪里。维修记录员要求顾客在发动机再发生停转时不要重新起动，而是立即打电话到店里。维修记录员告诉顾客，一旦她打电话到店里，他们会立即派一名维修人员到现场检查问题。

大约 10 天后，顾客打电话到店里，说她的车已经停止转动了。一名维修人员立即赶到那里，他把一个测试用火花塞连到几条火花塞导线上。点火系统根本不能使任何一个火花塞处的测试火花塞点火。他们没有进一步起动发动机，而是把车拖到了店里。

维修人员发现，曲轴位置传感器的电源线和搭铁线都正常，但是当发动机转动时，传感器没有产生电压信号。因此更换了曲轴位置传感器，并适当地进行了调整。后来顾客到店里做其他的维修时，她说停转故障自那次维修后就没有再发生过。

小　　结

从本章开始将介绍分系统的故障诊断，并增加案例分析。无论何种系统及何种故障，本书前言中介绍的诊断思路都是适用的。本章简要介绍了直观检查（包括查看自诊断信息），重点介绍了用示波器诊断常见故障和检测零部件，分析可能造成点火系统故障的其他系统故障。

思考与练习

1. 经过检测发现，火花塞尖端有一层干燥蓬松的黑色积炭，关于其成因，（　　）是正确的。

A. 这是由于发动机在太低的温度下运行所致

B. 这是由于混合气太浓所致

C. A 和 B 都对

D. A 和 B 都不对

2. 从示波器上看，所有气缸的电压波形的点火线位置都比正常值要低，关于其成因，（　　）是正确的。

A. 这是由于点火线圈的输出电压低所致

B. 由于混合气过浓所致

C. A 和 B 都对

D. A 和 B 都不对

3. 在讨论电子系统的制作与维修时，（　　）是正确的。

A. 绝缘润滑脂是用来密封接线柱以使灰尘和湿气不要与之接触

B. 绝缘润滑脂是用来散发敏感电子元件热量的

C. A 和 B 都对

D. A 和 B 都不对

4. 下列选项中，（　　）是正确的。

A. 火花塞导线能够产生电磁干扰

B. 交流发电机的绕组能够产生电磁干扰

C. A 和 B 都对

D. A 和 B 都不对

5. 在讨论稀混合气时，（　　）是正确的。

A. 稀混合气会降低气缸内火花塞的电阻，从而降低了所需的点火电压

B. 稀混合气会缩短火花持续期

C. A 和 B 都对

D. A 和 B 都不对

6. 当讨论通过测试火花塞来进行发动机不能起动故障的检测时，（　　）是正确的。

A. 如果在发动机的起动过程中，将测试灯连接到点火线圈的转速表接线柱时，灯不断
地闪烁，但是将测试用的火花塞连接在点火线圈次级导线与地之间时，火花塞不能
发火，则表明点火线圈出了故障

B. 如果在发动机的起动过程中，将测试用的火花塞连接在点火线圈次级导线与地之间
时，火花塞能够发火，但是将测试用的火花塞连接在火花塞导线与地之间时，火花
塞不能发火，则表明分电器盖或者分火头出了故障

C. A 和 B 都对

D. A 和 B 都不对

7. 当讨论点火线圈电阻的检测时，（　　）是正确的。

A. 在测试次级绕组时，应该将欧姆表放在×1 000 挡

B. 点火线圈电阻检测的内容是点火线圈绕组的绝缘情况

C. A 和 B 都对

D. A 和 B 都不对

8. 当讨论发动机第 1 缸活塞位于压缩上止点时分电器的正时和正时标记校准时，
（　　）是正确的。

A. 分电器必须在分火头正好对准分电器盖内第 1 缸火花塞接线柱，并且触发轮的一个
齿对准传感线圈时被安装。

B. 分电器必须在分火头正好对准分电器盖内第 1 缸火花塞接线柱，并且触发轮上的所
有的齿都没有对准传感线圈时被安装

C. A 和 B 都对

D. A 和 B 都不对

9. 当讨论计算机控制分电器点火系统的基本点火正时的调整时，（   ）是正确的。

A. 有些系统的正时接头必须断开

B. 必须转动分电器，直到正时标记出现在指示器的特定位置为止

C. A 和 B 都对

D. A 和 B 都不对

10. 用示波器检查点火波形，发现第 4 缸的火花塞点火过早，点火顺序是 1—3—4—2，在关于其成因的描述中，（   ）是正确的。

A. 可能是第 4 缸的火花塞短路或是第 2 缸的火花塞线压在第 4 缸火花塞线上所致

B. 可能是点火线圈故障或是第 3 缸的火花塞线压在第 4 缸火花塞线上所致

C. A 和 B 都对

D. A 和 B 都不对

11. 采用计算机点火控制的发动机不能运转，起动机正常，但就是起动不起来。在关于其成因的描述中，（   ）是正确的。

A. 故障可能是点火次级线路的地线故障

B. 可能是蓄电池正极电缆被腐蚀

C. A 和 B 都对

D. A 和 B 都不对

12. 讨论火花塞时，（   ）是正确的。

A. 所购火花塞只要其间隙正确，满足安装尺寸，就可以使用

B. 所购火花塞必须和原火花塞型号完全一致才能使用

C. A 和 B 都对

D. A 和 B 都不对

13. 当讨论把欧姆表接在传感线圈引线上检测传感线圈时，（   ）是正确的。

A. 如果欧姆表读数低于规定值，则说明传感线圈被接地了

B. 如果欧姆表读数低于规定值，则说明传感线圈断路

C. A 和 B 都对

D. A 和 B 都不对

14. 当讨论电磁干扰时，（   ）是正确的。

A. 大量的电磁干扰会干扰点火线圈，并使火花塞发火

B. 电磁干扰是由接地不良引起的

C. A 和 B 都对

D. A 和 B 都不对

15. 当检查福特发动机点火正时，（   ）是正确的。

A. 在检查点火正时前，所有的计算机控制系统都要断开点火输出接头

B. 在计算机控制的分电器上没有点火正时调整装置

C. A 和 B 都对

D. A 和 B 都不对

16. 当讨论如何检测曲轴位置传感器时，（   ）是正确的。

A. 可以用逻辑探针

B. 可使用数字式万用表

C. A 和 B 都对

D. A 和 B 都不对

17. 当讨论装配有电子点火系统的发动机不能起动的原因时，（　　）是正确的。

A. 曲轴位置传感器短路会导致发动机不能起动

B. 火花塞短路会导致发动机不能起动

C. A 和 B 都对

D. A 和 B 都不对

18. 当讨论电子点火系统的诊断时，对曲轴位置传感器和凸轮轴位置传感器的检测表明它们都正常，但连接在火花塞导线和搭铁线间的测试火花塞不点火，在关于其成因的描述中，（　　）是正确的。

A. 点火线圈总成可能有故障

B. 线圈总成的电源线可能断路

C. A 和 B 都对

D. A 和 B 都不对

19. 当讨论电子点火系统的维修和诊断时，（　　）是正确的。

A. 可以转动曲轴位置传感器以调整基本点火时刻

B. 在一些电子点火系统上，可以移动曲轴位置传感器以调整传感器和转动叶片的间隙

C. A 和 B 都对

D. A 和 B 都不对

20. 当测试电子点火系统的点火线圈时，（　　）是正确的。

A. 欧姆表读数无穷大意味着绕组的电阻为 0 并被短路

B. 应该检查每个线圈的初级绕组是否发生接地短路

C. A 和 B 都对

D. A 和 B 都不对

21. 在讨论克莱斯勒发动机的电子点火系统时，（　　）是正确的。

A. 发动机不能起动时会关闭动力控制模块

B. 如果凸轮轴位置传感器的输入电路短路，那么诊断仪将会得到故障码

C. A 和 B 都对

D. A 和 B 都不对

22. 在讨论通用发动机的电子点火系统时，（　　）是正确的。

A. 加速延迟可能是由阻断环弯曲引起的

B. 如果有机油泄漏到磁性曲轴位置传感器里，将导致发动机不能起动

C. A 和 B 都对

D. A 和 B 都不对

第8章

燃油 喷射及其进气系统的 诊断维修

导入案例

一顾客来到维修店，说他的汽车在高速时有严重的喘振现象。为此更换了燃油喷射部件和点火部件，但是故障仍然存在。维修技师对这辆车进行了路试，发现在高速公路上巡航时会发生严重的喘振现象。根据经验，技师认为故障是由缺少燃油供给而引起的。于是在供油路上连接了一个燃油压力表，并将其固定在挡风玻璃前，然后进行二次路试。结果发现当发生喘振时，燃油压力会降到限值以下。技师回到修理店，将车举升，发现一处油管锈蚀且瘪得很厉害，将油管换掉，再次路试故障消除。

与点火系统有所不同，对于燃油喷射及进气系统的诊断有一个原则，在怀疑 ECU 及其输入、输出部件有故障前，必须确保供油系统、进气系统、点火系统、甚至排放系统等都是正常的。因为这些系统才是造成看起来是燃油喷射方面的故障的主要原因。即便故障码指示是传感器故障，在判断传感器损坏前，也要想到许多真空、机械部件的故障会造成传感器输出信号的不正常。如进气歧管的泄漏可能导致进气歧管绝对压力传感器（MAP）传输错误信号，导致发动机工作在非理想状态；气缸密封不好会导致排气温度下降，而氧传感器只有在 400℃ 以上时才能向 ECU 输送正常信号等。

如图 8-1 所示，有许多零部件影响燃油喷射及其进气系统的工作，其中除了各缸喷油器，大多属于公共部件，所造成的故障也多为公共故障。因此燃油喷射及其进气系统诊断的特点是按系统、有步骤、有目地进行检测。任何盲目地跳步检查都是不可取的。

不同厂商和同一厂商的不同年型的燃油喷射及其进气系统可能有很大不同，但是系统正常工作的条件是相同的，都包括如下几个方面。

① 进气系统提供充足的空气且没有进气能够避开有效的控制。

② 供油系统能为喷油器提供能随负荷变化或相对稳定的燃油压力。

③ 喷油器性能处于许可水平且能够接受到来自 ECU 随发动机工况变化的信号。

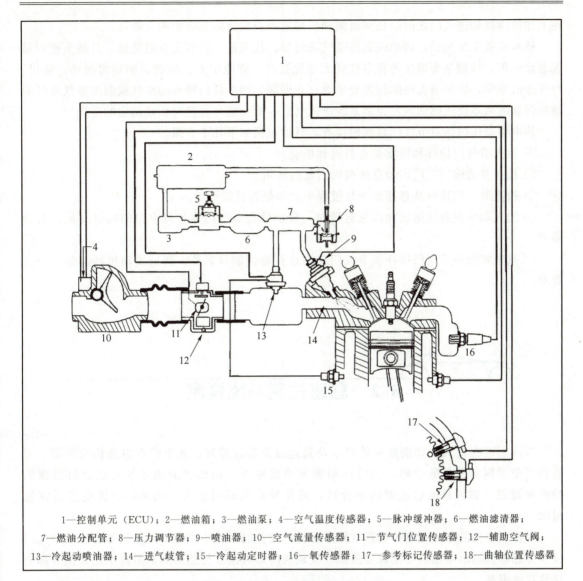

1—控制单元（ECU）；2—燃油箱；3—燃油泵；4—空气温度传感器；5—脉冲缓冲器；6—燃油滤清器；
7—燃油分配管；8—压力调节器；9—喷油器；10—空气流量传感器；11—节气门位置传感器；12—辅助空气阀；
13—冷起动喷油器；14—进气歧管；15—冷起动定时器；16—氧传感器；17—参考标记传感器；18—曲轴位置传感器

图 8-1　完整的燃油喷射及其进气系统

一般来说，燃油喷射及其进气系统的诊断是从上述 3 个条件所对应系统的基本检查开始的，然后逐步深入到控制部件的检测。

8.1　进气系统的基本检查

燃油的喷射量在很大程度上取决于进气量，严格地说，所有进入发动机的空气都应该经过空气流量传感器或进气歧管绝对压力传感器的计量。否则就不能保证提供正确的空燃比。

在上述传感器到进气门之间的任何泄漏和传感器本身的故障都会影响空燃比。

基本检查主要包括：清洁或更换空气滤清器；检查进气管有无裂缝锈蚀，其接头密封是否老化变形，特别是要确保各真空软管无老化裂纹，管箍牢固；检查曲轴箱密封垫、油尺、空气滤清器帽、燃油蒸发控制阀等处是否存在泄漏，因为任何额外的空气或燃油蒸气通过曲轴箱强制通风系统或燃油蒸发控制系统进入气缸，都会破坏怠速时精确调定的空燃比。

基本检查还包括对节气门总成的检查，具体包括如下几个方面。

① 检查节气门拉杆和拉索是否磨损和松动。

② 检查并清除节气门内和怠速阀阀门处的污垢。

③ 检查节气门拉杆从怠速到全开过程中运动是否灵活平滑。

④ 当发动机在怠速运转和高速运转时，分别检查节气门体各真空口的真空度是否符合要求。

⑤ 按规定操作节气门拉杆和节气门体怠速控制强制开启器，测试发动机转速是否符合要求。

8.2　怠速控制系统检测

当汽车存在熄火、特别是突然停车及怠速过高等故障时，如果没有怠速机构黏滞、阻塞和真空泄漏等明显的故障，就应该根据发动机室罩背面标牌上描述的方法进行怠速的检查和设置。如果最低怠速调整不合适，可能导致发动机熄火、燃油经济性变差或排放增加。

要特别指出的是，某些传感器故障会触发怠速控制系统不应有的动作。如怠速时节气门位置传感器的输出电压信号比规定值低；发动机冷却液温度传感器的电阻高于正常值等都会导致怠速偏高。

输入开关信号故障也会导致怠速不正常，例如，空调开关总是闭合。

许多怠速控制系统具有学习功能，在清洗或更换怠速空气控制阀（IACV）或 ECU 后，发动机的怠速可能会不正常。此时，应按照维修手册的步骤重新设定。若清洗或更换 IACV 后怠速居高不下，为避免这种情况发生，应定期清洗怠速空气控制阀。当使用一段时间后，由于学习功能的作用，怠速应该恢复正常。

当怠速不在规定的范围或不能适应负荷的变化时，如果相关传感器也没有故障，就要测试怠速控制部件。对于旁通式怠速控制系统，应该测试怠速旁通空气控制阀（IACV）。

8.2.1　步进电机式怠速旁通空气控制阀（IACV）的测试

首先直观检查 IACV 是否工作。起动发动机，然后在关闭发动机的同时，倾听 IACV 是否有"咔哒"声。如果没有，检查 IACV 的电源线和与 ECU 的连接线，如果没有问题，需要对 IACV 进行测试。

1. 以某车型使用的 4 相步进电机为例

1）测量 IACV 绕组的电阻

如图 8-2 所示，分别测量 B_1 和 S_1、B_2 和 S_2、B_3 和 S_3、B_4 和 S_4 端的电阻，正常时应为 $10\sim30$ Ω。

2）测试 IACV 阀的转动

拆下 IACV，将蓄电池正极分别与 B_1、B_2 连接后，按顺序将负极依次和 S_1、S_2、S_3、S_4 连接，IACV 阀应该向关闭方向（伸出）运动，反之向打开方向（缩回）运动。

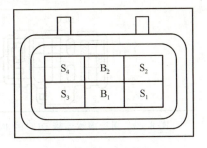

图 8-2　IACV 的端子

2. 以某车型使用的两相步进电机为例，介绍用诊断仪诊断步进电机式怠速旁通空气控制阀的方法

一些汽车，如果 IACV 或连接线发生故障，或怠速超出规定值，故障码会被储存在 ECU 存储器里。某些汽车当点火开关闭合时，系统将进入使动检测模式。ECU 将驱动 IACV，使其阀杆每 2.8 s 伸、缩一次。如果阀杆不伸缩，则有必要进一步诊断故障的原因。

用诊断仪诊断 IACV 故障的典型程序如下：

① 关闭点火开关；

② 将诊断仪连接到汽车诊断插座（DLC）并接上诊断仪电源；

③ 将点火开关拨到 ON；

④ 设置诊断仪并选择 IACV 检测；

⑤ 通过操作诊断仪按钮，逐步增加或减少发动机转速并观察诊断仪 IACV 的开度变化。在低转速范围，IACV 的变化范围是 16 步，在高转速范围，其步数可达 112 步。

如果诊断仪显示 IACV 的数值是 0，很可能是 ECU 和 IACV 之间的电路断开或接触不良。晃动 IACV 上的导线看诊断仪上的读数。如果当晃动导线时读数发生变化，表明是电路接触不良。

当某些传感器（如空调开关）动作时，诊断仪的数值应该变化。否则应该做进一步的检查。

8.2.2　旋转滑阀式怠速空气控制阀（IACV）的测试

以某型丰田汽车发动机使用的 IACV 阀为例，其检测步骤包括如下几个方面。

（1）将发动机暖机到正常温度，怠速在 $700\sim800$ r/min。

（2）把变速器/变速驱动桥的换挡杆置于空挡位置，关闭发动机，用跨接线把 DLC 接线柱的 E1 和 TE1 连起来，如图 8-3 所示。

（3）起动发动机并注意发动机转速。将发动机转速增加到 $1\,000\sim1\,300$ r/min，保持 5 s，然后回到怠速状态。如果发动机转速不符合要求（按制造商维修手册），则继续以下测试。

（4）关闭点火开关后，检查 IACV 的十 B 和 RSC 端子及＋B 和 RSO 端子间的电阻值，如图 8-4 所示。当 IACV 阀温度在 $-10\sim50$ ℃ 时，阻值应为 $17.0\sim24.5$ Ω。当 IACV 阀温度在 $50\sim100$ ℃ 时，阻值应为 $21.5\sim28.5$ Ω。否则，需更换 IACV。

也可以直接测试 IACV 的运行。从节气门体上拆下 IACV，如图 8-5 所示，向＋B 端子和 RSC 端子之间提供电压，IACV 应关闭，如图 8-5 所示；向＋B 端子和 RSO 端子之间提供电压，IACV 应打开，如图 8-6 所示。否则需更换怠速空气控制阀。

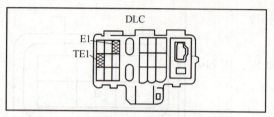

图 8-3　用跨接线连接 DLC 的 E1 和 TE1

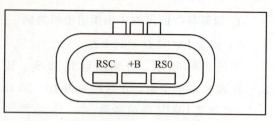

图 8-4　旋转滑阀式怠速空气控制阀的端子

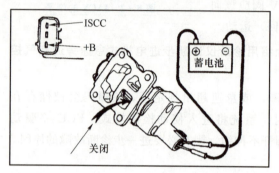

图 8-5　检测 IACV 阀的运行（使阀关闭）

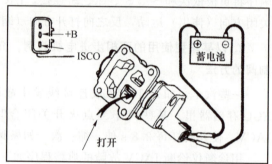

图 8-6　检测 IACV 阀的运行（使阀打开）

8.3　燃油供给系统的基本检查

除了查看燃油箱、各油管及其接头是否漏渗油、油箱油位是否在正常范围等直观检查外，首先判断燃油是否被送到了气缸。对于节气门体喷射系统，只要拆下空气滤清器，起动发动机，即可查看有无燃油喷射和燃油喷射形状（雾化程度）。

对于进气门前燃油喷射系统，则只有通过燃油压力测试和燃油供给量测试，来判断燃油的喷射情况。

燃油压力较低或流量太低可能导致发动机不能起动或者工作无力。其原因可能是由于燃油滤清器堵塞、燃油压力调节器故障、从燃油箱到燃油滤清器之间的油管被阻塞等造成。检查方法如图 8-7 所示。

如果没有压力，可能是由于撞车惯性开关未闭合、熔丝断或燃油泵已损坏等导致。

如果压力读数开始正常，然后慢慢降低，可能是燃油压力调节器、燃油泵单向阀或喷油器泄漏。燃油泄漏通常造成起动困难。

在检查喷油器的喷嘴是否存在泄漏时，观察燃油压力表读数。如果燃油压力下降但喷油器并不泄漏，燃油可能通过燃油泵的单向阀泄漏。堵塞油管重复这个检测。如果燃油压力不再下降，表明燃油泵的单间阀存在泄漏。如果燃油压力下降且喷油器不泄漏，燃油压力可能通过燃油压力调节器泄漏或回油管泄漏。堵住回油管，重复这个检测。如果燃油压力下降，表明燃油压力调节器出现泄漏。

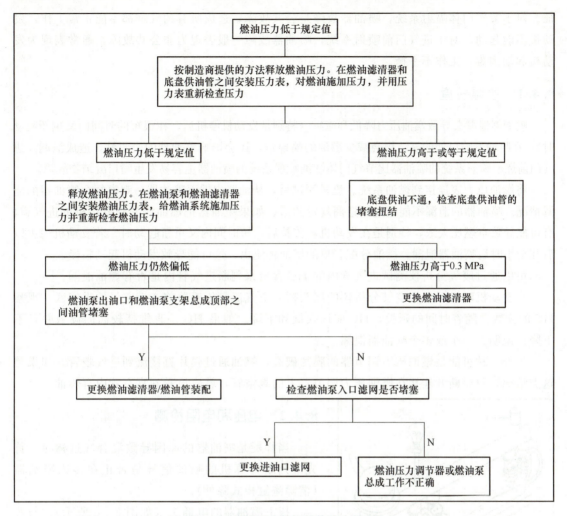

图 8 - 7　燃油压力较低的故障诊断方法

如果目测燃油内有污物和含有水分，则需要更换燃油和燃油滤清器。

燃油压力过高会使混合气偏浓，其原因可能是回油管阻塞或燃油压力调节器损坏。可以通过如下方法进行判断。

① 释放系统的压力并在回油管路上连接一个分流的油管，此管另一端接着一个容器；

② 起动燃油泵工作。如果燃油压力在规定的范围内，表明回油管阻塞。否则是燃油压力调节器出现故障。

8.4　喷油器的检查和测试

到目前为止，所有类型的喷油器的基本工作原理都相同，所以也表现出相同的故障特征。对于节气门体喷射系统，喷油器故障是公共故障，造成所有的气缸都不能正常工作，发动机不能起动。对于进气门前喷射系统，喷油器故障一般表现为非公共故障，通常表现为发动机起动困难，工作不平衡。

8.4.1　泄漏检查

喷油器泄漏会导致燃油压力降低和淹缸（特别是发动机停机后，在很短的时间内又重新起动时）。在喷油器喷口处的凝结物会减少燃油的喷射量，还会影响喷油器的密封性，造成泄漏。进气门前燃油喷射系统的喷油器比节气门体燃油喷射系统的喷油器更容易发生喷口凝结物故障。

将燃油压力表连接到燃油系统。流量测试后，从油路中拆下喷油器，观察每个喷油器的泄漏情况。喷油器的泄漏不能超过制造商规定的值。如果喷油器把燃油泄漏到发动机的进气道，有可能导致空燃比太浓，特别是在发动机被关掉后，短时间内又重新起动时。若发动机熄火以后几个小时后喷油器泄漏，燃油分配管里的燃油将流出，这可能导致发动机起动较慢。

可以通过废气分析仪测试进气管内的 HC 含量来判断进气管内是否有燃油泄漏。

在发动机暖机后，把空气分析仪的探头插入空气流量传感器前充满空气的进气区。观察 HC 的读数。随着时间的延长，HC 应该很低和下降。如果 HC 一直维持较高的读数并且不下降。说明有一个或多个喷油器泄漏。

另外一种可能是燃油压力调节器的膜片破裂，燃油通过膜片直接流到进气歧管。如果是这类情况，只要断开连接在燃油压力调节器上的真空管，就应该看到真空管内有燃油。

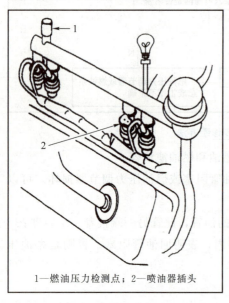

1—燃油压力检测点；2—喷油器插头

图 8 - 8　检查喷油信号是否传入喷油器

8.4.2　电压和电阻检测

当怀疑是喷油器的原因导致混合气过稀时，首先应判断计算机的喷油信号是否正在传入喷油器（清除淹缸模式除外）。

拔下喷油器的电插头（如图 8 - 8 所示），与普通的指示灯连接好后转动发动机。如果灯不闪烁，表明计算机或者连接线路有故障。否则说明是喷油器自身的问题。

然后用欧姆表（数字式万用表）测试喷油器绕组的电阻。如果读数是无穷大，表明喷油器的电路断路。如果读数大于规定值，表明在喷油器的电路中存在高电阻。如果读数比规定值低，表明喷油器处于短路状态。

8.4.3　平衡测试

对于进气门前燃油喷射系统，如果怀疑故障是由于某个喷油器工作不良引起，可以通过以下平衡测试查出有故障的喷油器。

1. 压力平衡测试

如图 8 - 9 所示，该测试可帮助判别被堵塞或变脏的喷油器，其具体测试程序为：

（1）首先将系统释压并装上压力表。

（2）把电子喷油器脉冲测试仪控制端和电源端分别与一个被测试的喷油器电插座和蓄电池连接；断开测试仪上的喷油控制开关，拆下其他喷油器上的插头。

（3）打开点火系统，直到压力表出现最大读数。记录该读数，然后关掉点火系统。

（4）打开测试仪上的喷油控制开关，记录喷油器喷油时燃油压力表显示的燃油压力下降值。测试仪可以控制每个喷油器在一定时间长度的喷油脉宽。以同样的方法对每个喷油器进行测试。

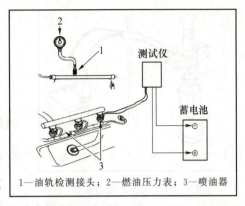

1—油轨检测接头；2—燃油压力表；3—喷油器

图 8 - 9　喷油器压力平衡测试

理想状态应为当喷油器打开的时候，每个喷油器的压力降应该相同。如果某个喷油器与平均值相差大于或等于 10 kPa，则需要注意。如果没有压力下降或者下降太少，可能是喷油器的喷口或者进油口阻塞。如果压力下降比平均数值多，则表明喷油过多。若喷油器的柱塞被黏滞在打开位置，燃油的压力下降会过多。如果各喷油器下降的读数不一致，读数差异较大的喷油器必须被清洗或替换。

2. 功率平衡测试

该测试可以方便地诊断因缺缸造成的熄火故障。把转速表和燃油压力表连接到发动机上，起动发动机，使其达到正常的运转温度。急速稳定后，每次拔掉一个喷油器电插。记录下降的转数和压力表读数（如果急速阀有补偿功能则需要断开急速阀与 ECU 的连接）。依次测试每个喷油器。如果某个喷油器对发动机的转速没有太大的影响，很可能是这个喷油器被堵塞或者是喷油器的电路部分出了故障。

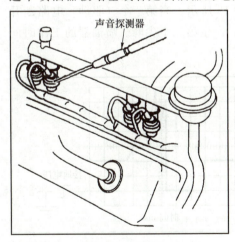

声音探测器

图 8 - 10　用听诊器（或声音探测器）检查喷油器的动作

3. 喷油器声音检测

在有些发动机中，很难接触到喷油器的插座，因此需要用听诊器来听喷油器的工作是否正常及对喷油器进行功率平衡测试，如图 8 - 10 所示。良好的喷油器在通电和断电时会发出有节奏的咔嗒声；如果声音沉闷而不是清脆稳定的喀嗒声，可能表明喷油器有故障；如果喷油器不产生任何声音，很可能是喷油器、连接电线，或者是 ECU 有了故障。

4. 喷油器的流量测试

可以用如下喷油器流量测试代替上述平衡测试，如图 8 - 11 所示。

① 把一个 12 V 的备用电源连接到点烟器的插座上，并断开车上蓄电池的负极线（如果汽车上安装有安全气囊，要等上 1 min）；

② 拆下喷油器连通燃油分配管将其放到一个标定容器内；

③ 在被测试的喷油器两个插头和蓄电池的正极接线柱之间连跨接线；

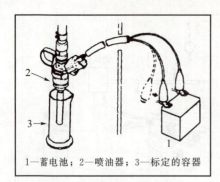

1—蓄电池；2—喷油器；3—标定的容器

图 8－11　喷油器流量测试

④ 打开点火开关；

⑤ 连接蓄电池的负极接线柱，同时计时；

⑥ 15 s 以后断开蓄电池负极上的跨接线；

⑦ 记录标定容器内燃油的量；

⑧ 对每个喷油器重复这个过程，如果有喷油器喷油量超过规定值 5 mL，这个喷油器就要更换。

8.4.4　示波器检查

当怀疑故障与喷油器电磁部件、喷油阀运动或 ECU 输出有关时，可以用示波器来显示喷油器的脉冲宽度和占空比。

对于分组燃油喷射系统，观察波形时，每次要断开一个喷油器。如果所有喷油器的波形都不正常，说明问题可能出在驱动电路或连接导线上。

在顺序燃油喷射系统中，简单的方法是把正常波形的喷油器的连接线束和被怀疑有故障的喷油器的连接线束进行交换。如果波形变好，故障可能出在连接线路或计算机。如果波形还是不正常，故障就在喷油器自身。

对应 3 种不同的喷油器驱动电路，有 3 种不同的示波器波形。

1. 电压驱动型电路

电压驱动型电路波形如图 8－12 所示。注意，在喷油器被关闭的时刻，电压信号有一个峰值。喷油器总的开启时间是从波形左边的下降沿到右边紧接着的电压峰值跳动点的上升沿。

2. 双电压型驱动电路（峰值及保持电路）

这种喷油器驱动电路的波形有两个尖峰，如图 8－13 所示。当第一个（驱动）电路断开时，产生第一个尖峰；当第二个（保持）电路断开时，产生第二个尖峰。喷油器的工作时间是从左边的下降沿到第二个电压尖峰的上升沿。

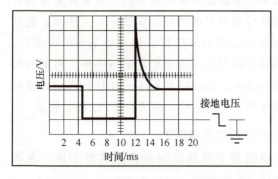

图 8－12　喷油器电压驱动型电路的波形

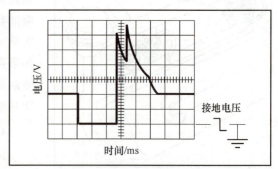

图 8－12　喷油器峰值及保持驱动电路的波形

3. 脉冲调制式驱动电路

采用高电流打开喷油器，以实现快速起动。一旦喷油器被打开，电路的接地端脉动开、关以保持喷油器在低电流下继续工作。这种喷油器的脉冲宽度（如图 8－14 所示）是从左边的下降沿到脉冲终了的那个大的尖峰的上升沿。

无论任何喷油器被打开时，波形都应该有清晰和陡峭的电压下降。这个电压下降应该在接近 0 V 的时候停止。典型的喷油器在工作时的最大允许电压值是 600 mV。如果电压下降不够垂直，表明喷油器被短路或 ECU 中的驱动电路有故障。如果电压下降不到 600 mV 以下，可能是接地电路电阻过高或喷油器被短路。把一个喷油器的波形和其他喷油器的波形对照，检查电压尖峰的高度。对于同一台发动机，所有喷油器电压尖峰的高度应该基本一样。如果有差异，可能是由于喷油器的电源线有差异或者是喷油器的 ECU 驱动电路有故障。

用示波器还可以检查喷油正时。用一个双踪示波器同时显示点火参考电压信号（曲轴或凸轮轴位置传感器）和喷油器电压信号。这两种信号之间应该有固定的间隔时间。例如，每隔 6 个点火参考电压信号将会有一个喷油器开启信号，如图 8-15 所示。不同电控系统的规律不同，但如果在同一电控系统中规律出现变化，则可能是传感器故障导致喷油器喷油正时失控。如果传感器故障导致点火信号错误，喷油器将被关闭。

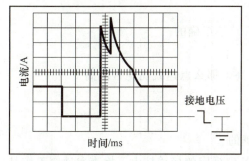 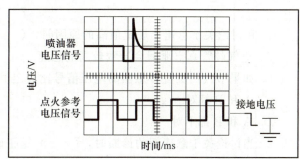

图 8-14 脉冲调制式喷油器驱动电路的波形　　图 8-15 喷油器的工作电压信号与点火参考电压信号对比

案例分析

某配置有顺序燃油喷射系统发动机的汽车熄火，且不能起动。在开始维修前，维修人员按常规步骤检查了机油和冷却剂。发动机机油尺显示曲轴箱里盛满了油，还有强烈的汽油味。技师检查了点火系统并发现点火系统正常。于是维修人员认为发动机不能起动的问题肯定出在燃油系统，而且很可能是燃油滤清器或燃油泵故障。

维修人员从节气门体上拆下空气滤清器管道，并拆下滤清器元件，对滤清器元件和节气门体进行了常规检查。发现在节气门喉孔的下侧有汽油痕迹。该维修人员叫来他的同事帮助转动发动机，他本人观察节气门体里面的情况。当转动发动机的时候，发现在节气门的下面有汽油流入节气门体。该技师认为这种情况是不可能的。顺序燃油喷射系统不可能有燃油喷射进节气门体里。

维修人员开始考虑该顺序喷射系统中燃油是怎样进入节气门体内的。于是他推断燃油肯定是从某一个真空管进来的。然后他开始考虑燃油来自哪一根真空管，并决定检查连接进气管的压力调节器真空管。随后，他从节气门体上拆下压力调节器真空管并放置一个容器。当发动机被转动时，燃油从真空管喷出，表明调节器膜片损坏。

维修人员更换了一个新的压力调节器并更换了发动机机油和滤清器。经过此次维修以后，发动机起动和运转恢复正常。

小　结

与点火系统不同，燃油喷射系统受其他系统影响较大，如进气及怠速控制系统；所以在检测电子部件前，首先应检查关联系统是否有明显异常。本章重点介绍了检查燃油喷射系统所要遵循的正确程序和喷油器测试方法。

思考与练习

1. 在讨论关于怠速比规定值高的原因时，（　　）是正确的。

A. 进气歧管真空泄漏会导致较高的怠速

B. 如果节气门位置传感器的电压信号比规定值高，那么怠速就比正常值高

C. A 和 B 都对

D. A 和 B 都不对

2. 当讨论关于怠速阀的诊断时，（　　）是正确的。

A. 对于有些汽车，可以把一根跨接线连接到 DLC 规定的接线柱上，检查怠速阀工作是否正常

B. 如果诊断仪显示怠速阀的值是 0，表明 ECU 和怠速阀之间断路

C. A 和 B 都对

D. A 和 B 都不对

3. 在讨论关于怠速阀的拆卸、维修和更换时，（　　）是正确的。

A. 节气门体清洗剂可以清洗怠速阀内部的零件

B. 在有些汽车中，如果怠速阀的锥阀伸出的长度比规定值长，则怠速阀电机可能会被损坏

C. A 和 B 都对

D. A 和 B 都不对

4. 在讨论关于起动空气阀的诊断时，（　　）是正确的。

A. 当发动机工作时，应该有空气通过该阀

B. 如果真空信号管内压力泄漏，则该阀将不能适当关闭

C. A 和 B 都对

D. A 和 B 都不对

5. 在讨论关于喷油器的测试时，（　　）是正确的。

A. 一个有故障的喷油器在怠速时可能使气缸失火

B. 喷油器故障可能导致加速困难

C. A 和 B 都对

D. A 和 B 都不对

6. 在讨论关于采用诊断仪对电子燃油喷射系统的故障进行诊断时，（　　）是正确的。

A. 对于许多系统，诊断仪将很快地擦除故障码

B. 许多诊断仪将存储路试期间传感器的读数，并在定时检测模式下应用这些存储结果

C. A 和 B 都对

D. A 和 B 都不对

7. 关于怠速较高的故障，（　　）是正确的。

A. 怠速高于正常值可能是由于电路系统电压较低造成的

B. 怠速高于正常值可能是由于冷却液温度传感器故障造成的

C. A 和 B 都对

D. A 和 B 都不对

8. 下列选项中，（　　）是正确的。

A. 对于多点顺序喷射系统，节气门体被拆卸和清洗后，要进行最低怠速调整

B. 对于节气门体喷射系统，需要用诊断仪调整适当的最低怠速

C. A 和 B 都对

D. A 和 B 都不对

9. 在诊断怠速过高的电控燃油喷射系统时，（　　）是正确的。

A. 可能是由于带有起动空气阀系统的点火正时延时造成的

B. 可能是因为冷却液温度传感器的电阻比规定值高所致

C. A 和 B 都对

D. A 和 B 都不对

10. 在关于怠速系统的讨论中，（　　）是正确的。

A. 多数输入传感器在非怠速期间会产生高电压信号

B. 这些电路断路时，会储存一个怠速超过规定范围的故障码

C. A 和 B 都对

D. A 和 B 都不对

第9章

排放控制系统的诊断维修

导入案例

一位顾客的汽车尾气检测没通过，来到修理店求助。在技师询问顾客时，顾客抱怨该车动力性大不如以前，加速变得缓慢。技师首先直观检查各系统，均未发现异常，随即进行路试发现进气压力低于限值，且还发现排气管排烟不正常。回店对气缸压缩压力进行检测，发现加入一些机油后气缸压缩压力增大很多，显示活塞环和气缸磨损，这不仅造成动力下降，还使燃烧变差，排放超标。

导致发动机排放超标的原因归纳起来有两类，第一种是影响燃烧系统的功能下降，第二种是排放控制系统的有效性下降。前者几乎涉及发动机的所有系统，本章则主要讨论后者的诊断维修。判断排放是否超标最根本的方法是对尾气和燃油蒸发控制系统的有效性进行测试。通过对测试结果的分析，找出某种排放物发生排放超标时的发动机工况（如转速、负荷等），重现这些工况并按本章所述方法检查测试可能导致该项超标的排放控制装置，最终找出故障源。在条件许可时，这是对排放控制系统故障，特别是对疑难故障最可靠的诊断方法。OBD Ⅱ作为随时监控车辆排放的装置，为车辆所有者及时发现故障、为维修者快捷诊断故障和为政府管理部门都提供了很大方便，在发达国家使用的车辆已普遍采用 OBD Ⅱ或类似标准。在我国虽然目前只有少数城市实施 OBD Ⅱ，但却代表着对发动机排放控制的发展趋势。

9.1 排放测试（I/M240）

I/M240 是目前美国大多数州对在用车辆实施的排放检查测试标准，这项标准包括对汽车尾气的测试和对车辆排放控制装置的失效检查。在美国私自对车辆排放控制系统的专门部件进行更换、拆除或改动是不合法的。如果某年的 I/M240 检查测试不合格，车辆将不能被注册。

9.1.1　尾气测试

和早期的双怠速（怠速和高怠速）尾气测试不同，I/M240 测试汽车在不同的负载情况下运行时的排放。如图 9 - 1 所示，在底盘测功机上，车辆模拟在一般道路和高速路上加速、减速、稳速、停车等工况，并计入加上起动到怠速的时间，共运行 240 s。由计算机控制测功机通过滚轮对汽车加载，以模拟汽车的行驶阻力。由红外气体分析仪测定尾气。汽车前面的风扇模拟汽车以不同的速度行驶时，风对汽车的冷却效果。

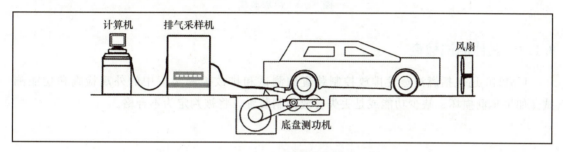

图 9 - 1　典型 I/M420 测试台的组成

如图 9 - 2 所示，虚线描述汽车的速度，粗实线描述尾气的测试结果，细实线是某排放物的排放限值。如果出现细实线超出限值的情形，即认为超过了标准规定，判定为不合格。

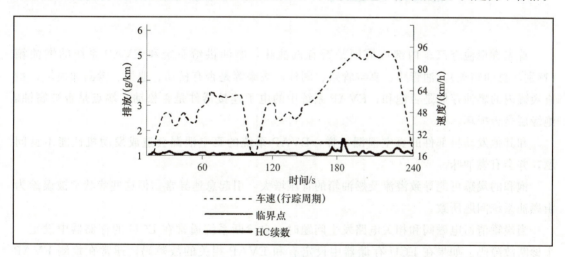

图 9 - 2　I/M240 测试的 HC 波形

为诊断故障，应记录所有排放超出和接近限值时汽车的负荷和速度，考虑哪个系统对此时的速度和负载有影响，是否是这些系统造成了排放增加。应当考虑所有种类的污染物排放之间的关系，有时降低某种污染物的排放可能导致其他污染物的排放超限，如图 9 - 3 所示。

然后，在排放超限时的速度和负载下，测试影响发动机排放的系统。这些测试包括本章内容，还包括检查氧传感器的输出波形，用诊断仪检查数据，检查喷油器脉冲的宽度等。

当故障被诊断出并且经修理后，应该重做测试，以确认问题是否得到解决。

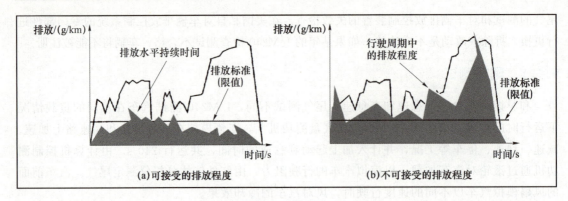

图9-3 排放曲线

9.1.2 其他测试检查

I/M240还包括燃油蒸发排放控制装置的测试和排放控制装置中的外观检查和功能测试。如果车辆损坏、缺少功能或是丢失排放控制装置，将被判定为不合格。

9.2 蒸发排放控制（EVAP）系统的诊断和维修

首先直观检查汽车内部或周围是否有汽油味，燃油供给系统和EVAP系统的燃油箱（特别注意油箱盖）、油管路、真空管路、阀件、炭罐等是否有松动、遗失、渗漏和损坏；检查炭罐内的燃油存储是否饱和；EVAP系统中的电子连接器件是否松动、端点是否被腐蚀、绝缘层是否损坏。

和其他发动机部件的真空泄漏一样，EVAP系统的真空泄漏会造成发动机性能不良问题，并会有燃油味。

饱和的炭罐可能导致溢流及燃油箱的背压增大，引起怠速异常。但这些症状常被误诊为由燃油系统问题所致。

当炭罐清污电磁阀和相关电路发生问题时，自诊断系统通常在ECU的存储器中设定一个诊断故障码。如果在ECU存储器中设定有和EVAP相关的故障码，通常在检测EVAP系统前，应该查明引起故障码的原因。

控制系统的检测应该按照制造商提供的维修和诊断程序进行。车型不同，检查方法也不尽相同。一般而言，EVAP系统都被编程或设置为不允许在发动机处于怠速或是在低速的情况下打开电磁阀清污。否则会造成发动机工作粗暴，怠速不稳定，尤其在较高的环境温度下更为明显。

可以用诊断仪来检测EVAP系统电磁阀随发动机工况变化的开关情况。为此，需要对车辆进行路试，重复故障发生时的工况，当清污电磁阀工作的所有条件都具备时，在诊断仪上观察电磁阀的状态，清污电磁阀应该是打开的。否则应检查电磁阀的电源线路、电磁阀绕组电阻和电磁阀与 ECU 之间的线路。

在条件不具备时，可以拔掉炭罐和电磁阀连接的真空软管用手或纸测试真空。怠速时，应无吸力；把发动机加速到 2 000 r/min 以上，应有吸力。

9.3　曲轴箱强制通风（PCV）系统的诊断和维修

PCV 阀开关不灵活，阻塞、卡死、弹簧老化等都会直接造成空燃比在某些工况下偏大或偏小。

当 PCV 阀门或是其管路被堵塞，积聚过大的曲轴箱压力将使串漏气体通过干净的空气软管和滤清器流到空气滤清器中污染进气系统。

如果曲轴箱的密封出现泄漏（如气门摇臂罩、曲轴箱垫圈，曲轴箱机油尺、加油盖密封等泄漏），不仅会造成机油泄漏和串漏气体逸出到大气中，PCV 系统也会将一些污浊的空气通过这些缝隙吸入发动机中，这样会导致发动机部件磨损。

如图 9 - 4 所示，不同车型的 PCV 阀可能安装在不同的位置，多数情况下其安装在阀门的橡胶垫圈处或是摇臂盖上。

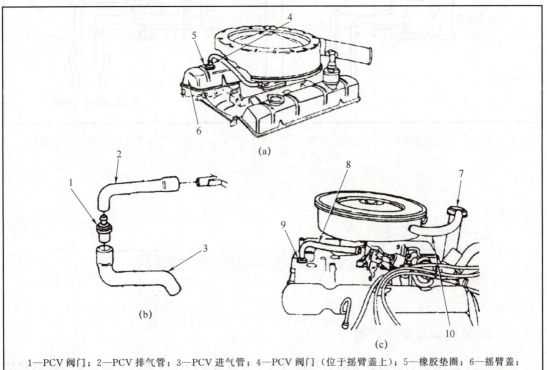

(a)

(b)　(c)

1—PCV 阀门；2—PCV 排气管；3—PCV 进气管；4—PCV 阀门（位于摇臂盖上）；5—橡胶垫圈；6—摇臂盖；
7—不排气的机油滤清器；8—通向进气管的真空管；9—安装在进气总成的 PCV 阀门；10—通向空气滤清器的管

图 9 - 4　PCV 的不同安装位置

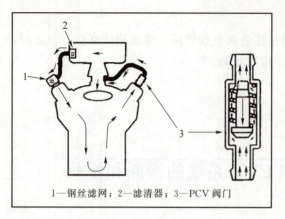

1—钢丝滤网；2—滤清器；3—PCV 阀门

图 9-5　PCV 系统检查

如图 9-5 所示，首先检查所有的 PCV 系统软管是否正确连接、损坏或破裂。然后检查空气滤清器，如果有机油，则表明 PCV 阀或是管道阻塞，需要更换阀门和清洗空气滤清器及其管路；如果 PCV 阀和管道正常，则应进行气缸压力试验，以检查气缸和活塞环是否磨损。

如果有必要检查 PCV 阀的功能，可以断开 PCV 阀门与阀门盖、进气总成及管道之间的连接。然后起动发动机，让它处于怠速状态。如果 PCV 阀没有被阻塞，当空气通过阀门时，能听见"嘶嘶"的声音，或用手指头能感受到真空。否则可能是阀或管道阻塞，或是节流所致。

如图 9-6 和图 9-7 所示，还可以将 PCV 阀从发动机上拆除，连接一根长管到 PCV 阀门进气端，通过阀门向里吹气，同时把手指放在阀门出气口。正常情况下，空气应该从 PCV 阀门中顺利地通过，反过来吹气则不能通过。

特别要强调的是，更换 PCV 阀要用完全相同的型号。

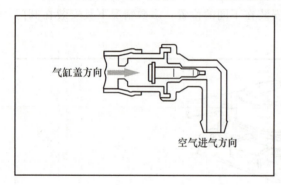

图 9-6　从进气端通过 PCV 阀门向里吹气

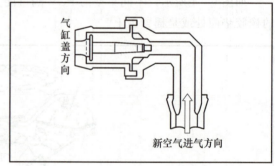

图 9-7　从排气端通过 PCV 阀门向里吹气

9.4　EGR 系统故障的诊断维修

9.4.1　故障现象及初步诊断

发动机的 EGR 阀打开或是关闭的时机取决于允许适量的废气进入气缸，受系统的自动控制，并通常在出厂前又得到校正。一般情况下，EGR 阀门在怠速时关闭，在发动机转速大约 2 000 r/min 时打开。

任何不正常的 EGR 流量都会改变进排气过程而影响燃烧，造成发动机故障。如果 EGR 阀有泄漏或不能关闭，则会造成怠速不稳、喘振、熄火、起动困难或不能起动；加速时功率不足等情况。如果在车辆怠速和低速时，EGR 阀门一直打开，发动机可能在低速和加速时反应迟钝，或是在减速和冷起动后熄火。如果 EGR 阀打不开、正常的气体流动被阻止或节流，不仅会使发动机过热，NO_x 排放增加，而且可能导致发动机爆燃，燃油经济性下降。

在检查 EGR 系统前，应先检查和确认发动机的运转是否平稳、进气系统是否有泄漏、燃油喷射系统和点火提前是否正常。

在对 EGR 系统做进一步检查和测试前，首先应直观检查所有软管是否有接错、扭结、弯曲、老化、破裂和缩口等情况，以及 EGR 系统各阀安装和硬管连接是否松动。仔细倾听或用纸片等方法检查真空管路和废气管路有无泄漏。如图 9 - 8 所示，检查 EGR 电子控制部件和线路是否有明显的接错、老化、断路、短路和接触不良等情况。如果传感器（ECT、TPS、MAP 或 EGR）的真空调节阀电磁阀或是它们的线路出现了问题，也可能造成 EGR 阀故障。可以通过调取故障码进行初步判断。如果 ECU 中存在故障码，在进一步检查和测试前，应查出造成故障码的原因并修理好。

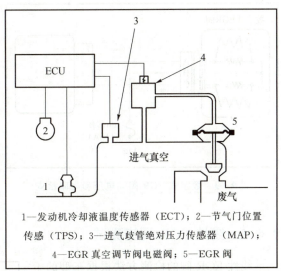

1—发动机冷却液温度传感器（ECT）；2—节气门位置传感（TPS）；3—进气歧管绝对压力传感器（MAP）；4—EGR 真空调节阀电磁阀；5—EGR 阀

图 9 - 8　典型的 EGR 系统（带有 EGR 真空调节阀电磁阀）

不论何种系统，ECU 通过电磁阀控制 EGR 气流时（暖机或是稳定速度下），该电磁阀应该经常性循环地进行开闭动作。如果不能，就表示电子控制系统或是电磁阀有问题。

9.4.2　EGR 阀的测试

使用真空表、真空泵、转速表按以下步骤进行。

1. 检查发动机进气真空

在汽车静止状态下，将发动机转速调整到 2 000 r/min。此时进气歧管真空应该在 406 mmHg 附近，具体应查看制造商资料。否则，应先解决低真空度的问题。

2. 拆卸测试 EGR 阀

从发动机上拆下 EGR 阀，用真空泵向 EGR 阀提供 457 mmHg 的真空，从 EGR 下部废气进口（或用一块镜子反射）观察 EGR 膜的运动。阀门卡在关闭位置、阀门膜片泄漏、气流通道阻塞（如积炭）都会造成阀门打不开或开启不灵活。可以用刷子清理阀内积炭但不要清洗或喷砂。

3. 非拆卸测试 EGR 阀

运转发动机到正常温度，关闭并再次起动发动机到怠速，对于由 ECU 通过旁通电磁阀控制怠速的发动机，应在再次起动前，切断 ECU 对电磁阀的控制（打开旁通气道）。记录怠速，用真空泵将 EGR 阀的真空度缓慢地调整到 127～254 mmHg，观察转速表，正常情况下，怠速将降低100 r/min，当去除真空后，应重新返回到原怠速附近。将发动机转速增加到 2 000 r/min，将 EGR 阀真空管重新接到进气歧管上，此时转速应下降，拔下并堵上 EGR 阀真空进口，转速应增加。

9.4.3 数字式 EGR 阀的测试

可以用诊断仪测试数字式 EGR 阀。运转发动机到正常温度，关闭后将诊断仪连接到 DLC

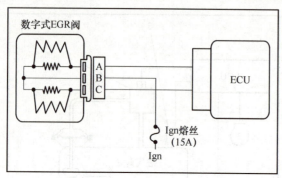

图 9-9 数字式 EGR 阀的电压和电阻检查

上，再次起动发动机到怠速。如图 9-9 所示，在诊断仪上选择 EGR 控制模式，当激活 EGR 中任意一个电磁阀时，发动机的转速会逐渐降低。否则，检查 EGR 阀和 ECU 的连线；如果没问题，检查 EGR 阀的供电电压是否为 12 V（B 端）；检查 EGR 阀的线圈电阻，A—B 端子和 C—B 端子在室温下的电阻应为 18～30 Ω；否则应该更换 EGR 阀，或拆下 EGR 阀并检查阀内是否堵塞。

9.4.4 线性 EGR 阀的测试

线性 EGR 阀的检测方法根据车型的不同可能有所不同。可以用诊断仪检测线性 EGR 阀，典型的线性 EGR 阀如图 9-10 所示。

运转发动机到正常温度，关闭后将诊断仪连接到 DLC 上，再次起动发动机到怠速。在诊断仪上选择 EGR 控制模式，在怠速下，EGR 阀开度（枢轴的位置）的变化不应该超过 3%。诊断仪可以设定 EGR 阀的开度。将设定开度与实际开度比较，误差应在10%以内。否则，按以下步骤检查 EGR 阀。

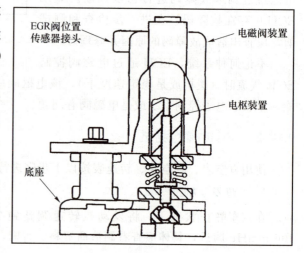

图 9-10 典型的线性 EGR 阀

（1）检测 EGR 阀的 12 V 电源回路。

（2）检查 EGR 阀和 ECU 的连接线路。

（3）检测 EGR 阀位置传感器（图 9-11）。检查其参考电压是否为 5V，地线电阻是否过大。还可以测量传感器的输出电压。拆下阀门，将 EGR 阀枢轴向上推。电压的变化范围应该在 1～4.5V，应以制造商维修手册为准。

注意，任何增加燃烧温度的因素都会造成氮氧化物排放的增多。造成氮氧化物含量高的原因包括冷却系统有故障、不正确的点火正时、过稀的混合气及空气滤清器进气加热控制装置有问题，此外还有可能是 EGR 系统的故障等。

9.4.5　EGR 真空调节电磁阀的检测

如果电磁阀有故障，一般情况下 ECU 会设置相应的故障码。可以通过测量电阻检查电磁阀内部是否存在断路或短路。也可以用诊断仪参照上述方法，通过检测 EGR 阀的功能判断其真空调节电磁阀是否有故障。

注意当电磁阀短路时，ECU 可能切断与此相连的驱动器电路，这会导致连接在同一驱动器上的其他执行器不能工作。

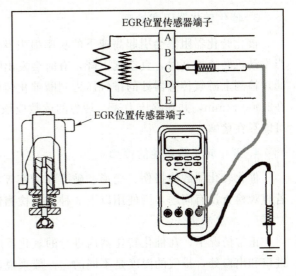

图 9 - 11　检测 EGR 阀的位置传感器

9.5　催化转化器

1. 提示

任何情况下，在点火不良时，如果 ECU 不能停止喷油，大量的燃油或 HC 可能积聚在催化转化器内，而当发动机正常运转，排气温度的升高会引燃这些物质，可能导致催化转化器因温度过高而损坏。同理，在用拔下火花塞线的方法检查火花或断缸试验时，也要尽量减少测试时间或将喷油器电插同时拔下。

应检查二次空气喷射系统，以确保在发动机处于正常工作温度时能保持向催化转化器泵入空气。如果没有出现空气流，也会使催化转化器失效。

如果 ECU 有故障码，则应查明原因并予排除。

2. 外观检查

在检测催化转化器前，首先要进行直观检查。观察催化转化器是否有隆起或凹陷，若有则说明催化转化器的载体可能受到损伤。拍打晃动或用橡胶锤敲打催化转化器，听催化器内是否有物体移动的声音，或在发动机运转时，观察排气管是否有颗粒状物质排出，若有，则说明催化转化器内部的载体已破碎。检查催化转化器外壳上是否有严重的褪色斑点或略有青色或紫色的痕迹，在隔热罩上是否有明显的暗灰斑点，如有则说明催化转化器曾处于过热状态，应做进一步检查，还应检查各连接件是否牢固。

3. 催化转化器阻塞检测

催化转化器阻塞会引起高速下的功率损失及汽车起动后熄火（如果完全堵住）等问题，当发动机转速提高时，真空度下降，有时会发出噼啪作响的噪声和进气歧管回火现象。可以通过检测上游氧传感器处的排气压力判断催化转化器或排气管是否堵塞。使发动机转速保持在 2 000 r/min，并观察压力表。理想的读数应该小于 0.086 bar。如果大于 0.19 bar 则说明可能存在堵塞。

4. 催化转化器功能的检测

催化转化器载体损伤、变形、破碎和堵塞等将最终表现为催化转化器失效，排放增加。若直观检查没有问题，则使用以下 3 种方法检测催化转化器的功能。

1）温度测试法

正常情况下，在催化转化器内进行的氧化反应会产生大量的热量，所以在催化转化器的进口和出口处，排气的温度是不同的。一般来说，出口温度应该比进口高 30~100 ℃（或高 8%），具体应查看制造商的数据。

2）氧传感器信号检测法

在发动机正常的工作温度条件下，用检测仪或示波器分别显示对比上下游氧传感器的信号。如果两个氧传感器的信号变化基本同步，则说明催化转化器已经失效，必须进行更换。

3）尾气分析法

在发动机怠速和变速器在空挡状态下，测试尾气的 HC 和 CO 含量，并与设计标准对比，判断催化转化器的功能是否正常；另外一种方法是通过测量催化转化器前后废气中的 HC 和 CO 含量来判断催化转化器的有效性；还有一种方法是测量尾气中的 HC 和 CO_2 含量，如果催化转化器有故障，尾气中将有高含量的 HC（如 HC 大于 0.015）和低含量的 CO_2（如 CO_2 小于 10%）。

9.6　氧传感器的检测

在检测氧传感器之前，应使发动机运行在正常的工作温度下，并且处于氧传感器闭环控制工况。应注意不同车型中氧传感器的测试规范可能不同，需要按照厂商提供的标准进行。

1. 非拆卸性检测

检测氧传感器的输出信号电压。使发动机怠速运转，在传感器一侧测量或用诊断仪或示波器观察传感器的输出信号电压，如果氧传感器和 ECU 及其连线正常，此电压应该是从低电平到高电平循环，一般在 0~1 V 之间变化。将发动机转速增加到 2 500 r/min 时，氧传感器在 10 s 内应该从高到低循环 10~50 次。

如果持续为高电平，可能是混合气过浓或传感器被污染。氧传感器可能被室温硫化硅密封剂、防冻剂或含铅汽油中的铅污染。如果持续为低电平，可能是混合气过稀或是传感器有问题，或传感器和 ECU 之间的连线可能有高电阻故障（此时 ECU 认为是混合气过稀）。如果电压信号保持在一个中间位置，可能是氧传感器有问题或是 ECU 工作在开环控制状态。

进一步检测传感器与 ECU 的连接线和传感器地线回路间的电压降，一般应该小于 0.2 V。具体应查看制造商规范。

大多数氧传感器都配有加热器，加热器故障会使传感器进入正常工作的时间延长，导致发动机的排放增加，并且燃油经济性降低。保持发动机在怠速，检测氧传感器加热器电路，拔下氧传感器电插头，打开点火开关，检测加热器的电源输入线电压，正常时应该接近蓄电池电压，否则需要检查供电回路。

也可以关闭点火开关，拔下氧传感器电插头，测量氧传感器加热器的电阻，如果不在规定的范围内，则需要更换整个氧传感器。

2. 拆卸检测

检测氧传感器的发电能力。在允许温度内，用丙烷灯加热氧传感器敏感部位然后再移走。同时检测传感器输出端和外壳之间的电压，正常情况应该为从接近 1 V 瞬间降低到 0 V，否则应该更换传感器。

3. 用示波器进行非拆卸性检测

往空气滤清器里喷入一些丙烷，观察氧传感器的波形，其电压应该大于 0.8 V。然后拔掉某个进气真空软管以产生真空漏泄。此时电压应该降到 0.17 V 左右。如果不是这样，就要更换氧传感器。注意在进行该测试之前，应该关闭二次空气喷射系统，否则可能影响测试结果。

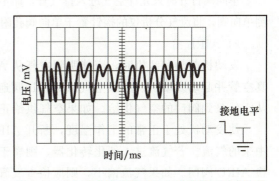

图 9 - 12　火花塞短路导致的氧传感器不正常信号

用示波器检测氧传感器的波形也有助于诊断发动机其他系统的故障。图 9 - 12 所示为火花塞短路导致的氧传感器不正常信号，其表明了点火故障对氧传感器信号的影响。点火故障（如点火过于提前、火花塞短路）会造成不完全燃烧，废气中将有较多的氧气。另外，稀混合气或任何能导致不完全燃烧的故障都会有此现象。

9.7　二次空气喷射系统（AIR）的诊断维修

二次空气喷射系统一般仅配备在对排放有特别要求的车辆上。不同的二次空气喷射系统的检测程序和方法也不同，应按照制造商的规范进行。对于诊断上的一些共同点说明如下。

1. 故障特点

当发动机进入氧传感器闭环控制时，从二次空气喷射系统来的空气不能引入排气阀（上游氧传感器)。否则,氧传感器会向 ECU 发送混合气过稀的信号。在开环控制时(如暖机时),则必须将空气直接引入排气阀(上游氧传感器),否则将会增大 HC 的排放,并且使氧传感器达到工作温度所需要的时间更长。在这两种情况下,ECU 将保持更长的喷油脉宽,导致燃油经济性下降和排放增加。

2. 直观检查

(1)检查系统中所有管道是否有松动、生锈或是被烧灼的情况。检查二次空气喷射系统的储气罐,如果其过滤材料已烧毁,说明某些单向阀已漏气。

(2)对于脉冲式二次空气喷射系统,在进气管道内应有稳定的脉冲声。否则,应检查气缸是否缺火。如果不缺火,检查单向阀是否堵塞,或排气管是否畅通。

(3)对于空气泵式二次空气喷射系统,检查空气泵的滤清器、传动皮带和减压阀。

(4)某些二次空气喷射系统的 AIRB 和 AIRD 电磁阀、电控空气泵和相关电路有故障时,ECU 会设置故障码。可以使用诊断仪检查与 AIR 系统相关的故障码的原因。

3. 检测

1)单向阀

单向阀打开时只允许空气进入排气管,而不允许废气倒流入空气系统。可以用废气分析仪检测单向阀,将废气分析仪的探针置于单向阀孔附近。如果有 CO、CO_2 的读数,则阀门泄漏。

2)AIRB 阀

发动机起动和暖机时,应能听到空气从 AIRB 阀通过的声音。否则,从 AIRB 阀上拆下真空管并起动发动机。如果空气从 AIRB 阀通过,检查 AIRB 电磁阀和连接线。否则,检查从空气泵到阀门的空气供给。如果空气供给正常,则应更换 AIRB 阀门。

使发动机处于正常的工作温度,断开 AIRB 阀门和催化转化器间的连接,并检查从气管中来的气流。若气流进入催化转化器,则属于正常情况。如果气管中没有气流出现,则应更换 AIRD 阀门。如果气流偏小,则应检查气管、AIRD 电磁阀和连接线。

3)二次空气喷射系统效率测试

使发动机处于怠速。用废气分析仪检测并记录尾气中氧的含量。然后断开二次空气喷射系统,再检测并记录废气中氧的含量。此时废气中氧的含量应比二次空气喷射系统工作时少 $2\%\sim5\%$。

案例分析

一辆大排量的通用雪佛兰汽车在加速时迟缓。路试前,维修人员将变速器置入空挡,发现每次发动机加速时都有明显的迟缓。

维修人员随后进行燃油压力测试,表明有符合规定的燃油压力。然后连接诊断仪到 DLC 上并检查 ECU 的故障码,在 ECU 存储器中没有故障码。接着用诊断仪检查所有传感器的读数,观察所有的读数是否在参数规定范围内。然后检查 EGR 阀门在发动机加速时的工作情况。EGR 阀门在怠速下保持关闭,发动机每次加速时,EGR 阀门移到并保持大开位置。将 EGR 阀门的空气管拆下,发动机加速正常。维修人员检查在 EGR 阀门顶部的字母并发现这是一个负背压式阀门。将手动真空泵连接在 EGR 阀门上，断开点火开关，测量阀门处的压力，读数为 457.2 mmHg。阀门打开并保持真空 20 s，阀门提供 475.2 mmHg 的真空度。发动机起动，真空度缓慢下降但是阀门仍保持打开，显示废气压力不能将溢流阀打开，可能是阀门中的通道堵住或是阀门下阻塞。

拆下 EGR 阀门，虽然在阀门下的通道中没有积炭，但阀门需要更换。更换 EGR 阀门后，发动机加速正常。

<h1 style="text-align:center">小　　结</h1>

引起排放超标的原因有两个，一个是燃烧系统功能下降，另一个是排放控制系统的有效性下降。本章以讨论后者为主，简要介绍了尾气测试，燃油蒸发排放控制系统和曲轴箱强制通风系统的诊断，重点介绍了废气再循环系统和二次空气喷射系统的检测。

<h2 style="text-align:center">思考与练习</h2>

1. 在讨论催化转化器的诊断时，（　　）是正确的。

A. 需要进行温度测试

B. 废气中低含量的二氧化碳明显地显示这是个工作正常的催化转化器

C. A 和 B 都对

D. A 和 B 都不对

2. 在讨论 EGR 阀门诊断时，（　　）是正确的。

A. 如果 EGR 阀门不打开，发动机在加速时迟缓

B. 如果 EGR 阀门不打开，发动机在加速时会爆燃

C. A 和 B 都对

D. A 和 B 都不对

3. 在讨论 EGR 阀门诊断时，（　　）是正确的。

A. 一个有故障的节气门位置传感器可能影响 EGR 阀门的工作

B. 一个有故障的发动机冷却液温度（ETC）传感器可能影响 EGR 阀门的工作

C. A 和 B 都对

D. A 和 B 都不对

4. 在讨论正背压型 EGR 阀门的诊断时，（　　）是正确的。

A. 发动机处于怠速运转时，如果用手动真空泵给 EGR 阀门提供真空，阀门应该在 304.8 mmHg 真空度时打开

B. 发动机不运转时，提供给阀门的任何真空都会渗出，并且阀门膜片不动

C. A 和 B 都对

D. A 和 B 都不对

5. 在讨论数字式 EGR 阀门的诊断时，（　　）是正确的。

A. 诊断仪可以用于指示 ECU 打开 EGR 阀门的任何电磁阀

B. 发动机怠速时，提供给阀门 457.2 mmHg 的真空能打开阀门

C. A 和 B 都对

D. A 和 B 都不对

6. 在讨论 EGR 压力传感器的诊断时，（　　）是正确的。

A. 压力传感器上的排气口在发动机高速时会关闭

B. 废气压力作用在压力传感器膜片的顶部

C. A 和 B 都对

D. A 和 B 都不对

7. 下列选项中，（　　）是正确的。

A. 二次空气喷射系统的空气转换阀引导二次空气通向排气歧管或是催化转化器

B. 在发动机减速时，二次空气排出

C. A 和 B 都对

D. A 和 B 都不对

8. 在讨论 PCV 系统的诊断时，（　　）是正确的。

A. 空气滤清器中有积油，说明 PCV 阀卡在打开位置

B. 空气滤清器中有积油，表示活塞环和气缸磨损

C. A 和 B 都对

D. A 和 B 都不对

9. 在讨论 PCV 系统的诊断时，（　　）是正确的。

A. 损坏的 PCV 阀门会造成发动机怠速不稳

B. PCV 系统工作正常与否取决于发动机的良好密封

C. A 和 B 都对

D. A 和 B 都不对

10. 下列选项中，（　　）是正确的。

A. 不合适的 EVAP 炭罐清污会造成发动机在热的天气下怠速不稳

B. 化油器的通气孔有问题时会造成发动机失火或是熄火

C. A 和 B 都对

D. A 和 B 都不对

11. 在讨论 EGR 系统时，（　　）是正确的。

A. 节气门位置传感器的信号过强可能引起 EGR 阀门过早打开

B. 从其他传感器传来的故障码信号能辅助诊断 EGR 的故障

C. A 和 B 都对

D. A 和 B 都不对

12. 下列选项中，（　　）是正确的。

A. 二次空气喷射系统不工作会降低催化转化器的温度

B. 可以用将空气泵传动带拆下的方法来测试催化转化器的储氧能力

C. A 和 B 都对

D. A 和 B 都不对

第 10 章

电子 控制系统 的 诊断维修

导入案例

一辆汽车爆燃严重，技师调取故障码，显示爆燃传感器电路有问题，随即更换了新的爆燃传感器，并清除了故障码。但在试车时，虽然爆燃减轻了，但依然出现同样的故障码，再次检查才发现，传感器与 ECU 连接端子接触不良，说明故障码指明的故障不一定就是零部件出了故障。

电子控制系统由控制单元（ECU）、传感器、执行器及它们之间的连接线路组成。本章首先介绍电子控制系统的基本诊断思路和方法，然后介绍电子控制系统常用的自诊断方法，最后讲述燃油喷射、点火等系统共用传感器的诊断维修。

10.1　诊断思路

面对发动机电子控制系统故障，较好的方法是把故障线索（如仪表读数、示波器读数、故障现象）与已知发动机在正常工作情况下的数值相比较，从而找到发动机工作不正常的逻辑原因。简单逻辑诊断比较适合电子控制系统。即利用可能的检测手段，从最可能的原因入手，直到考虑到最不可能的原因。在考虑所有的因素之前，不要猜测故障的原因或是轻易得出结论。

影响简单逻辑诊断的因素是一般条件下无法对 ECU、某些传感器、复杂的电路等进行精确测试。所以即使这些部件和线路再值得怀疑，也不得不采用"排除法"来解决。这意味着要全面检查可能导致故障的所有部件和一些基本因素，如电压、电阻和接地等。

特别要强调的是，正确的电源电压和良好的系统接地是很重要的。有些看似复杂的故障，可能只是接头松动引起的。真正属于电子部件（如 ECU）的故障还不到 3%。另外不要忘记机械、气路和油路等系统故障也可能引起发动机电子控制系统故障，甚至产生故障码。发动机电子控制系统的故障通常是由传感器和线路故障引起的，少量故障由执行器和驱动装置引起，最后才应考虑 ECU。这也是电子控制系统的检测顺序。如果某些车型同时发生了许多莫名其妙的故障，这一般是中央控制单元（ECU）的软件或硬件出了问题。

建议按以下顺序对发动机电子控制系统展开检查。

（1）直观检查。

（2）用自诊断功能检查。

（3）对于无故障码但有故障症状的故障，或故障码并不反映故障范围的故障，可以用"排除法"来检查。对于某些无法通过输入和输出进行精确测量的部件，如 ECU、进气歧管绝对压力传感器、集成电路模块、关联电路板等，可以采用"替换法"。替换法是将怀疑有问题的部件更换为已知的良好的部件，并且重新试验系统。如果故障消失，则说明被替换的部件有不良。

对于电子控制系统的诊断，千万不要闭门造车，诊断前应浏览制造商的维修公告（CD盘、书面维修公告或基于互联网的信息），查看是否有符合所维修车辆的车型和出厂日期等方面的维修信息。因为有些故障只有按照这些资料给出的方案才能解决。

10.2　维修注意事项

ECU 的核心是计算机微处理器，有些汽车的网络系统甚至由多达 40 个微处理器组成。计算机系统经受不住过高的电压、过大的电流、过强的干扰和过分的湿度。所以，一些不同于其他系统维修的注意事项需要严格遵守。除非维修手册另有规定。

（1）在拆下或连接传感器、执行器、ECU、蓄电池、熔丝的任何端子或其延伸线前，要断开点火开关。

（2）只能用 10 MΩ 以上的高内阻万用表来测试电子控制系统。千万不要使用测试灯测试电子元件及其线路。

（3）不要将任何电子元件及其线路接地或在其上施加电压。

（4）不要将任何电子元件连接到 ECU、传感器、执行器的接地线路上。

（5）对车身进行焊接作业前，应断开蓄电池负极。

（6）断开蓄电池时，要先断开负极；如果正极也断开，连接时要先连接正极。断开蓄电池可能会引起以下问题。

① 消除计算机微处理器中的学习记忆和收音机中存储的选台记忆。

② 在某些汽车上，断开蓄电池接线后，只有在车门锁从锁止状态变为打开状态时，防盗计算机系统才允许起动汽车。

③ 对装有安全气囊的汽车来说，断开蓄电池负极后，在对其维修之前，应该等待几分

钟，以避免安全气囊意外打开。等待时间按制造商维修手册的规定执行。

为避免出现这些问题，可以在断开蓄电池之前将一种干电池式的电压源插入点烟器。

（7）当需要接触电子元件时，尤其是 ECU、传感器、驱动器内的集成电路时，为减少电荷在身体上的集结，避免元件或其内存储的数据受放电损坏，应遵循以下的指导原则。

① 更换 PROM 时，必须采取接地措施，建议戴防静电腕带。

② 在接触或拆装电子元件前，特别是必须触摸其接线的导体（端子）时。如果没有带防静电腕带，要先进行触地放电。在操作过程中，如有中断，在重新操作前应该重复这一动作。

③ 使用电压表时，一定要先连接表的负极。

（8）不要将电子部件置于潮湿环境中。

（9）电子部件及其连接应采取避振措施。

10.3 电路故障诊断

10.3.1 故障形式和原因

任何电路故障的表现形式无外乎有断路，短路和高电阻 3 种。这 3 种故障有时也会间歇出现。在诊断电路故障时，判别出故障的类型可使维修人员采用正确的方法进行检测。通常采用测量电阻和测量电压的方法判断这些故障。

发生断路时，由于构不成闭合回路，因此电路中无法形成电流，从而使得负载或者零部件无法工作。断路可能是由于导线没有连接好，导线断开、开关处于断开位置或零部件内部开路等引起的。如果测量电阻，断开处两端的电阻为无穷大。如果测量电压，尽管在电路的断开处存在电压，但在电路中也不会形成电流，所以回路上负载两端都没有电压降。

短路是电流没有按规定的回路流动，而进入了故障形成的通道。短路使得电流增大。增大的电流会把导线或元件烧坏。如果是控制电路后的两个电路短接在一起。当控制电路闭合时，一个电路会向另一个电路供电，导致发生一些异常现象。如图 10-1 所示，在每次踩下制动踏板的时候喇叭就会响，这说明制动灯电路与喇叭电路短接了。如图 10-2 所示，如果是与地之间的短路，电流没有通过用

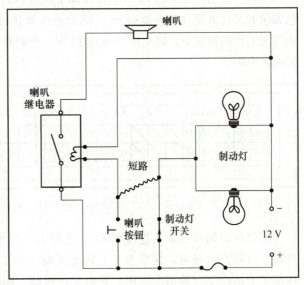

图 10-1 导线之间短接

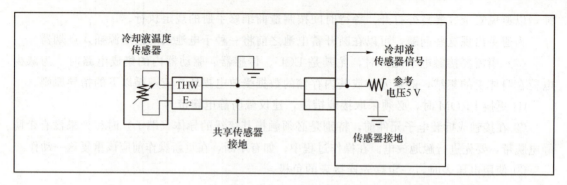

图 10 - 2　与地短接

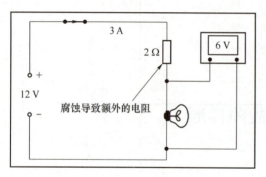

图 10 - 3　腐蚀和接触不良带来的额外电阻

电器而直接回到蓄电池负极。而极大的电流会损坏导线和蓄电池等，甚至会造成过流机械部件的变形。不正确的布线方式和绝缘层损坏是电路短路的两大主要原因。

当电路中出现额外的电阻时，便会发生高电阻故障。这使得回路中的电流比正常电流要小，从而使得电路中的元件无法正常工作。如图 10 - 3 所示，灯两端的电压降将会下降并且电路电流也会下降，灯泡将会变暗。造成这种故障的主要原因是导线连接处发生腐蚀。

10.3.2　电子控制单元（ECU）电源线和地线的诊断

电子控制系统的维修有一个原则：除非证明 ECU 的地线和电源线都工作正常，否则不能更换 ECU。因为 ECU 必须在其接地端子接地良好，且电源线上有规定的电压的情况下才能正常工作。根据被测车辆 ECU 的接线端子及其各名称图（见图 10 - 4），将数字式电压表的红色表笔和黑色表笔分别连接在 ECU 的常通电源接线端子（BATT）和接地端子（E01）。在点火开关关闭的情况下，该电压应该是 12 V。否则检查从蓄电池到该端电路是否存在短路、断路或高电阻。

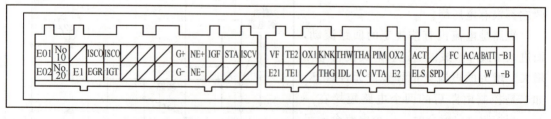

图 10 - 4　ECU 的接线端子及其名称图

将电压表的红色表笔连接到 ECU 上的其他电源端子上（+B，+B1，）而黑色表笔仍旧接地。打开点火开关，这些端子上的电压应该是 12 V。否则检测从蓄电池经点火开关到这些端子上的电路（根据电路图）是否存在短路、断路或高电阻。

ECU 的地线一般是通过发动机或直接连接到蓄电池负极接地端。在点火开关打开的情况下，用数字式电压表测量 ECU 的接地端子和蓄电池负极接地端之间的电压降，正常情况下应小于或等于 0.03 V 或规定值，否则说明这段线路上存在断路或高电阻。

良好的接地对所有参考电压型传感器是很重要的。不良的接地会使参考电压（正常为5 V，图 10-4 中的 VC 为 ECU 的 5V 输出端）高于正常值，从而导致传感器输出到 ECU 的信号偏高，致使 ECU 根据错误的信息做出决策。而且，如果传感器的输出信号没有超出正常范围，ECU 的自诊断系统就不会发现这一故障，所以也就不会显示故障码，使维修者很难发现。

10.4　自诊断

显示电子控制系统有问题的方式有两种，一种为有故障症状，另一种是发动机检查灯在起动后（THECKENGIN，有些文献也称为故障指示灯 MIL）不熄灭或发动机运转时被点亮，此时建议按以下顺序进行诊断。

（1）直观检查。按本书有关章节，快速查看电子控制系统、进气系统（包括所有真空管）、曲轴箱强制换气系统（PCV）、燃油蒸发控制系统有无明显故障。

（2）调取故障码。

（3）识别故障码。通过故障再现，识别故障码是永久故障还是间歇故障。

（4）根据故障码的提示，必要时查看或打印数据冻结帧或数据流。用故障树方法分析并列出可能引起故障的原因，按可能性排序。

（5）用排除法诊断。根据被检测对象，选择用诊断仪、万用表、示波器等仪器检测或用替换法测试。

（6）清除故障码，通过试车（故障再现）确认故障是否被排除。

（7）对系统进行设置和恢复。

10.5　自诊断举例

凡符合 OBD Ⅱ标准的车辆，理论上都可以用通用诊断仪通过诊断端子（DLC）调取故障码。而对于目前大部分车辆，从故障码的含义到故障码的调取和清除方法，从诊断连接器的形式到安装位置，都可能是不同的，而且还在不断地改进或更新。以下内容将举例说明一些典型车型（非 OBD Ⅱ标准）的自诊断特点，应用时要遵循制造商最新的维修资料。

在使用任何诊断仪之前，都必须按该诊断仪的说明书和汽车制造商的维修资料完成诊断仪的初始化输入。诊断仪的初始化输入一般包括以下内容。

（1）使发动机处于正常工作温度，关闭点火开关。根据车型将模块安装到诊断仪上，如果 DLC 无供电端，需要将诊断仪电源线与车辆上的蓄电池或点烟器连接。

（2）在诊断仪上找出车辆的类型，输入车辆制造年份。

（3）输入 VIN 码。

（4）选择诊断仪的适配线，应能和被检测车辆的诊断插座（DLC）相连。

10.5.1 通用汽车

1. 调取故障码

通用汽车公司的诊断系统主要包括 ECU、发动机检查灯（CHECK ENGINE）、数据通信链路（ALCL）或 DLC。如图 10 - 5 所示。故障指示灯（MIL）"CHECK ENGINE"有两个作用，其一是提醒驾驶者汽车已经产生故障，其二是维修者可以通过该故障灯的闪烁来读取故障码。而符合 OBD Ⅱ 标准的车型没有闪烁故障码功能，所有故障码必须使用诊断仪调取。

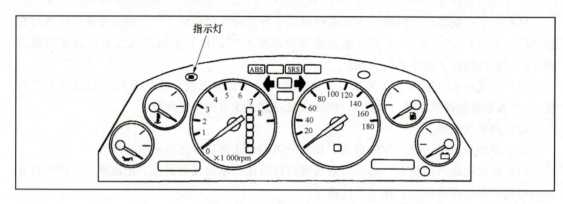

图 10 - 5　故障指示灯（MIL）

如果系统产生故障，ECU 在设置故障码的同时点亮"CHECK ENGINE"。如果故障消失，"CHECK ENGINE"便会熄灭，但故障码还可能存在。如果系统产生的故障可能中断发动机运转，则系统会切换到故障运行模式（跛行模式）。在这种模式中，ECU 提供浓混合气和固定的点火提前角，发动机性能因此而下降。

正常情况下，将点火开关置于"ON"，"CHECK ENGINE"应该亮，起动发动机后，"CHECK ENGINE"熄灭。否则，系统可能存在故障。图 10 - 6 所示为通用汽车公司两种常用的诊断插座（DLC），其各端子的说明见本节 DLC 端子说明。接通 12 端子 DLC 的 A 和 B，观察"CHECK ENGINE"是否显示代码 12，MIL 显示故障码如图 10 - 7 所示，连续显示 3 次 12 表示计算机的诊断程序运行正常。否则，说明 DLC 或是相关电路有故障。接下来显示的是故障码。如果 ECU 存储了多个故障码，则闪烁顺序按数码的大小从最小代码开始。

连接 DLC 上的 A、B 端子，起动发动机。使自诊断系统进入维修模式。"CHECK ENGINE"闪烁的速度表明系统是开环还是闭环。闪烁速度较快，表示系统处于开环，否则表示系统进入闭环。

2. 测试维修

一旦确定了故障码（包括永久故障和间歇故障的识别），就应查阅维修手册，通用公司车型典型的故障码及可能产生原因（OBD Ⅱ标准实施以前）如表10－1所示。在手册中，每个故障码都对应着一个诊断维修过程。

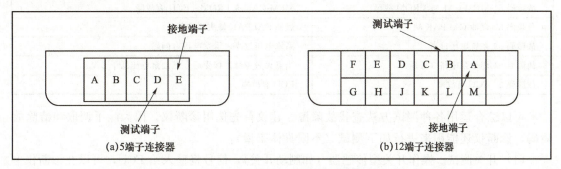

图 10－6　通用汽车公司两种常用的诊断插座（DLC）

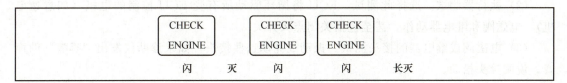

图 10－7　MIL 显示故障码

表 10－1　通用公司车型典型的故障码及可能的产生原因（OBD Ⅱ标准实施以前）

说明
如果下列故障存在，"CHECK ENGIN"灯将变亮。如果故障清除，灯熄灭，但故障码仍保存在 ECU 中。如果在发动机起动 50 次期间故障不再出现，则任何已存储的故障码将会清除。

故障码与电路	可能的原因
故障码 13-氧传感器电路（开路）	非怠速工况下，氧传感器电路或传感器断路 1 min 以上
故障码 14-发动机冷却液温度传感器电路（高）	传感器或信号线接地超过 3 s
故障码 15-发动机冷却液温度传感器电路（低）	传感器、导线或连接器断路大于 3 s
故障码 21-节气门位置传感器电路（高）	发动机转速低于 1 200 r/min 的情况下，TPS 电压高于 2.5 V 时间达到 3 s
故障码 22-节气门位置传感器电路（低）	信号电路对地短路或断路 3 s 之内，便会设置此故障码
故障码 23-进气温度传感器电路（低）	传感器、导线或连接器断路大于 3 s
故障码 24-车速传感器	在道路行驶减速时，没有车速信号
故障码 25-进气温度传感器电路（高）	传感器或是信号线对地短路超过 3 s，设置此故障码
故障码 32-废气再循环系统	在发动机起动时，真空开关对地短路或在 ECU 命令 EGR 工作一定时间后，开关还没有闭合，或 EGR 电磁阀电路开路达到一定时间
故障码 33-进气管绝对压力（高）	MAP 传感器或电路输出高电平达到 5 s
故障码 34-进气管绝对压力（低）	发动机运转时，传感器输出信号为低或是无输出信号
故障码 35-怠速空气控制系统	怠速空气控制错误
故障码 42-电子点火正时	ECU 检测到 EST（点火控制）或旁路电路开路或接地
故障码 43-电子点火电路控制	输入给 ECU 的信号长时间保持低位或系统无法进行功能检查
故障码 44-氧传感器电路（废气稀）	传感器电压始终低于 2 V 的时间约为 20 s
故障码 45-氧传感器电路（废气浓）	传感器电压高于 7 V 的时间约为 60 s

续表

故障码与电路	可能的原因
故障码 51-MEM-CAL 或 PROM 故障	MEM-CAL 或 PROM、ECU 有故障
故障码 52-燃油 CALPAK 缺失	燃油 CALPAK 缺失或故障
故障码 53-系统电压过高	系统电压过高表示发电机有问题
故障码 54-燃油泵电路（低压）	当点火参考脉冲接受后，燃油泵电压低于 2 V
故障码 55-ECU 有故障	ECU 有故障

可以综合运用各种测试方法查找故障源。建议首先选用诊断仪，因为除了调取和清除故障码，诊断仪还能用来进行如下测试（不限具体车型）：

（1）开关测试。操作开关型传感器（如制动开关），信号将输入给 ECU，可以在诊断仪上观察到对应输入信号的变化。还可以观察不同工况时，所有受 ECU 控制的电磁阀的开关状态。

（2）执行器测试。选择此测试，ECU 将循环驱动所有受 ECU 控制的电机（如怠速电机）、电磁阀和继电器动作，甚至包括关闭点火开关。

（3）电磁阀或继电器的接头测试。振动或晃动这些接头，如果诊断仪发出"嘟嘟"的声音，说明接头松动。

（4）排放维修提示（EMR）设置。重置 EMR 模块，当排放系统需要维修时，EMR 灯提醒驾驶员。

（5）检查和调整点火正时。

（6）巡航控制测试。

（7）读取冻结数据帧（快照）。

3. 验证维修结果

当纠正了所有故障码显示的故障后，应清除故障码，然后断开测试端子的接地线。拉紧驻车制动器，将变速器置于驻车挡，起动发动机运转 2～5 min。重复上述调取故障码操作，直到确认发动机再无故障码产生。根据故障发生时的汽车工况，必要时可通过路试（再现故障）确认故障是否被排除。

4. 故障码的清除方法

不同型号和出厂日期的车辆，清除故障码的方法也不同。常用的方法是关闭点火开关，拔出熔丝盒中的 ECU 熔丝，并等待 10 s 后再插入。如果蓄电池正极上有快拆导线，关闭点火开关后，拆除此导线后保持 10 s 或更长时间，也可以清除故障码。还有些车型需要用诊断仪清除故障码。

如果故障排除后，故障码还留在计算机中，对大部分汽车来说，当发动机停转和起动循环达 30～50 次后，故障码会自动清除。

5. DLC 端子说明

不同型号和制造日期的汽车中，DLC 端子的数量和意义可能不同。图 10－6 中各端子的作用如下。

A：接地端子；

B：诊断请求；

C：二次空气喷射控制器。当端子接地时，对于带有转换电磁阀和排气电磁阀的系统，排气口电磁阀接地，二次空气喷射控制器（AIR）连续地向排气口送空气。

D：“CHECK ENGINE”（MIL）。在一些系统中，当该端子接地时，检查发动机灯一直点亮。

E：低速串行数据输出。用于传输速度为 160bit 的 ECU 系统中，向诊断仪提供传感器的数据。

F：自动变速器的变矩器离合器（TCC）。将 12 V 的测试灯连接到该端子和接地端之间，在举升机上，起动并加速发动机，在换挡运行过程中，如果 TCC 没有锁止，灯亮；锁止时，灯灭。

G：燃油泵测试。对于一些车型，关闭点火开关，为该端子提供 12 V 电压，电流将通过燃油泵继电器使燃油泵工作。另外一些车型在发动机舱内设置有燃油泵测试接头。

H：防抱死制动系统（ABS）诊断。将该端子和 A 端子相连，ABS 系统的计算机会使 ABS 警告灯闪烁以显示故障码。

J：不使用。

J：安全气囊控制（SIR）系统。将此端子连接到 A 端时，SIR 控制器使 SIR 警告灯闪烁以显示故障码。

K：未用。

I：高速串行数据输出。用于 P4 型 ECU 系统中，向诊断仪输出传感器数据。

10.5.2　福特汽车

在福特公司稍早的一些汽车上，故障码通过仪表板上的“CHECK ENGINE”显示或在 DLC 和蓄电池之间的跨接指针式电压表上显示。如图 10 - 8 所示，DLC 安装在机舱内。以下介绍这种方式下故障码的诊断。需要说明的是，现在许多福特车型已装备了符合 OBD Ⅱ 标准的 EEC-V 系统。

1. 接通点火开关但发动机不运转的测试

（1）关闭点火开关，用跨接线将自检输入连接器端子和 DLC 上相应的端子连接在一起。

（2）如果汽车上没有故障指示灯“CHECK ENGINE”，则用电压表将蓄电池的正极与 DLC 上相应的接线端子连起来。

（3）打开点火开关并且观察“CHECK ENGINE”或电压表。首先显示的是永久性故障码，紧跟着是隔离码 10 和间歇性故障码。如图 10 - 9 所示。记下所有故障代码。

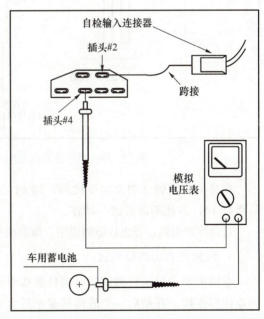

图 10 - 8　稍早的一些福特车型上调取故障码的方法（具有独立的自测试输入线的 DLC）

显示隔离码 10 时，故障指示灯“CHECK ENGINE”闪烁一次或电压表指针摆动一次。每一个故障码都会被显示两次，并且按数字大小顺序出现。如果没有故障码，系统会显示通过故障码 11。如果想重复测试或继续进行另一种测试，点火开关必须关闭大约 10 s。

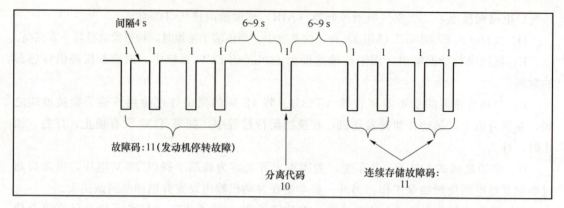

图 10-9　点火开关打开、发动机不运转时故障码的显示情况

2. 发动机运转测试

步骤①、②同上。

然后起动发动机并观察故障指示灯"CHECK ENGINE"或电压表。如图 10-10 所示，首先显示的是发动机标识码，紧接着是隔离码 10 和永久性故障码，记下所有故障代码。

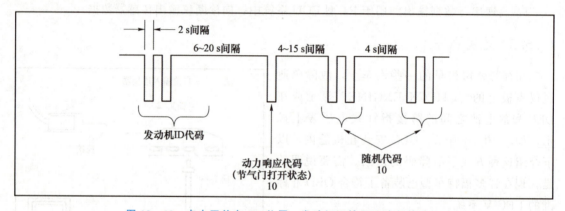

图 10-10　点火开关在 ON 位置、发动机运转显示诊断故障码

在显示隔离码（动力响应代码）10 时，必须快速将节气门踏板踩到底。某些车型没有隔离码 10，因此不需要这一动作。

对照维护资料，查出故障码说明，如前面所述判断故障源范围，确定检测项目和测试方法。

3. 线束接头的连接测试

在结束发动机运转测试后，当怀疑线束接头有问题时，进行本项测试。保持跨接线和自测连接器连接。在最后一个故障码显示后大约 2 min，摇动电线接头，如果电压表的指针有偏斜，则说明该电线接头松动。

4. 断缸测试

对于许多顺序燃油喷射发动机来说，在结束发动机运转测试后，立刻将节气门打开到最大开度，2 min 以后，ECU 将使每个喷油器停止喷油约 20 s。当某个气缸熄火时，ECU 会检测发动机转速。如果发动机转速不下降，说明该气缸喷油器（或气缸压缩、或点火系统、或真空系统）有问题。如果发动机转速下降不够，ECU 会设置一个对应这个气缸的故障码。

5. 清除故障码

在发动机运转测试模式下，在故障码显示过程中将自检输入线和 DLC 之间的跨接线断开，既可以清除故障码。

10.5.3　克莱斯勒汽车

克莱斯勒公司生产生非 OBD Ⅱ 自诊断系统车辆有两种故障码调取方法。对于安装了故障指示灯的系统，有一个调取故障码的简便方法。在不起动发动机的情况下，在 5 s 内将点火开关打开/关闭循环 3 次，最后保持打开的状态。观察 "CHECK ENGINE"，首先的发光是指示灯自检，如果有故障码，接着开始闪烁，先闪烁的次数作为十位数，停半秒后，接着闪烁的次数为个位数。将两次闪烁的数字组合起来就是故障码。当显示代码为 55 时，表示故障码检测结束。注意：每个故障码只显示一次。要重复显示故障码，必须断开点火开关，重复上述操作。

图 10 - 11　克莱斯勒公司的 DLC 连接到诊断仪上

对于许多车型，不管有没有故障指示灯，都可以用诊断仪进行故障码诊断。DLC 通常安装在发动机仓左侧挡泥板上。如图 10 - 11 所示，诊断仪配置有适合不同车型的模块，插入相应的模块，将诊断仪连接到 DLC 上，再用上述同样的操作方法即可调取故障码。在维修资料里，对应每个故障都有一个故障树，供诊断使用。和其他车型类似，可以用诊断仪测试各种开关和执行机构。

对于早期的系统，拆除蓄电池的正极 10 s 以上，并且关闭点火开关，可以清除故障码。对大多数车型，需要把该接头拆开 30 min 以上来清除故障码。

10.5.4　丰田汽车

对于大多数非 OBD Ⅱ 系统的丰田汽车，可采取通过故障指示灯显示故障码的方式。其步骤如下。

（1）用跨接线连接 DLC 的 E1 和 TE1 端子，将点火开关置于 ON。如图 10 - 12 所示，一些圆形 DLC 设置在仪表板的下面，而长方形 DLC 则设置在发动机舱内。

（2）观察故障指示灯。如果灯快速闪烁，那么就说明在 ECU 里没有故障码。如果有故障码，则故障指示灯按故障码的大小顺序显示故障码。如图 10 - 13 所示，先闪烁故障码 13，接着是故障码 31，而且可以保持重复闪烁。

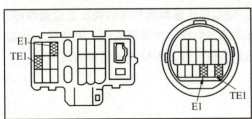

图 10 - 12　丰田公司的长方形 DLC 和圆形 DLC

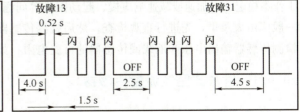

图 10 - 13　丰田汽车故障码的显示

（3）拆下跨接线结束测试。

当永久性故障被排除后，可以进入下述驾驶测试模式，诊断间歇性故障：

① 用跨接线连接 DLC 中的 E1 和 TE2 两个端子，打开点火开关；

② 驾驶汽车以 10 km/h 以上的速度行驶，模拟故障产生时的工况；

③ 熄灭发动机，用跨接线连接 DLC 上的 E1 和 TE1 两个端子，即可调取故障码；

④ 从 DLC 上拆下跨接线，结束测试。

10.5.5 日产汽车

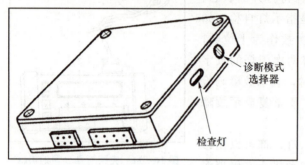

图 10-14 日产车上 ECU 的诊断模式选择器

在许多日产汽车上的 ECU 中有一红一绿两个发光二极管（LED），如果系统出现故障，LED 就会闪烁出故障码。如果没有故障码，LED 就会闪烁一个表明系统正常的代码。车型和生产年份不同，故障码诊断的方法也不同，这些在维修资料里有说明。如图 10-14 所示，通常有 5 种诊断模式，旋转 ECU 上的诊断模式选择开关，进入所需的诊断模式。

（1）模式 1：氧传感器输出信号检测。在发动机处于怠速和闭环控制工况下，当氧传感器检测到混合气为稀时，绿灯就闪烁。当检测到混合气为浓时，绿灯会熄灭，5~10 s 后，ECU 应该将空燃比限制在理想的范围内，此时绿灯可能闪烁。

（2）模式 2：当氧传感器检测到混合气为稀时，绿灯亮，当 ECU 对脉冲宽度进行调整后，红灯会亮。

（3）模式 3：表示系统中产生的各种故障的故障码。

（4）模式 4：开关信号测试。这种模式会删除模式 3 中得到的故障码。

（5）模式 5：可以提高汽车行驶时 ECU 诊断间歇性故障的灵敏度。

10.6 空气流量传感器的检测

空气流量传感器故障会导致不正确的空燃比和点火正时，从而引起发动机燃油经济性下降、工作不稳定、对加速或减速响应慢、起动困难等问题。应根据传感器的具体结构决定检测顺序。一般应由表及里，先进行直观检查；然后检测传感器的参考电压（传感器电源）和搭铁，接着检测传感器输出电压和地线或传感器的可变电阻；如果条件允许，再检查传感器的内部。

10.6.1 叶片式空气流量传感器

1. 直观检查

观察传感器外部结构和接线。

2. 检测电阻

如图 10-15 所示，首先检查油泵开关，测量 E_1 和 F_C 端电阻：当叶片全关闭时，电阻应为无穷大，E_1 和 F_C 端断开；当叶片打开时，电阻为 0，E_1 和 F_C 端连通。

然后推动叶片，同时测量 V_S 与 E_2 端子间的电阻。如表 10-2 所示，在叶片由全闭至全开的过程中，电阻值应逐渐变小（如从 600 Ω 减少到 200 Ω）且符合规范，否则须更换传感器。

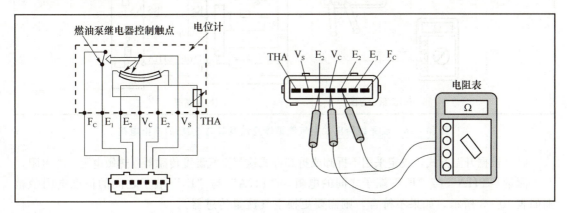

图 10-15　叶片式空气流量传感器的原理

表 10-2　典型的叶片式空气流量传感器的电阻规范

端子	电阻/Ω	温度/℃
VS-E2	200～600	—
VC-E2	200～400	—
THA-E2	10 000～2 000	−20（−4）
	4 000～7 000	0（32）
FC-E1	∞/0	—

3. 电压检测（将点火开关打到 ON）

（1）检测 V_C 和 E2 间的参考电压，如果无电压，则在 ECU 的接线端检测该电压。如果符合规范，说明是线路故障；如果电压偏低，则检查 ECU 的电源线和地线，如完好，则应更换 ECU。

（2）检测 E2 与蓄电池搭铁的电压降，应符合规范。

（3）检查 V_S 与 E_2 的传感器输出电压，方法和检测电阻所用的相同。

4. 传感器内部结构检查

推动叶片，检查是否因卡滞或复位弹簧失效而摆动不灵活，电位计滑动触点磨损使动片和静片接触不良，传感器内的油泵开关因触点烧蚀而接触不良等。检查传感器内的燃油泵开关，将点火开关置于 ON，推动叶片打开时，油泵应工作。

10.6.2　卡门涡旋式空气流量传感器

对这种以电子部件为主的传感器，除了其内置的空气温度传感器（热敏电阻）需要检测电阻外，主要通过检测其端子间的电压来判断传感器是否处于故障状态。

以某发动机用反光镜检出式空气流量传感器（反光镜检出式空气流量传感器及其与ECU的连接电路如图 10-16 所示）为例说明检测过程。

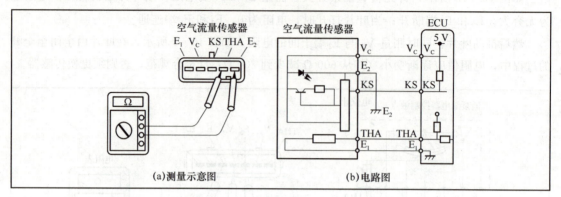

（a）测量示意图　　　　　　　（b）电路图

图 10-16　反光镜检出式空气流量传感器及其与 ECU 的连接电路

（1）根据升温方式，决定采用不拆卸或拆卸方式检测空气温度传感器（热敏电阻）的电阻。

测量"THA"与"E_2"端子之间的电阻，"THA"与"E_2"端子之间的标准电阻值范围如表 10-3 所示。如果不符合，则需要更换空气流量传感器。

表 10-3　"THA"与"E_2"端子之间的标准电阻值范围

端子	标准电阻/kΩ	温度/℃
THA-E_2	10.0～20.0	−20
	4.0～7.0	0
	2.0～3.0	20
	0.9～1.3	40
	0.4～0.7	60

（2）检测空气流量传感器的电压。

为方便起见，首先在 ECU 侧检测端子 THA-E_2、KS-E_1、V_c-E_1 间的电压，卡门涡旋式空气流量传感器端子间的标准电压范围如表 10-4 所示。若电压不符合要求，则应检查传感器与 ECU 间的线路及连接。如果没有问题，则应拔下传感器连接器插头并使点火开关位于"ON"，检查线束侧接头 V_c 与 E_1 及信号输入端子 KS 与 E_1 间的电压，如果电压都为 4.5～5.5 V 之间，说明 ECU 工作正常，应更换空气流量传感器；否则应更换 ECU。

表 10-4　卡门涡旋式空气流量传感器端子间的标准电压范围

端子	电压/V	条件
THA-E_2	0.5～3.4	怠速、进气温度 20 ℃
KS-E_1	4.5～5.5	点火开关 ON
	2.0～4.0（脉冲形式）	怠速
V_c-E_1	4.5～5.5（点火开关 ON）	

10.6.3　热线式空气流量传感器

首先直观检查传感器空气通道内的热线有无断丝或脏污，护网有无堵塞或破裂。如果没问题，可以选择不拆卸或拆卸方式检测传感器端子间的电压或频率。使用热线式空气流量传感器的 ECU 不需要进气温度信号，所以无须检测传感器电阻。现以某发动机采用的热线式空气流量传感器为例，说明不拆卸检测传感器过程。

1. 电压检测

如图 10 - 17 所示，将点火开关置于"ON"，在传感器侧检测端子 E-D 间电压，应为蓄电池电压，否则检查供电回路；在 ECU 侧检测端子 B-C 间电压（空气流量传感器的输出电压），应低于 0.5 V；起动发动机，暖机后电压应为 1.0～1.3 V ；发动机转速达到 3 000 r/min 后，电压应为 1.8～2.0 V。否则关闭发动机，检测 ECU 与传感器之间的连接线。如无不良，应更换传感器。

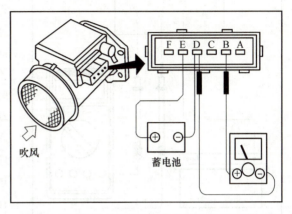

图 10 - 17　热线式空气流量传感器输出信号的测量

2. 自洁功能检测

将发动机加速到 2 500 r/min 以上，然后让发动机怠速运转。关闭点火开关的同时，从空气流量传感器进气口处观察传感器内的热线。正常情况应为在发动机熄火 5 s 后热线被加热至发出红光（约 1 000 ℃），并持续 1 s。否则须检查自清信号（F-C 电压），如无信号则更换传感器。

某些车型的热线式空气流量传感器可以用诊断仪检测，诊断仪将空气流量显示为 g/s。随发动机转速的增加，这个读数也应逐渐地增加。如果发动机转速不变，而流量读数不稳定，或者当轻拍传感器时流量读数出现变化，则说明传感器或连线有故障。在这种情况下，自诊断系统并不设置故障码。

一些热线式空气流量传感器输出电压的频率随空气流量变化，称为变频热线式空气流量传感器。这种传感器的输出信号可以用示波器测试。如图 10 - 18 所示，变频波形应该是一连续方波。当发动机转速和进气量增加时，波形频率应该平滑地增加，并且与发动机的转速变化成比例。如图 10 - 19 所示，如果波形显示有不稳定的频率变化，则说明传感器或连线有故障。

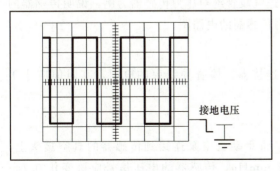

接地电压

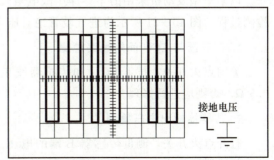

接地电压

图 10 - 18　变频热线式空气流量传感器的正常波形　　**图 10 - 19　有故障的变频热线式空气流量传感器的波形**

10.6.4　热膜式空气流量传感器

以某发动机使用的热膜式空气流量传感器为例，说明如何用拆卸方式检测传感器。

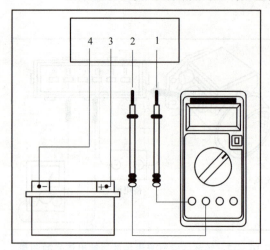

图 10 - 20　热膜式空气流量传感器的性能测试

将点火开关置于"OFF"，从进气道上拆下空气流量传感器，并按图 10 - 20 所示连接蓄电池。用 450 W 电热吹风器紧靠入口向传感器进气道吹风。不吹风时，传感器端子 2 和 1 之间的电压应为 0.03 V；吹冷风时，为 2.3±0.1 V；吹风器缓慢向后移动，电压值应逐渐减小；当吹风器距传感器入口端 0.2 m 时，应为 1.5±0.1 V。否则，应更换空气流量传感器。若测量结果符合上述要求，但发动机运行时相同的故障仍然存在，则应按前面讲的方法对传感器供电回路和与 ECU 的连接线路进行检测。

10.7　进气歧管绝对压力（MAP）传感器的检测

若进气歧管绝对压力传感器出现问题，其能够导致与空气流量传感器相同的发动机故障。其检测顺序与空气流量传感器也相同，但传感器本身不可维修，只能整体更换。对压敏电阻式进气歧管绝对压力传感器和电容式进气歧管绝对压力传感器，应分别检测其输出电压和输出电压频率随进气歧管真空度（或模拟进气歧管真空度）的改变而变化的情况。在进行此项检测前，应该首先确认传感器参考电压、搭铁及其线路、传感器地线与蓄电池搭铁处于正常状态。

10.7.1　压敏电阻式进气歧管绝对压力传感器

以某车型发动机采用的半导体压敏电阻式进气歧管绝对压力传感器为例，说明传感器的检测过程。图 10 - 21 所示为进气歧管绝对压力传感器的电路图。

1. 传感器与 ECU 间的线路检测

关闭点火开关，拔下 ECU 和传感器线束连接器。检查导线束的电阻，其阻值应小于 0.5 Ω。否则应进行修理。

2. 传感器输出电压检测

打开点火开关，测量传感器 B 端的电压。将手动真空泵连接到传感器的真空接头上，并向传感器施加真空。一般每增加或减少 127 mmHg，传感器的电压信号应该变化 0.7～1.0 V。节气门全开时的大气压力对应的电压信号是 4.5 V，当施加于传感器的真空是

127 mmHg 时，测量电压应该是 3.5～3.5 V。每隔 127 mmHg 检查一次传感器的电压。如果不符合规范就需要更换传感器。

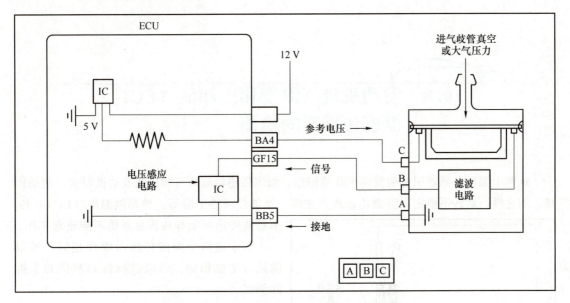

图 10 - 21　进气歧管绝对压力传感器的电路图

很多 MAP 传感器会在每次点火开关打开和每次节气门打开到最大位置时发送一个大气压力信号到 ECU。如果 MAP 传感器大气压力信号的电压与规范不相符，则应更换 MAP 传感器。

10.7.2　电容式进气歧管绝对压力传感器

下面以某车型发动机使用的电容式进气歧管绝对压力传感器为例，说明其简单测试过程，其精确测试则需要使用上述施加真空的测试方法。图 10 - 22 为电容式进气歧管绝对压力传感器与 ECU 的连接电路。

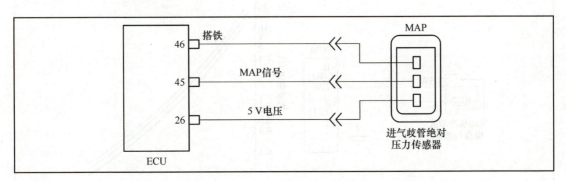

图 10 - 22　电容式进气歧管绝对压力传感器与 ECU 的连接电路

（1）将点火开关置于"ON"，检测端子 26 与 46 号之间的传感器电源电压，应为 5 V 左右。

（2）关闭点火开关，检查 46 号端子与搭铁之间的电阻，其阻值应小于 5 Ω。

（3）起动发动机，检测 45 号端子传感器输出电压的平均值，应为 1.4～1.6 V。检测 45 号端子输出电压的频率，应在 80～160 Hz 之间。加速时，此电压频率应随之增大。

应该注意的是，现在在许多车型上，可以通过数据传输插接器（DLC）读取空气流量传感器或进气歧管绝对压力传感器的输出电压，从而省去了某些需要万用表的检测项目。

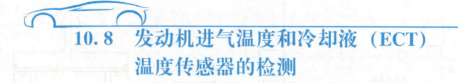

10.8　发动机进气温度和冷却液（ECT）温度传感器的检测

这两个温度传感器引起的发动机故障相似。温度传感器故障可能导致发动机熄火、起动困难、加速慢，运转不稳定，空燃比偏离正常值，燃油经济性下降等。冷却液温度（ECT）传感器故障还可能导致排放系统不能正常工作。

由于这两个温度传感器原理相同，所以测试方法也相同。可以进行拆卸测试和非拆卸测试。

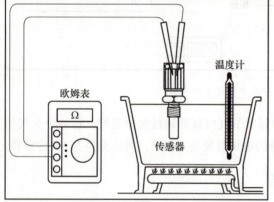

图 10－23　检测发动机冷却液温度传感器

1. 拆卸测试

如图 10－23 所示，拆下温度传感器，将感温头和温度计置于盛水的容器里，在水被加热过程中，一边测量水温，一边测量传感器电阻，测量结果应符合规范要求，否则就要更换传感器。图 10－24 所示为冷却液温度（ECT）传感器电阻随温度的变化曲线。

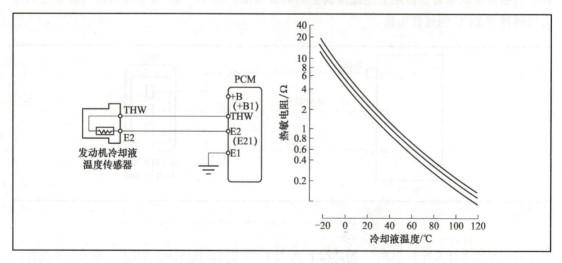

图 10－24　冷却液温度（ECT）传感器电阻随温度的变化曲线

温度传感器与 ECU 的连接线路也可以用欧姆表来测量。如果线路电阻比规范值大，则导线或连接器就必须进行维修。

2. 非拆卸测试

将数字式电压表的测量针探入传感器的输出端子。测量在任一冷却液温度或进气温度下传感器的输出电压，应符合规范，发动机冷却液温度传感器电压降规范如表 10 - 5 所示，进气温度传感器规范如表 10 - 6 所示。否则应更换传感器。

表 10 - 5　发动机冷却液温度传感器电压降规范

冷态电阻（10 kΩ）		热态电阻（909 Ω）	
−28.8℃	4.7 V	43.3 ℃	4.2 V
−17.7℃	4.4 V	54.4 ℃	3.7 V
−6.6 ℃	4.1 V	65.5 ℃	3.4 V
4.4 ℃	3.6 V	76.6 ℃	3.0 V
15.5 ℃	3.0 V	82.2 ℃	2.8 V
26.6 ℃	2.4 V	93.3 ℃	2.4 V
48.8 ℃	1.25 V	115.5 ℃	1.62 V

表 10 - 6　进气温度传感器规范

进气温度传感器温度和电压降曲线			
温度/℃	电压降/V	温度/℃	电压降/V
−28.8	4.81	60	1.52
−17.7	4.70	82.2	0.86
−6.6	4.47	104.4	0.48
15.5	3.67	126.6	0.28
37.7	2.51		

10.9　节气门位置传感器的检测

节气门位置（TPS）传感器故障可能导致发动机加速缓慢、熄火、怠速异常。

1. 怠速触点（IDL）导通性检测

如图 10 - 25 所示，关闭点火开关，拔下传感器的导线连接器，在传感器一侧的连接器上，通过测量电阻，判断怠速触点的导通情况。

将节气门完全关闭，IDL 与 E_2 端电阻为 0，说明触点导通。使节气门开度大于或等于 15°或在节气门止推螺钉和止推杆之间垫上一个厚 0.55

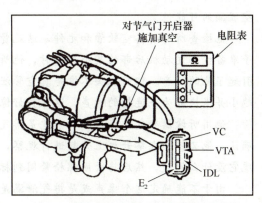

图 10 - 25　节气门位置传感器怠速触点导通性检测

mm（这两个数值应按规范查取）的垫片时，IDL 与 E_2 端电阻为无穷大，说明触点断开。否则应调整或更换节气门位置传感器。

2. 可变电阻值的检测

关闭点火开关，拔下传感器的导线连接器，在传感器一侧的连接器上，测量传感器信号输出端子 VTA 与 E_2 端的电阻值，该电阻值应随节气门开度的增大而线性增大，不可有突变。

3. 传感器电压检测

（1）打开点火开关，从传感器的 VC 端检测参考电压，应为 5 V，误差不能超出规范。如果无电压，则在 ECU 的接线端检测该电压。如果符合规范，则需要检测连线；如电压偏低，则检查 ECU 的电源线和地线。如连线完好，则应更换 ECU。

（2）打开点火开关，在传感器的 VTA 端检测传感器的输出电压。慢慢地打开节气门，电压表或示波器的读数将缓慢和平滑地增加。当节气门处于怠速位置时，应为 0.5～1 V，当节气门完全打开时，应为 4～5 V。当节气门渐渐地打开时，轻轻地拍传感器并观察电压表或示波器的波动，由此可以检测出传感器是否存在接触不良。

对于一些车型，节气门位置传感器允许调整，但一定要按照制造商提供的程序进行。

案例分析

一位客户开着安装有 OBD Ⅱ 系统的车到维修厂抱怨燃油经济性太差。这位客户说新车的时候每升汽油所行驶的里程就开始下降了。这是不正常的。1L 汽油所行驶的里程（汽油消耗定额）在发动机有故障时才会下降。因为这是一个很难确认的问题，维修人员开始目测诊断，但没有发现任何一般性故障，这辆车的故障指示灯也没有亮。

维修人员然后将诊断仪接到 DLC 上来测取数据。将显示出的输入数据和维修手册上的正常值比较，发现上游氧传感器的数据偏浓。这意味着 ECU 发现了混合器较稀的情况并正在增加燃油来纠正这个问题。为了进一步确认，维修人员观察燃油修正情况，发现确实如此，长期的燃油修正已经开始增加燃油。正常情况下这是由真空泄漏或是喷油器阻塞造成的。后者不大可能，因为氧传感器显示增加的燃油已经喷出了。因此，维修人员开始检查真空泄漏的可能性。

他检查所有的真空软管和元件，这花费了很多时间，但没有发现任何泄漏。当他弯下身子准备检查发动机后部的某个部件时，他听到轻轻地"嘶"的一声，噪声有一定的节奏感，引起了他的注意。但听上去不像是真空管泄漏。当他增加发动机转速时，这个噪声间隔越来越小并很快成为一连续的噪声，这噪声好像是从发动机底部发出的。

他用听诊器确定噪声来源，感觉是排气总管和排气管之间的垫片安装位置不合适。为了确认，他又将车在举升机上升起进行观察，发现紧固螺栓松动了。他又很快看了看垫片，发现它没什么问题，然后将紧固螺栓紧固到标准力矩。

由于不能确定这个噪声或是排气泄漏是否与这个故障相关，他在氧传感器上连接了一个示波器并观察它的工作情况。传感器的信号不再偏高，表明排气管泄漏使空气进入排气中，这样电脑就认为混合气过稀从而增加喷油量，导致出现此故障。

小　　结

本章主要介绍了应按照电子系统出故障的可能性和先易后难的原则循序检查的诊断维修思路，特别指出了注意事项和电路故障分析方法，结合典型车型进行自诊断分析，具体讨论了各种传感器的检测。

思考与练习

1. 在关于氧传感器诊断的讨论中，（　　　）是正确的。

A. 一个正常的氧传感器的电压信号应该总是在 0.5～1.0 V 之间循环

B. 一个有故障的氧传感器会提供一个连续的低电压信号

C. A 和 B 都对

D. A 和 B 都不对

2. 在关于对发动机冷却液温度传感器进行诊断的讨论中，（　　　）是正确的。

A. 一个有故障的发动机冷却液温度传感器会导致发动机冷起动困难

B. 一个有故障的发动机冷却液温度传感器会导致排放控制设备工作不当

C. A 和 B 都对

D. A 和 B 都不对

3. 在讨论故障码时，（　　）是正确的。

A. 永久性故障码故障是那些在过去发生过的，但是在 ECU 的上次检测时没有出现过的故障

B. 间歇性故障码是 ECU 在上次检测电路时测到的那些故障

C. A 和 B 都对

D. A 和 B 都不对

4. 在对传感器的测试进行讨论时，（　　　）是正确的。

A. 传感器可以用一个诊断仪来检测

B. 并联电路检测板可以用来测试传感器输出

C. A 和 B 都对

D. A 和 B 都不对

5. 在讨论电磁脉冲发生器的测试时，（　　）是正确的。

A. 可用欧姆表检测线圈电阻

B. 传感器产生的电压可以通过在传感器两端接一个电压表来测量

C. A 和 B 都对

D. A 和 B 都不对

6. 在下列选项中，（　　）是正确的。

A. 安装一个可编程只读存储器芯片（PROM）会立即损坏芯片

B. 静电放电会损坏芯片

C. A 和 B 都对

D. A 和 B 都不对

7. 在进行节气门位置传感器的诊断中，（   ）是正确的。

A. 一个 4 线节气门位置传感器包含一个怠速开关

B. 在某些车型上，节气门位置传感器的装配螺栓可能会松动，并且节气门在怠速位置时，可以通过旋转节气门位置传感器壳体来调节电板信号

C. A 和 B 都对

D. A 和 B 都不对

8. 在讨论 MAF 传感器的诊断时，（   ）是正确的。

A. 在叶片式 MAF 传感器上，应该检测叶片从全闭到全开时的电压信号

B. 在叶片式 MAF 传感器上，在叶片打开时电压信号应下降

C. A 和 B 都对

D. A 和 B 都不对

9. 在进行闪烁故障码的诊断时，（   ）是正确的。

A. 在通用汽车公司的多点燃油喷射系统中，每个故障码由检查发动机灯闪烁 4 次

B. 在通用汽车公司的多点燃油喷射系统中，接线端子 A 和 D 必须连接数据通信接头（DLC）来获得故障码

C. A 和 B 都对

D. A 和 B 都不对

10. 进行闪烁故障码的诊断时，（   ）是正确的。

A. 检查发动机灯按照数字顺序闪烁故障码

B. 如果一个故障码存在电脑存储器里，系统可能处于发动机的应急模式

C. A 和 B 都对

D. A 和 B 都不对

11. 在讨论发动机电子控制时，（   ）是正确的。

A. 这些系统故障很可能是由输出设备的机械部分造成的

B. 一个机械故障可能导致 ECU 存储一个与之无关的传感器故障码

C. A 和 B 都对

D. A 和 B 都不对

12. 在讨论发动机电子控制系统的诊断时，（   ）是正确的。

A. 在多数的车辆上，并联电路检测板用于精确的测试

B. 大多数车辆在没有诊断仪的情况下也会找到诊断故障码

C. A 和 B 都对

D. A 和 B 都不对

13. 在讨论怠速触点开关时，（   ）是正确的。

A. 怠速不稳可能是在开关打开时出现一个高电压信号而导致的

B. 在节气门部分开启时，欧姆表读数无穷大表示开关有问题

C. A 和 B 都对

D. A 和 B 都不对

14. 在一个传感器的基准线上的低电压可能不是由（　　　）选项的原因造成的。

A. 电脑接地不良　　　　　　　　　　　B. 参考线路短路

C. 传感器的高电阻　　　　　　　　　　D. 传感器地线的电压降过大

15. 在讨论 ECU 的自适应学习时，（　　　）是正确的。

A. 当把蓄电池从车辆上拆下，学习过程会重新起动

B. 车辆必须以部分负荷并中度加速行驶时才能使 ECU 重新学习

C. A 和 B 都对

D. A 和 B 都不对

16. 在讨论 OBD Ⅱ 系统元件时，（　　　）是正确的。

A. 测试灯可以用在 12 V 的电路中　　　B. 数字式电压表能用在电路中

C. A 和 B 都对　　　　　　　　　　　D. A 和 B 都不对

17. 在讨论 OBD Ⅱ 系统诊断时，（　　　）是正确的。

A. 对单个元件进行测试是没有必要的　　B. 故障码描述 ECU 探测出的故障

C. A 和 B 都对　　　　　　　　　　　D. A 和 B 都不对

18. 在讨论 OBD Ⅱ 系统上的故障指示灯时，（　　　）是正确的。

A. 如果 ECU 系统探测到有故障会损坏催化转化器时，故障指示灯就会闪烁

B. 只要 ECU 探测到故障，它就会点亮故障指示灯

C. A 和 B 都对

D. A 和 B 都不对

19. 在讨论诊断程序时，（　　　）是正确的。

A. 在系统初步检测完成之后，就应该清除故障码

B. 当系统有故障但没有故障码时，数据流会帮助诊断

C. A 和 B 都对

D. A 和 B 都不对

20. 在讨论冻结数据帧数据时，（　　　）是正确的。

A. 这个特点显示 ECU 设定故障码的工况

B. 即使故障发生时没有点亮故障指示灯，冻结数据帧的功能也会保存数据

C. A 和 B 都对

D. A 和 B 都不对

21. 下列选项中，（　　　）是正确的。

A. ECU 在完成监测时必须要满足相应的标准

B. 驾驶循环是指在各种情况下行驶车辆，这样监测才能完成

C. A 和 B 都对

D. A 和 B 都不对

22. 在讨论故障码时，（　　　）是正确的。

A. OBD Ⅱ 系统标准根据优先级存储故障码

B. 一些 OBD Ⅱ 系统标准中的故障码清单在某些车辆上不能应用

C. A 和 B 都对

D. A 和 B 都不对

23. 在讨论 ECU 监测时，（　　　）是正确的。

A. 监测是分优先次序的

B. 只有当监测被诊断仪激活时，它才工作

C. A 和 B 都对

D. A 和 B 都不对

24. 若车辆在巡航行驶时出现喘振和怠速不稳，在确认客户的陈述后应该做的第一件事是（　　　）。

A. 检查故障码

B. 检查油压

C. 测试蓄电池和充电系统

D. 断开任何附加设备并重新进行路试

25. ECU 更新长期燃油调节失败可能是由（　　　）选项中的原因导致的。

A. 冷却系统中未安装节温器导致的

B. 节温器升起太高可能会导致这种情况

C. A 和 B 都对

D. A 和 B 都不对

26. 关于氧传感器故障码和燃油修正不正确原因的描述中，（　　　）是正确的。

A. 这是由参考的空气路径阻塞造成的

B. 是由传感器线束连接器可能渗入发动机清洁剂所致

C. A 和 B 都对

D. A 和 B 都不对

27. 下列选项中，（　　　）是正确的。

A. 由剥皮工具造成的线束缺口是可以接受的，并能够接合在一起

B. 接合套可能被弯曲工具压紧

C. A 和 B 都对

D. A 和 B 都不对

28. 下列选项中，（　　　）是正确的。

A. 搭铁线的连接处必须以规定力矩紧固

B. 在安装到底盘前要彻底清洁接地线的连接区域

C. A 和 B 都对

D. A 和 B 都不对

第11章
综合 故障诊断维修

导入案例

　　顾客抱怨自己的汽车长时间以来动力不足，技师首先检查点火正常。路试发现排气有喘息声，尤其在加速时。技师随后测量进气歧管真空度，当发动机加速至 2500 r/min 时真空度大大降低，随即检查空气滤清器等进气部件，没有发现问题，判断是排气系统堵塞，断开排气管，发现催化器入口堵塞。进一步检查表明是由于压力调节器损坏导致混合气过浓所致。本故障涉及检查点火系统、进排气系统、燃油喷射系统和排放系统。

11.1　综合故障的诊断原则

　　发动机电子控制系统是一个精密而复杂的系统，一旦出现故障，其原因可能出自系统本身，也有可能出自系统外的其他部分，因此故障的诊断较为困难。如果我们能够遵循故障诊断的一些基本原则，就能够以较为简单的方法准确而迅速地找出故障所在。发动机电子控制系统故障诊断的原则可概括为以下几点。

1. 先外后内

　　首先对电子控制系统以外的可能故障部位予以检查。这样可避免本来是一个与电子控制系统无关的故障，却对系统的传感器、电脑、执行器及线路等进行复杂和费时费力的检查，而故障可能来自系统以外。

2. 先简后繁

　　以简单方法检查可能的故障部位。比如直观诊断最为简单，可以用看、摸、听等直观检查方法将一些较为显露的故障迅速查找出来。

若直观诊断未找出故障，需借助仪器来进行诊断时，先检查较容易检查的部位。

3. 先熟后生

先对常见故障部位进行检查。大多数情况下，可以迅速地找出故障。

4. 先思后行

即避免盲目检查，少走弯路，做无效劳动，也不能漏检而导致更大的浪费。

11.2　综合故障的诊断程序

```
第1步  基本检查

1) 听取和验证用户报修故障
2) 进行直观检查
3) 测试发动机子系统
    机械部分(压缩)
    点火部分
    燃油部分
4) 检查进气系统的泄漏
5) 检查并调整发动机的基本调整
    点火正时
    急速转速


第2步  自诊断

1) 若装备了自诊断系统，检查有无故
   障代码
2) 修理产生故障代码的原因
3) 清除控制电脑存储器，并重复测试


第3步  故障诊断症状

1) 如果没有自诊断系统或没有代码
   存在，通过故障症状来查找故障
2) 参考"排除方法"，修理故障所在


第4步  系统和部件测试

1) 进行所需测试
2) 验证故障是否修理好
```

图 11 - 1　发动机综合故障诊断程序

对于综合性的复杂和疑难故障，如在诊断发动机的动力性、经济性及尾气排放等方面的故障时，应先进行全面检查，再进行具体系统、线路和元件的测试，这种诊断程序可以有效地确定故障的具体原因。如果不依照合理的顺序进行故障诊断，只是贪图方便走捷径的话，常常导致找不出故障原因，反而浪费更多的财力、人力。

许多不同的部件和系统的故障引起类似的症状，某种部件的故障又会引起其他部件或系统的功能失常。为排除故障，必须查明故障的确切原因。维修人员必须运用系统的方法，有条不紊地对故障进行诊断或排除驾驶性能故障。常用的发动机故障诊断程序如图 11 - 1 所示。

有效诊断中最为忌讳的一点是妄下结论。基于以往的经验，来自用户的片面信息及不准确的测试结果而做的假设往往会导致修理人员去错误地更换、修理或调整部件。没有充分的理由就臆断某些部件的好坏常常会导致错误的诊断，因此在排除故障时，务必采用逻辑诊断方法，从而避免错误的假设。修理人员应按照图 11 - 1 所示的发动机综合故障诊断程序按部就班地进行。

1. 基本诊断

收集尽可能多的来自用户的车辆故障信息。获得对故障的描述、了解故障出现的时间、什么情况下发作及对发动机的感觉等，然后驾车试行以亲身体验故障发生时的汽车状况。当故障出现的时候，密切注意此时的工况及发动机的运转情况。改变工况后继续行驶一段路程，并注意此时发动机的各种参数。通常用户所反映的有限的故障现象只是基于最明显的症状，这些信息对于进行全面的诊断是非常重要的，但也是不够的，所以修理人员在收集信息时要做到尽可能全面。

要找到故障的原因，接下来应对发动机及其各系统进行基本的检查，包括直观检查、气缸密封测试、进气系统和点火系统测试及检查基本点火正时和发动机的怠速转速。如果进行这些检查后，仍未发现故障系统或部件，则应继续对发动机系统作进一步的测试。

2. 自诊断

汽车发动机电子控制系统具有自诊断模式。在此模式下，电脑会检查其自身电路并显示代表故障区域的代码。查明故障所在区域后，应立即检查相应部件或系统。如果发现损坏的零部件，应按维修手册中所给的正确规范和步骤予以修理或更换。

3. 症状诊断

在没有故障代码或仅靠故障代码不能查出故障时，应用本章和前述各章中给出的诊断方法来查找故障。在确定了最可能的故障原因后，应检查相应系统或部件，发现问题即予以更换或修理。

4. 系统和部件测试

为有效地诊断车辆故障，就必须对发动机及其系统和子系统进行详细的测试。为验证故障是否已得到排除，应再次模仿故障出现时的工况对汽车进行驾驶测试。任何完善的诊断工作是绝对不能建立在假设故障可能被排除的基础上的。

人们常常习惯于根据症状来试着检测或判断故障，靠猜想并通过零部件替代来进行所谓的故障快速推定。就一般而言，这是不正确的诊断方式，其结果常常导致较低的维修效率和较高的维修成本。

11.3 综合故障诊断原则与程序的应用

以下通过对诊断维修过程的具体描述，说明如何应用上述原则和程序。

1. 与顾客沟通

善于倾听顾客的描述，不要忽视细节。分辨哪些是事实，哪些是误解。应该预先设定顾客询问表，以便在提问中可以获得一些顾客不能主动告知维修人员的信息。同时，应当避免被顾客误导，或是根据片面的经验和发生的事实做出判断。要了解故障发生时的气候、时间、距离和车速等汽车工况。如症状是出现在冷起动时，还是在运行了一段时间或距离以后；间隔多长时间发生一次；症状发生在停车、加速、减速、怠速、转向、爬坡还是满载等工况下；以及故障发生前后是否做过其他的维修、安装或更换。在对故障症状充分了解的基础上，就故障诊断检测程序与顾客沟通，以取得顾客的理解和帮助。

2. 验证故障

在不加重故障的前提下，尽可能通过故障重现来证实故障确实存在并且符合描述。除了常规检查，通常还需要与顾客一起试驾车辆来重现故障。不要试图简化这一过程，尽管重现故障有时需要花费很长时间。

3. 资源利用

任何时候都不要忘记利用可以利用的资源。维修手册可能有所需要的检测程序；有关该车型或制造厂的公告期刊（包括电子版）可能已经有处理这个故障的办法；求助于同事、网友或网络论坛等都可能获得意外的启发和帮助。使用检测维修工具和设备是必需的，良好的人际关系和规范的使用习惯有助于维修人员及时得到并正确使用这些资源。

4. 判定故障出在哪个系统

为了隔离系统及锁定故障范围，需要对所有可能导致故障的系统进行最直接的检测。如对于不能起动发动机的故障，可以直接检测气缸火花或燃油喷射，以判断故障是否出自点火系统或燃油系统，还可以直接检测气缸压力和进气真空，判断是机械还是泄漏方面的问题。切记不要片面行事，也许看起来似乎不相干的系统正是导致故障的原因。如某些车型油箱盖松动或遗失可能造成发动机进气歧管绝对压力失常或引起故障码。要进行最广泛的测试，其最终的目的就是排除所有与故障无关的系统。

5. 将注意力集中在锁定的系统上，进一步缩小故障范围

尽量从导致故障的因果关系上将系统分为若干组成部分或子系统，用隔离法和（或）替代法排除那些与故障无关的部分或子系统。如点火系统由初级电路和次级电路组成，初级电路故障一般导致所有的气缸点火都不正常，而次级电路故障多数情况下只会使特定的气缸点火异常。若进一步检查发现初级电路没有问题，而所有的气缸点火都不正常，那一定是共用的点火线圈坏了。应特别注意，在做出缩小范围的诊断时，应再次检查故障因果关系的唯一性。

6. 零部件测试，最后确定故障源

无论目的是缩小故障范围，还是自认为已经找到了故障源，都需要进行这种精确测试。根据条件，零部件测试可以随车测量，也可以把它们从汽车上拆下来，进行独立检测。随车测量又可以分为静态测量（不起动发动机）和动态测量（在发动机运转时测量）。即使经过验证证实某个零部件有故障，也应该尽可能找到导致这一故障的原因。

7. 再次和顾客沟通

在确定了故障之后，应尽早告知顾客维修所需的费用，解释需要更换什么及更换的原因，在取得顾客同意后进行维修。如果在维修中出现涉及顾客利益变化的情况，也需要提前和顾客沟通。

11.4 综合故障诊断维修实例1——发动机起动困难

发动机起动故障大致分为两类，一类是发动机不能正常转动，另一种是发动机能被转动，但不容易起动。

在设计排除发动机起动困难故障的程序时，要注意以下两点。

（1）为了能够起动发动机，重要的因素是充分的起动速度和发动机中的三要素（点火、喷油和压缩）。因此，针对重点因素进行系统性检查以找出故障原因所在的位置。

（2）有效地使用发动机 ECU 的诊断功能，进行故障排除。

发动机起动困难的故障诊断流程如图 11-2 所示。

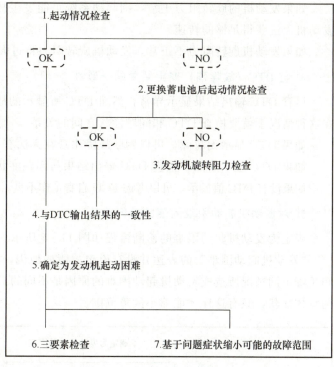

图 11-2　发动机起动困难的故障诊断流程

1. 起动情况检查

（1）起动发动机需要一定的转速。检查中要判断是否能够保持发动机起动所需要的速度。

（2）达到足够的转速时，继续检查点火，燃油和压缩系统，这 3 项就是人们所说的发动机"三要素"。

（3）如果由于起动系统的故障导致无法达到足够的转速，即使发动机情况正常也无法起动。用一辆同型号的车检查发动机的正常转速，然后与用户的车辆进行比较。发动机起动所需的最低转速为：汽油机为 60～120 r/min；柴油机为 50～150 r/min。

2. 更换蓄电池后的起动情况检查

在一些情况下，容易出现如图 11-3 所示的导致故障原因无法找到的恶性循环。

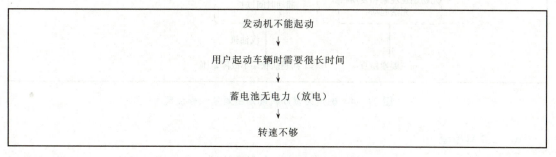

图 11-3　导致故障原因无法找到的恶性循环

在这种情况下，首先更换蓄电池，然后检查转速和起动性能。如果蓄电池更换之后仍然不正常（如无法达到足够的转速），则需检查起动系统和发动机的转动阻力。

3. 检查发动机旋转阻力

如果发动机旋转不正常，可能是由两个原因造成的，分别为起动系统故障及发动机旋转阻力过大。

如果发动机的旋转阻力正常，则起动系统可能发生故障。如起动系统的起动能力下降，发动机无法获得足够的转速。

如果发动机旋转阻力不正常，发动机旋转阻力将过大，使发动机无法获得足够的转速。

4. 与 DTC（故障码）输出结果的一致性

尽管 DTC 输出结果显示异常，然而 DTC 所显示的故障与用户所指出的故障并不相同。在这种情况下就要检查 DTC 和问题症状之间的关系。

如果 DTC 显示无故障，可以判断故障出现在无法有 DTC 显示的部位。

如果 DTC 显示故障，检查 DTC 输出结果与问题症状是否一致。

如果没有 DTC 值显示，可以考虑 ECU 自身工作不良，如 ECU 电源或相关部位出了故障。

5. 对发动机起动困难的症状进行确认

确定为发动机起动困难的诊断流程如图 11 - 4 所示。

"发动机起动困难"的表达并没有说出故障的原因。是否有初燃烧，或者发动机起动时间长等不同情况所造成发动机起动困难的原因是不同的。在此步骤上要清楚发动机起动困难的具体症状，只有这样才能缩小故障范围。

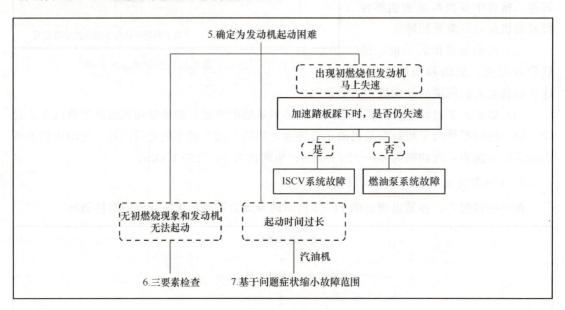

图 11 - 4　确定为发动机起动困难的诊断流程

6. 三要素检查

如果未显示 DTC，也未出现初燃烧，可以认定是故障出在三要素上。"三要素检查"可以将故障原因的范围缩小到点火、燃油或压缩系统。对于汽油机要检查：

（1）点火系统。如果点火火花很弱或者根本没有火花，就不会显示与点火信号或相关部位有关的 DTC 数据。因此，可以判断出点火次级系统而不是点火初级系统出现了故障。

（2）燃油系统。检查燃油是否有压力，喷油器是否工作。如果燃油没压力，可以判定故障出在喷油泵或其相关部位。

（3）压缩系统。压缩压力下降可导致发动机起动困难。如果压缩压力下降，在出现发动机起动困难之前就会出现由于怠速不良或动力不足造成的故障。

7. 根据故障症状缩小故障检查的范围

根据"发动机起动时间长"和"发动机起动困难"的症状缩小故障原因范围。如果症状非常严重，即使故障原因没有区别发动机也无法起动。合适的空燃比对于起动发动机是非常重要的。如图 11-5 所示，空燃比对发动机稳定性的影响非常大，所以在查找故障原因时，要根据故障出现时的情况首先查找那些影响空燃比的因素，缩小故障范围的诊断流程。

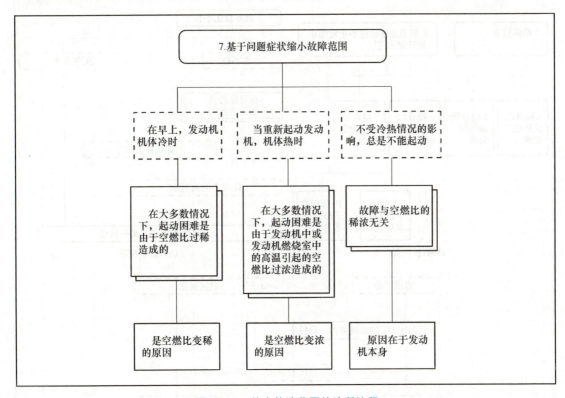

图 11-5　缩小故障范围的诊断流程

可以根据火花塞的潮湿情况判断空燃比的稀或浓。火花塞清洗之后，在发动机起动之前停止转动，检查火花塞的潮湿情况。如果火花塞变潮，则可判定空燃比过浓。但在清洗火花塞之前，实施这种判断会在很大程度上受到发动机情况的影响。即使空燃比较稀，火花塞仍然会由于发动机转动时间较长或失火而变湿，因此可能据此错误判断为空燃比过浓。所以维修人员有必要严谨地遵循相关原则做出判断。

11.5　综合故障诊断维修实例 2——怠速不良

怠速故障诊断流程如图 11-6 所示，发动机三要素检查如图 11-7 所示。缩小故障原因范围如图 11－8 所示。

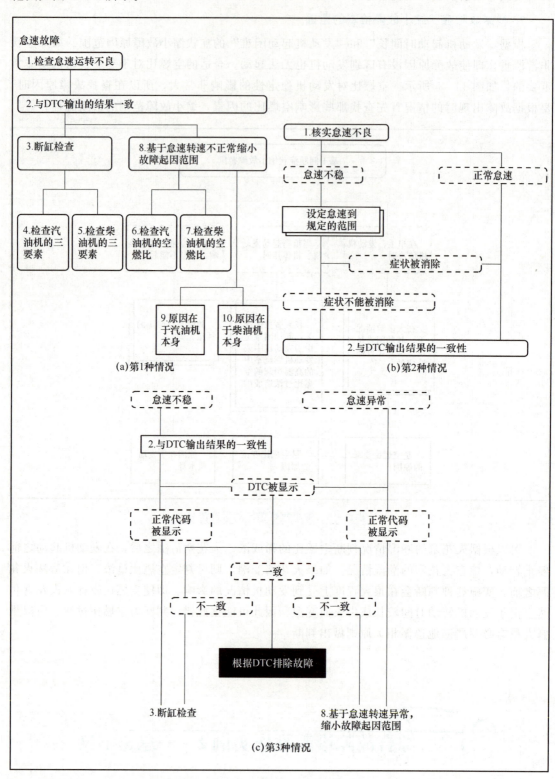

图 11－6　怠速故障诊断流程

1. 核实怠速不良

对怠速不良的症状进行核实，怠速不良的原因视怠速不稳或怠速异常各异。所以，只有了解怠速不良的情况才能缩小故障原因的范围。

（1）怠速不稳。怠速不稳的症状就是发动机转动不稳，有振动。如怠速过高或过低。

（2）怠速异常。怠速异常的症状就是发动机转速不在规定范围之内。如转速波动、发动机负荷变化时转速下降等。

2. 与 DTC 输出结果的一致性

尽管 DTC 显示异常，但 DTC 所显示的故障与用户所述的故障并不一样，因此要检查 DTC 与问题症状之间的一致性。

显示正常的 DTC 可以判断故障出现在无法有 DTC 显示的部位。

3. 断缸检查

用断缸检查判断这种故障是"影响某个气缸"还是"对所有气缸都有影响"。如果这种故障只影响某个气缸，就检查该气缸的"发动机三要素"。如果这种故障对所有气缸都有影响，就检查空燃比。

4. 检查发动机的"三要素"

如图 11 - 7 所示，如果这种故障只影响某个气缸，可以认定发动机的三要素之一发生了故障，也就是说点火、燃油或压缩系统发生了故障。

（1）点火系统。如果点火时火花小或根本没有火花，就不会显示点火信号或相关部位的诊断码，因此可以判断出点火次级系统而不是点火初级系统出现了故障。

（2）供油系统。检查喷油器是否工作。对燃油系统其他部分进行检查。

（3）压缩系统。使用缸压表测量压缩压力。

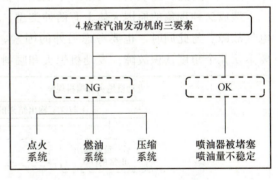

图 11 - 7　发动机三要素检查

5. 根据怠速异常情况缩小故障原因范围

依照图 11 - 8 所示的方法，缩小故障原因范围。

如果怠速过高或不稳，应考虑进气量是否过大。如果怠速过低，则表明进气量太小。

在这种情况下应检查：

（1）ISCV 系统。包括 ISCV 阀、ISCV 控制系统（ECU，线束）、水温传感器。

（2）发动机进气系统。包括节气门开闭、进气系统吸气等，以及进气系统是否堵塞。

（3）发动机转动阻力是否增大。

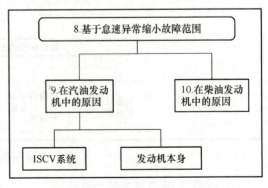

图 11 - 8　缩小故障原因范围

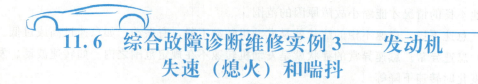

11.6 综合故障诊断维修实例3——发动机失速（熄火）和喘抖

如下情况可能出现发动机失速。

（1）发动机怠速运转时，发动机转速不稳定导致发动机失速。

（2）车遇到红灯时，油门踏板松开发动机失速。

（3）加速或爬山时，发动机动力减弱，发动机失速。

多数时候，重现发动机失速的症状是非常困难的。在诊断故障时，为了重现这一症状，维修人员有必要询问用户，以确定在什么情况下发动机失速。发动机失速后会经常发生起动困难或怠速不良。

发动机"喘抖"被认为是发动机失速造成的一个轻微症状。但是这种症状只是暂时现象，所以出现这种症状后要马上对车辆进行快速准确的检查。

造成这种现象的原因大体上有两种类型，即发动机机械故障，（如气门黏滞）及发动机电气故障。与此同时，也要考虑另外的因素，如 ECT 变速问题，所以在处理此类问题时，要多从几个角度认识故障。发动机熄火和喘抖诊断流程如图 11-9 所示。

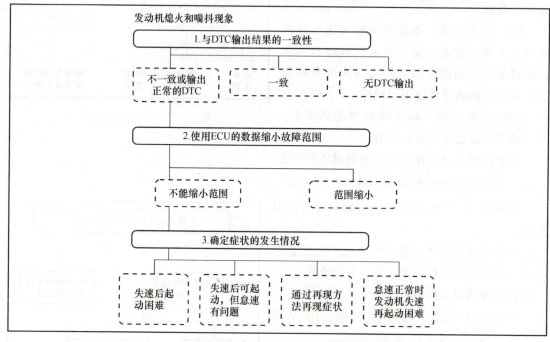

图 11-9 发动机熄火和喘抖诊断流程

1. 与 DTC 输出结果的一致性

即使 DTC 输出结果显示异常，仍有可能是 DTC 所显示的故障与用户所指出的故障并不相同。如图 11-10 所示，在这种情况下，就要检查 DTC 和问题症状之间的关系。

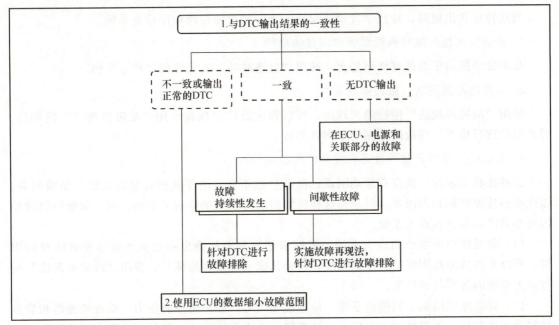

图 11-10　自诊断流程

检测时，如果这种症状连续出现，可以判定 DTC 显示的部位出现故障。如果这种症状并未出现，有必要采用故障再现法，当汽车"喘抖"时，使用诊断试验模式确定症状出现瞬间故障的部位，然后缩小故障原因查找范围。

2. 使用 ECU 数据缩小故障范围

故障出现时，对 ECU 数据进行分析，然后判断能否缩小传感器故障范围或执行器故障范围。

3. 症状出现条件确认

如图 11-11 和图 11-12 所示，导致发动机出现失速或喘抖症状的条件不同，检查方法也不同。

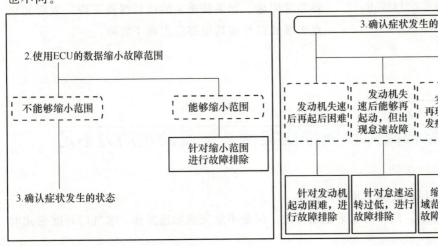

图 11-11　缩小故障范围

图 11-12　症状发生的状态

263

1. 发动机失速后再起动困难

当这种症状出现时，按照"发动机起动困难"的故障检修程序检查车辆。

2. 发动机失速后能够再起动但出现怠速故障

如果发动机由于怠速过低而熄火，按照"怠速故障"的检修程序检查车辆。

3. 实施故障再现法，触发症状发生

使用"故障再现法"使故障再现时，可以判定故障出现在采用"故障再现法"的部位。对该部位进行检查，将故障范围缩小到该部位。

4. 发动机失速但无怠速故障和发动机再起动困难

这种症状出现时，既没有起动困难也没有怠速不良。由于这种症状的出现只是瞬间的，因此观察这种症状相当困难。但是当这种症状出现时，如果检查了下列各项，就能将故障原因缩小到供油系统或点火系统。

（1）将故障原因缩小到点火系统。能够清楚地判断故障出在点火系统是非常困难的事情。所以先将故障范围缩小到供油系统，在确认该系统没有故障后，使用"故障再现法"检查点火系统的各零件和接头。

（2）将故障原因缩小到供油系统。检查燃油压力，如果燃油有压力，检查喷油器和喷油控制及相关部位。如果燃油没有压力，检查燃油压力供给系统，包括燃油泵和燃油泵控制系统。检查空燃比，使用手持式测试仪根据氧传感器电压检查空燃比。

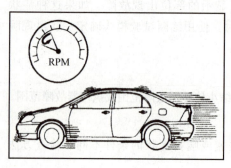

图 11 - 13　转速表指针的变化

如果不能将故障范围缩小到点火系统或供油系统，则需要检查发动机控制系统以外的其他系统。如 ECT、发动机机械原因、检测仪未发现的空燃比太浓或太稀的原因。

还可以使用转速表缩小故障范围。路试中，当故障症状再次出现时，观察转速表指针的下降幅度，以此判断故障是否出在初级点火系统。如图 11 - 13 所示，如果初级点火系统出现故障，转速表指针的下降将非常明显。如果转速表的指针缓慢下降，表明初级点火系统以外的其他部位出现了故障。

11.7　综合故障诊断维修实例——发动机动力不足

造成动力不足的原因大体上可分为两类。

一类是加速性能差。汽车可以平稳地行驶，但是不能完成加速操作，节气门开度变化时动力没有反应。

另一类是动力不足。爬山时车辆不能获得足够的加速。当油门完全打开时动力不足。

动力不足的诊断程序如图 11 – 14 所示，检修动力不足时，要注意以下几点：

（1）知道用户所指的故障是什么，以及用户需要维修人员进行哪些检测的维修。

（2）为了准确地对故障车进行检修，要对用户进行充分的诊断提问。创造一个类似于故障症状出现时的条件和环境对于重现症状是非常重要的。如果车辆仍然出现故障码，那么在这种症状再次出现时，检查定格数据。

（3）根据测试仪的数据及其他一些数据做出判断有很大的难度，所以在进行路试时，要注意以下几点：

①驾驶一辆与故障车同型号的车，将其与故障车进行比较；

②让 2 到 3 个人参与此项路试，然后根据大家的观点做出一个综合客观的判断；

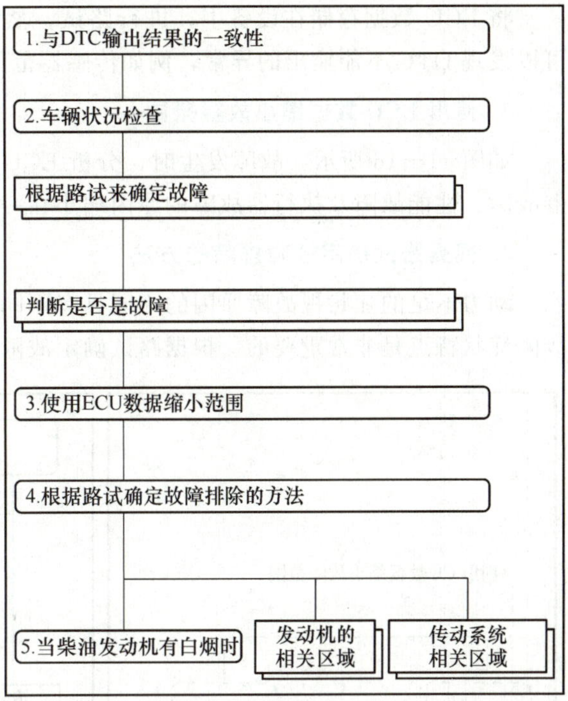

图 11 – 14　动力不足的诊断程序

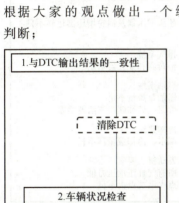

图 11 – 15　DTC 的诊断流程

2. 车辆状况检查

③如果可能，要和用户一起进行路试。

检修动力不足症状时，对整车进行评价是非常重要的，这就是说不仅要对发动机，还要对传动系，制动系等系统进行评价。

1. 与 DTC 输出结果的一致性

即使 DTC 输出结果显示异常，也有可能 DTC 所显示的故障与用户所指出的故障并不相同。在这种情况下，就要确认 DTC 和问题症状之间的关系。DTC 的诊断流程如图 11 – 15 所示。

2. 车辆状况检查

1）基本检查

要在路试前对车辆进行基本检查。故障原因很可能通过基本检查就能发现。要检查车况并作记录，然后在不改变车况的前提下进行路试。

2）通过路试对故障症状进行确认

和用户一同驾驶车辆，按故障出现时的条件进行路试。否则就要参照从用户得到的信息，建立在定格数据基础上的症状发生条件并进行路试。通过路试对系统进行确认，判断这种症状是不是一种故障，判断 DTC 输出结果、车辆检查结果及故障之间是否一致。

在路试过程中，如能使用每一个 DTC 功能，找出故障原因就变得很容易。如果以检查模式进行路试，发现故障原因的可能性就会大增。

将 ECU 数据存储在设备中，进行路试，然后分析故障出现时的 ECU 数据。这些程序可以发现 DTC 不能输出的异常，例如传感器范围/性能问题或执行器的故障。

3. 使用 ECU 数据缩小故障范围

如图 11－16 所示，故障发生时，分析 ECU 数据，判断能否将 DTC 无法检测到的传感器故障、性能故障及执行器故障的原因缩小在一定范围内。

4. 根据路试确定故障排除的方法

动力不足的症状视故障原因的不同具有不同的特点。因此在路试过程中牢记故障原因和故障症状特点是非常重要的。根据路试确定故障排除的方法如图 11－17 所示。

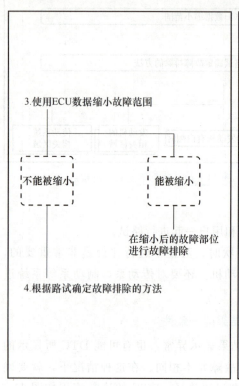

图 11－16　缩小故障范围

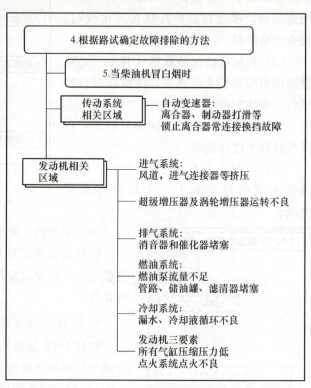

图 11－17　根据路试确定故障排除的方法

在一些情况下，故障原因不仅出在发动机控制系统上，而且还出在机械部分或传动系相关部位等位置。

小　　结

本章是对之前各章知识的总结和综合运用，综合故障诊断原则及程序是对前述有关内容的深入和具体化，并结合实例说明应用方法。